KB246265

"이게 진짜" C 프로그래밍 이다

이동익
김유진 지음
서영진

YoungJin.com Y.
영진닷컴

이게 진짜
C 프로그래밍이다

독자님의 의견을 받습니다

이 책을 구입한 독자님은 영진닷컴의 가장 중요한 비평가이자 조언가입니다. 저희 책의 장점과 문제점이 무엇인지, 어떤 책이 출판되기를 바라는지, 책을 더욱 알차게 꾸밀 수 있는 아이디어가 있으면 이메일, 또는 우편으로 연락주시기 바랍니다. 의견을 주실 때에는 책 제목 및 독자님의 성함과 연락처(전화번호나 이메일)를 꼭 남겨 주시기 바랍니다. 독자님의 의견에 대해 바로 답변을 드리고, 또 독자님의 의견을 다음 책에 충분히 반영하도록 늘 노력하겠습니다.

주　　소　(우)08505 서울특별시 금천구 가산디지털2로 123 월드메르디앙벤처센터 2차 10층 1016호
　　　　　　영진닷컴 기획1팀

등　　록　2007. 4. 27. 제16-4189호

이 메 일　support@youngjin.com

ISBN　　978-89-314-4751-4

저자 이동익, 서영진, 김유진 | **총괄** 김태경 | **진행** 조충래
표지 디자인 임정원 | **본문 디자인** 이경숙

머리말

C언어는 이제 프로그래밍이라는 세계에 발을 담게 되면 가장 먼저 배우는 프로그래밍 언어 중 하나일 것이다. 소프트웨어 분야는 물론 하드웨어 분야에서도 광범위하게 사용하는 C언어는 이제 IT 분야로 진출하기 위해서는 필수로 배워야 하는 프로그래밍 언어가 되었다. 이 책은 C언어를 배우고자 하는 초보자들은 물론 실력을 더 다지고 싶은 사람들도 볼 수 있도록 작성되었다. 프로그램에 대한 전반적인 지식이 없는 사람들도 어렵지 않게 접근할 수 있도록 이해하기 쉬운 간단한 예제를 사용해 설명하고 있으며 이해를 돕기 위한 비유적인 예시도 자주 사용하고 있다.

초반부에는 C언어의 역사와 탄생 배경, 그리고 Hello World 프로그램 작성 같이 C언어 입문자라면 짚고 넘어가야 할 내용들로 채워 넣었다. 그리고 중반부부터 본격적으로 C 프로그래밍을 하면서 익혀야 할 내용들을 다루고 있다. 그리고 후반에는 구조체와 공용체, 메모리 동적 할당이나 조건부 컴파일, 나아가 기초 자료구조와 알고리즘을 추가하였다.

이 책에서 소개하고 다루고 있는 내용을 가지고 C언어의 내용들을 학습하고 나서 내 주변의 간단한 문제들을 프로그래밍해서 해결해 보기 위한 노력을 해보도록 하자. 첫 술에 배부를 수 없다는 말이 있듯이 처음부터 복잡하고 어려운 문제에 도전하는 것보다 쉬운 것부터 차근차근 해 나간다면 자신도 모르는 사이에 프로그래밍 실력이 향상되어 있을 것이다.

주변에서 문제를 찾기 힘든 경우에는 인터넷을 통해서 문제를 찾아서 해당 문제들을 풀어보자. 그 후에는 자료구조와 알고리즘에 대해서 학습하기를 권장한다. 어떤 문제를 풀기 위해 여러분이 고민하고 고안해봤던 생각들의 많은 부분을 거기에서 확인해 볼 수 있을 것이다. c 프로그래밍 시작의 한걸음에 이 책이 도움이 되셨기를 바라며…

저자 일동

일러두기

이 책은 총 16개의 단원(Chapter)과 부록으로 이루어져 있다. 실습 환경 구축은 윈도우 환경이나 리눅스 또는 Mac에서도 가능하다. 여기서는 Dev-C++과 우분투 리눅스, 그리고 Xcode에서 실습 환경을 구축하는 법을 소개하고 있는데 이 외에도 자신이 잘 다루는 툴이 있으면 설치해서 사용해도 무난하다. MS의 비주얼 스튜디오(Visual Studio) 같은 경우에는 이미 인터넷에 다운로드 방법과 설치 및 프로젝트 생성 방법과 관련된 정보가 많으므로 이에 대한 내용은 지면을 통해 소개하지는 않는다. 이 책에서 다루는 내용에 대해 간략하게 소개하면 다음과 같다.

Chapter 01 C 프로그래밍 개요

이 Chapter에서는 C언어의 특징과 탄생 배경, 구조적&절차적 프로그래밍, 컴파일러와 인터프리터의 개념, 그리고 디버깅에 대해 다루고 있다. 또한 프로그래밍 언어 순위 정보를 소개하는 TIOBE 홈페이지에 대해 소개하고 있다.

Chapter 02 개발 환경 구축하기

여기서는 C언어로 프로그래밍을 하기 위한 개발 환경을 구축하는 방법에 대해 설명하고 있다. 윈도우 환경에서 Dev-C++ 툴을 설치하는 방법, 그리고 VirtualBox 가상화 프로그램으로 우분투 리눅스를 가동해 리눅스 환경에서 개발 환경을 구축하는 방법, 그리고 Mac 환경에서 Xcode에 대해서도 소개하고 있다. 이 부분은 사용자들이 쓰는 PC 환경이 다를 수 있어 부족하거나 더 궁금한 부분은 따로 구글링(구글 사이트 검색)을 하거나 정보가 많은 커뮤니티 사이트를 참고하길 바란다.

Chapter 03 C 소스 코드의 구성

이제 Hello World 프로그램의 소스를 분석해보면서 전처리기와 stdio.h 헤더 파일, 그리고 main( ) 함수와 return 명령에 대한 내용을 간략하게 소개한다. 그리고 주석(comment)을 사용하는 방법에 대해서도 설명하고 있다.

Contents

Chapter 07 반복문

Chapter 08 조건문

C 프로그래밍 개요

01

프로그램(Program)이란 게임, 워드프로세서 등과 같이 복잡한 경우도 있지만 간단하게 생각하면 어떤 작업을 수행할 수 있도록 명령어와 데이터를 가지고 있는 것을 칭한다. 여러분의 하드디스크에 있는 프로그램 파일들을 이야기 하기도 하고, 나중에 보겠지만 실행되어 메모리 상에 로드되어진 것을 가리키는 말이기도 하다.

우리가 어떤 작업을 하는 경우에는 머리 속에 또는 작업 리스트 같은 것을 적어 놓고 이를 하나하나 수행해 나간다. 프로그램을 통해 PC나 스마트폰 같은 기기가 어떤 작업을 수행하도록 하기 위해서는 해당 기기에서 수행이 가능하도록 작성을 해야 한다.

이를 위해서는 프로그래밍 언어를 이용하여 작업에 대해서 정의하고 기기에서 수행될 수 있는 형식으로 번역해 줄 수 있는 컴파일러와 같은 유틸리티가 필요하다. 이번 Chapter에서는 이러한 프로그래밍 언어의 개요에 대해 간략하게 살펴보도록 하겠다.

1. 프로그래밍 언어

프로그래밍을 할 때 사용하는 언어는 매우 다양하다. 프로그래밍 언어는 크게 로우 레벨(Low Level), 하이 레벨(High Level)로 구분을 하는데 사람이 이해하고 사용하기에 편한지가 기준이라고 보면 된다. 먼저 로우 레벨 언어에 대해 살펴보자.

1.1 로우 레벨(Low Level) 언어

로우 레벨 언어는 저수준 언어 혹은 저급 언어라고도 하며 사람보다는 기계에 최적화된 언어라고 보면 된다. 대표적인 로우 레벨 언어에는 기계어와 어셈블리어가 있다. 이제 이런 로우 레벨 언어의 특징에 대해 간략하게 살펴보도록 하자.

로우 레벨 언어는 기계를 위한 언어이므로 우리가 알아보기 힘든데다 배우기가 어렵다. 하지만 뒤에서 배울 하이 레벨 언어보다는 크기가 상대적으로 작고 처리 속도가 빠르다. 이렇게 로우 레벨 언어의 특징을 정리하면 다음과 같다.

- 실행 속도가 빠르다.
- 배우기가 어렵고 복잡하다.
- 오류를 수정하기 어렵다.
- 하드웨어와 관련된 지식이 필요하다.

이제 대표적인 로우 레벨 언어인 기계어와 어셈블리어에 대해 간략하게 알아보도록 하자.

기계어와 어셈블리어의 특징

기계어는 0과 1로 구성되어 있는 이진수로 나타낸 언어를 말한다. 컴퓨터가 발명된 초창기에는 이런 기계어로 프로그램을 작성하는데 스위치와 천공카드를 사용하였다.

그림 1-1 에니악(Eniac) [출처 : 위키피디아]

그림 1-2 Eniac programming [출처 : technical.ly]

그림 1-3 plug board(IBM402) [출처 : 위키피디아]

기계어 프로그래밍이란 직접 0과 1로 구성된 코드로 프로그래밍을 하는 방식을 이야기한다. 프로그래밍하기도 매우 힘들며 문제가 발생했을 때 수정 하기가 매우 힘들다.

어셈블리어는 기계어와 일대일로 대응되는 심볼로 명령과 수식을 표현할 수 있어 기계어 프로그래밍에 비해서 쉽게 프로그래밍을 할 수 있다. 그러나 어셈블리어로 작성된 프로그램을 컴퓨터에서 실행할 수 있는 기계어로 변환하는 기능을 가지는 어셈블러(Assembler)가 필요하다. 그리고 기계어와 어셈블리어는 프로세서에 종속적이어서 프로세서가 다르다면 기계어와 어셈블리어도 역시 다르므로 다른 프로세서용으로 만들어진 프로그램은 실행할 수 없다.

기계어와 어셈블리어로 작성된 예시를 들어보면 다음과 같다.

기계어	어셈블리어
1000000100100101	LOAD R1 5
1000000101000101	LOAD R2 5
1010000100000110	ADD R0 R1 R2
1000001000000110	SAVE R0 6
1111111111111111	HALT

위의 왼쪽 그림 같이 0과 1로 명령을 구성하고 있는 방식이 기계어다. 기계어는 하나의 명령어 안에서 특정한 비트 범위의 비트 구성이 뭐냐에 따라서 명령과 그 대상을 다르게 구성한다. 어셈블리어는 위의 오른쪽 그림처럼 기계어에 비해 훨씬 더 이해와 사용하기 쉽다는 것을 알 수 있다. 물론 실행되기 위해서는 어셈블러에 의해서 기계어 코드로 변환해야 한다.

서로 다른 CPU 아키텍처에서 같은 기능의 어셈블리어, 기계어를 비교해보면 다음과 같다.

```
ADD r0, r1, r2
```

```
ARM Processor (32bit)
1 1 1 0 0 0 0 0 1 0 0 0 0 0 0 1 0 0 0 0 0 0 0 0 0 0 0 0 0 0 1 0
Add            r1    r0                 r2
0xE0810002

G4 Macs (16bit)
1010000100 00 01 10
Add      r0 r1  r2
0xA106

Mips (32bit)
000000 00001 00010 00000 00000 100000
Add    r1    r2    r0
0x00220020
```

각 CPU마다 각 명령어를 구성하는 비트의 길이도 다르고 각 비트의 구성도 다른 것을 볼 수 있다. 0x로 시작하는 부분은 이진수로 구성된 기계어를 십육진수 형태로 표현한 것이다.

ADD R0, R1, R2라는 명령은 R0 = R1 + R2 라는 의미인데 동일한 의미의 명령이 각 CPU가 이해할 수 있는 형식의 기계어는 서로 다른 것을 알 수 있다. 그래서 기계어와 어셈블리어는 각 하드웨어 시스템에 종속적이고 서로 호환이 되지 않는다. 이렇게 기계어와 어셈블리어에 대해 알아보았다. 이번에는 하이 레벨 언어에 대해 알아보자.

1.2 하이 레벨(High level) 언어

소위 고수준 언어 혹은 고급 언어라고도 한다. 로우 레벨 언어에 비해 사람들이 사용하는 언어에 가까운 문법을 사용하고 있다. 이런 하이 레벨 언어에는 대표적으로 우리가 배울 C언어를 비롯해서 베이직(Basic), 포트란(Fortran), 알골(Algol), 코볼(Cobol), C++, C#, Java, Objective-C 등등 다양하다. 이런 하이 레벨 언어에는 어떤 특징이 있는지 알아보도록 하자.

하이 레벨 언어의 특징

하이 레벨 언어는 기계어나 간단한 심볼들을 이용하는 어셈블리어에 비해서 프로그램 작성과 수정이 쉽다. 그래서 프로그래밍을 할 때 오류가 발생할 확률을 낮출 수 있다. 게다가 로우 레벨 언어 같은 경우는 하드웨어 관련 지식을 필요로 하는데 비해 하이 레벨 언어는 하드웨어에 관한 지식이 없어도 프로그래밍을 하는데 큰 지장이 없다.

이렇게 배우기 쉽고 사람들이 사용하는 언어에 가까운 하이 레벨 언어도 단점이 있다. 바로 로우 레벨 언어에 비해 하드웨어를 제어하기 힘들고 실행 속도도 로우 레벨 언어에 비해 느리다

는 점이다

이렇게 하이 레벨 언어의 특징을 간략하게 정리하면 다음과 같다.

- 배우기 쉽고 프로그래밍이 편리하다.
- 프로그램의 유지 보수가 용이하다.
- 이식성이 높다.

이렇게 로우 레벨 언어와 하이 레벨 언어에 대해 간략하게 살펴보았다. 어셈블리어를 비롯해 하이 레벨 언어로 작성된 프로그램이 컴퓨터에서 실행되기 위해서는 기계어로 변환해야 한다. 이런 역할을 담당하는 게 바로 컴파일러와 인터프리터다.

1.3 인터프리터와 컴파일러

앞에서 어셈블리어로 작성된 프로그램은 어셈블러를 통해서 기계어로 변환되어야만 실행이 가능하다고 설명을 했었다. 하이 레벨 언어로 작성된 프로그램의 경우도 마찬가지로 기계어로 변환이 되어야만 실행이 가능하다. 기계어로 변환되지 않은 프로그램은 그냥 영어로 작성된 텍스트에 불과하다.

그런데 변환하고 실행하는 방식은 인터프리터와 컴파일러 두 가지가 있다. 인터프리터로 실행되는 대표적인 프로그램 언어인 베이직을 예로 들어보겠다. 베이직은 명령을 한 줄씩 기계어로 번역하고 이를 실행하는 방식으로 동작한다. 어셈블러나 컴파일러의 경우 기계어로 번역한 후 결과 파일을 만들어 내지만 인터프리터의 경우 한 줄씩 번역과 동시에 실행을 수행한다는 점이 다르다. 그래서 프로그램을 실행하려 할 때 마다 번역과 실행을 수행해야 한다.

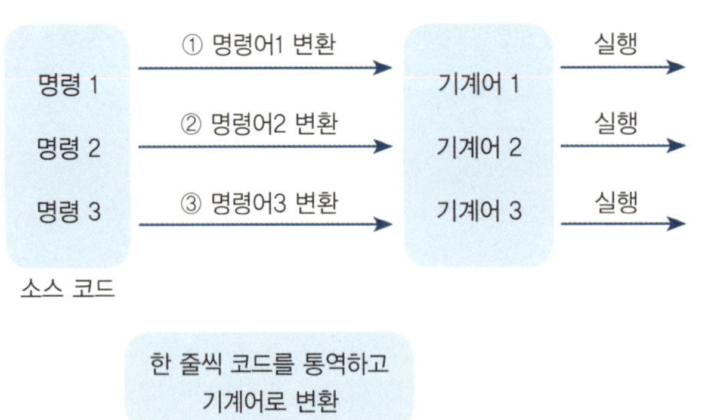

그림 1-4 인터프리터 방식 개념

컴파일러의 경우 하이 레벨 언어로 작성된 프로그램을 기계어로 변환하여 결과 파일로 만들어 낸다. 즉, 변환만 수행하며 이를 실행하는 기능을 가지고 있지는 않다는 점이 인터프리터와는 다르다. 그래서 실행을 위해서는 만들어진 결과 파일을 메모리로 올려서 수행이 가능하도록 하는 로더(Loader)가 필요하다.

앞서 기계어나 어셈블리어로 작성된 프로그램의 경우 해당 시스템에 종속적이어서 다른 시스템에서 실행할 수 없다고 이야기를 했었다. 그러나 컴파일러를 이용하는 프로그램은 다른 시스템에서 동작할 수 있는 컴파일러만 있다면 작성된 프로그램을 쉽게 이식해서 사용할 수 있다.

그림 1-5 컴파일러 방식 개념

이렇게 인터프리터와 컴파일러에 대해 알아보았다. 그렇다면 인터프리터를 사용하는 언어는 어떤 게 있고 컴파일러를 사용하는 언어는 어떤 것들이 있을까? 다음과 같다.

방식	사용 언어
인터프리터	Basic(베이직), PHP, Javascript(자바스크립트) 등등
컴파일러	C, C++, Java, 포트란(FORTRAN), 코볼(COBOL), 알골(ALGOL), 파스칼(PASCAL) 등등

표 1-1 인터프리터를 사용하는 언어와 컴파일러를 사용하는 언어

1.4 프로그래밍 방식

가장 일반적으로 생각할 수 있는 방식은 순차적인 방식이다. 즉, 수행해야 할 부분을 순서대로 기술하여 수행하도록 하고 조건에 따라 해당 부분으로 이동해서 해당 명령을 수행하도록 하는 방식인데 프로그램의 흐름을 따라가기가 힘들고 이로 인해 유지 보수 및 에러의 수정이 어렵다는 단점이 있다.

절차적 프로그래밍과 구조적 프로그래밍

절차적 프로그래밍 방식은 프로시저 또는 함수라 칭해지는 특정 기능을 수행하기 위한 명령의
모음을 이용하여 필요한 경우에 이를 호출하여 사용하는 형식의 프로그래밍을 말한다. 이런 함
수를 이용해서 같은 기능을 하는 코드를 여러 번 작성하지 않고 함수의 호출을 통해서 처리할
수 있다. 또한 goto 문을 사용하는 것에 비해서 프로그램의 흐름을 이해하기도 쉽다.

절차적 프로그래밍과 관련된 방식으로 구조적 프로그래밍이 있다. 구조적 프로그래밍은 큰 프
로그램을 이해하기 쉬운 크기의 함수들로 나누어 구현하고 함수들은 순차, 분기, 반복 구조만
을 이용하여 구현하는 방식을 말한다.

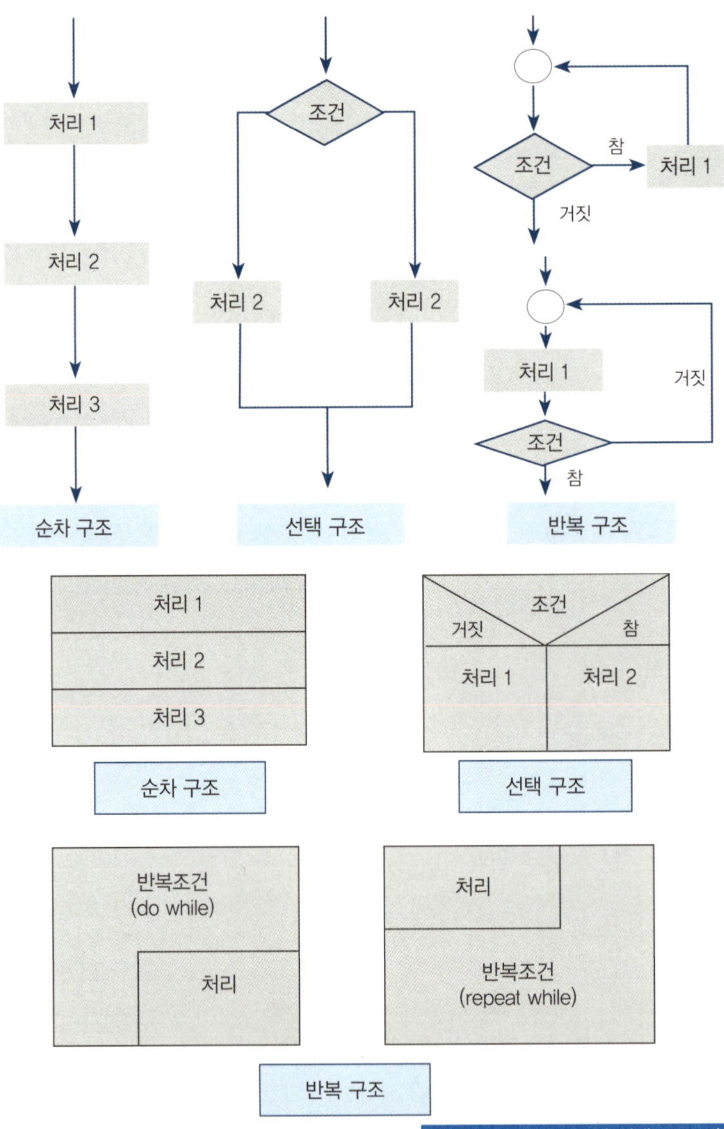

그림 1-6 순차 구조와 선택 구조, 반복 구조 개념도

순차 구조는 순서에 따라서 명령이 수행되는 것을 말하며, 분기 구조는 조건 및 상태에 따라서 명령을 수행하는 것이고, 반복 구조는 특정 상태를 만족할 때까지 또는 특정 횟수를 명령 수행을 반복하는 것을 말한다.

절차적 프로그래밍 방식의 경우 특정한 기능을 중심으로 함수를 설계하고 해당 함수에 전달될 인자와 함수 내부의 연산 그리고 되돌려줄 값을 구현해야 한다.

> **Note...**
>
> **객체지향 프로그래밍(Object-Oriented Programming)**
>
> 데이터를 객체라는 개념으로 모델화하여 컴퓨터가 다양한 문제를 해결하도록 하는 방법을 객체지향 방식이라고 말한다. 이는 C언어처럼 구조와 절차를 중요하게 다루는 절차지향 방식과는 다르다. 이렇게 객체지향 방식을 사용하는 프로그래밍 언어를 객체지향 프로그래밍 언어라고 하는데 대표적으로 C++, 자바(Java), C#, Objective-C 등등 여러 종류가 있다.

2. C언어의 역사와 특징, 표준

여기서는 이 책에서 배울 C언어의 역사를 비롯해 C언어의 특징과 표준에 대해서 간략하게 살펴보도록 하자.

2.1 C언어의 역사

C언어의 역사를 이야기하려면 빠질 수 없는 것이 바로 유닉스(UNIX) 운영 체제에 대한 이야기이다. AT&T 벨 연구소의 켄 톰슨(Ken Thompson)이라는 사람이 GE(제너럴 일렉트로닉스)와 MIT(매사추세스 공과 대학)와 벨 연구소의 Multics의 개발에 참여를 하고 있었다. 한데 이 프로젝트는 결과적으로 실패하였고 켄 톰슨은 해당 시스템에서 동작하는 게임을 더 이상 개발 및 실행을 할 수 없게 되었다.

그래서 당시 연구소에 있던 PDP-7이라는 시스템에 데니스 리치(Dennis M. Ritchie)와 협력하여 게임을 실행하기 위해 필요한 프로그램들을 개발한다. 어셈블러, 그래픽 패키지, 디버깅 툴 등을 만들어 나갔고 이는 운영 체제의 기본적인 모양새를 갖추게 되었다. 이것이 유닉스의 근간을 이루게 된다. 그러나 Multic가 개발되던 시스템과 PDP-7은 서로 다른 시스템으로 기계어 및 어셈블리어가 서로 달라서 이식성이 매우 떨어졌다.

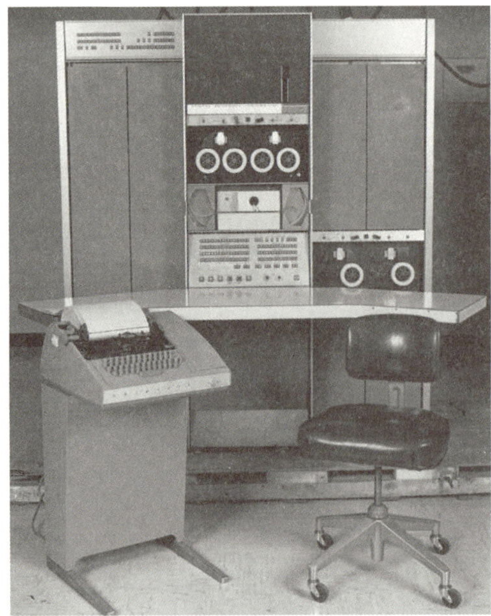

그림 1-7 PDP-7 [출처 : www.soemtron.org]

그림 1-8 The Multics [출처 : www.ieeepnec.org]

시스템 의존성이 낮고 호환성이 높은 언어를 만들어야겠다는 생각에 켄 톰슨은 기존에 있던 BCPL(BASIC CPL)을 기반으로 하여 개발된 것을 B언어라 불렀다. 데니스 리치는 이 B언어를 개량하여 브라이언 커니건(Brian W. Kernigham)과 함께 C언어를 만들었다.

그림 1-9 PDP-11의 모습 [출처 : linuxfx.sdf.org]

그림 1-10 켄 톰슨(왼쪽)과 데니스 리치(오른쪽) [출처 : www.popolony2k.com.br]

기존의 운영체제들은 해당 시스템의 어셈블리어를 이용해서 만들어졌었다. 데니스 리치와 켄 톰슨은 PDP-11용 유닉스를 C언어로 작성하였는데, 이는 기존의 어셈블리어로 작성된 것과 효율을 비교해도 크게 떨어지지 않았다. 이후 여러 이기종 시스템에 C언어로 작성된 유닉스를 이식하였는데 결과는 매우 성공적이었다. 이는 C언어로 작성된 프로그램의 높은 이식성을 알려주는 계기가 되었고 이후 운영체제를 비롯해 많은 프로그램이 C언어를 이용해서 작성되었다.

2.2 C언어의 특징

C언어는 원래 유닉스 운영체제 환경에서 프로그램을 작성할 수 있도록 개발되었다. 하지만 지금은 발전을 거듭하여 운영체제뿐만 아니라 시스템 프로그램 개발과 응용 프로그램(애플리케이션) 개발 영역에서도 C언어가 유용하게 사용되고 있다. 이렇게 강력한 C언어에는 어떤 특징이 있는지 살펴보도록 하자.

- **표현이 간결하고 분석과 이해가 용이하다**

  C언어는 대표적인 절차적 & 구조적 프로그래밍 언어다. C언어로 작성한 프로그램은 함수들의 집합으로 구성되어 있다. 이것은 프로그램의 제어 구조가 구조적 프로그램 형식으로 되어 있어 분석하고 이해하기가 쉽다는 걸 의미한다.

- **하이 레벨 언어의 특징과 로우 레벨 언어의 특징을 모두 가지고 있다**

  C언어는 응용 프로그램 개발은 물론 시스템 프로그래밍을 할 수 있으며 하드웨어를 제어하는 기능도 구현할 수 있다. 그래서 C언어는 인간이 이해할 수 있는 하이레벨 언어의 특징과 기계가 이해하는 로우레벨 언어의 특징을 모두 가지고 있다.

- **이식성이 뛰어나다**

  C언어는 여러 기종의 하드웨어나 유닉스, 리눅스는 물론 윈도우 운영체제 환경에서도 기능에 제한을 받지 않고 프로그램을 개발해 컴파일과 실행을 진행할 수 있다.

- **다양한 분야에서 사용할 수 있다**

  C언어는 단순한 데이터 처리는 물론 수식 계산, 그래픽 처리와 같이 컴퓨터를 이용할 수 있는 다양한 분야에서 사용할 수 있도록 개발되었다.

- **표준 라이브러리를 지원한다**

  C언어에서는 동적 할당 및 표준 입출력, 문자열 처리 기능을 지원하는 표준 라이브러리(standard library)를 지원한다.

여기까지 C언어의 특징에 대해 간단히 살펴보았다. 느낌이 확 와닿지 않을 수도 있겠지만 책을 보면서 실습하거나 혹은 실전에서 프로젝트를 수행하다 보면 이러한 C언어의 특징들을 느낄 수 있을 것이다.

2.3 C언어의 표준

ANSI C는 1989년 미국 표준 협회(ANSI)에서 여러 C 컴파일러 간의 호환성 문제를 해결하기 위해 표준안을 제시한 것을 말한다. 이를 ANSI C 또는 C89라고 한다. ANSI C 표준을 따르는 컴파일러들의 종류를 소개하면 다음과 같다.

- 도스(DOS)용 C 컴파일러 : Turbo C, Borland C++, Microsoft C

- 윈도우용 C 컴파일러 : Visual C++, Borland C++, Watcom C, Dev-C++

- 유닉스, 리눅스용 C 컴파일러 : GCC

ANSI C의 특징
- 표준 라이브러리 함수를 규격화하고 헤더 파일의 통일
- 함수의 원형 선언
- enum, void, const, volatile 추가 등

이 외에 C95는 유럽 및 동양의 언어를 지원하기 위한 2 바이트 문자를 지원하는 기능을 추가한 표준이다. 그리고 C99는 C++의 장점을 흡수한 표준이다.

3. 디버깅

작성된 프로그램의 문제를 수정하는 것을 디버깅(debugging)이라고 한다. 디버깅은 여성 프로그래머인 그레이스 머레이 호퍼(Grace Murray Hopper)가 프로그램의 동작 이상에 대해서 살펴보다가 그 당시 Mark-II 라는 시스템 안에 나방이 죽어 있고 이로 인해 프로그램의 동작에 문제가 생겨 이를 제거하고 이를 기록한 문서에 'debug'라는 말을 사용한 것이 유래가 되었다.

이 나방은 세계 최초의 컴퓨터 버그로 기록되어 현재 미 해군 박물관에 전시되어 있으며 나방을 제거한 일은 기록상 세계 최초의 컴퓨터 디버깅 작업이 되었다. 과거 진공관을 사용하는 시스템 내부에 나방이 들어가서 문제를 발생시키는 경우는 드문 일이 아니었고 이를 제거하는 작업도 종종 있었다고 한다.

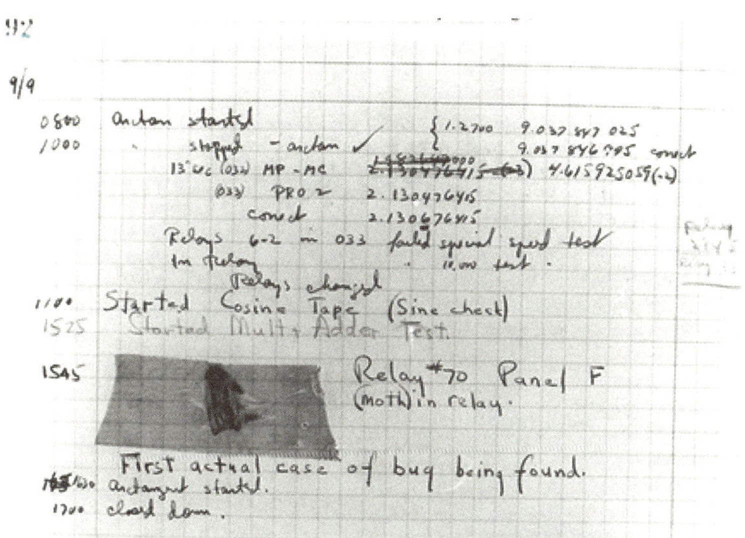

그림 1-11 최초의 디버깅 [출처 : 위키미디어]

컴파일할 때 형식이 맞지 않아서 발생하는 에러를 수정하거나 실행 시 발생하는 문제를 수정 또는 작성한 기능이 생각과는 다르게 동작하는 부분을 수정하는 작업 등을 디버깅이라고 보면 된다.

프로그램을 개발하는 것도 중요하지만 그에 못지 않게 디버깅을 통해 프로그램이 정상적으로 동작하도록 수정하는 것 역시 매우 중요하다. 개발 도구의 디버깅 툴을 이용해서 프로그램의 진행을 단계별로 실행시키거나 변수의 값 그리고 함수가 호출된 이력을 추적하는 등의 작업을 수행할 수 있으며 이를 통해 프로그램의 문제점을 분석하고 수정하는데 도움을 얻을 수 있다.

프로그래밍 언어 사용률(http://www.tiobe.com/)

TIOBE 사이트에서는 다음과 같이 프로그래밍 언어의 사용 비율같은 통계 정보들이 있어 참고하면 도움이 될 것이다.

■ TIOBE Programming Community Index for June 2013

Position Jun 2013	Position Jun 2012	Delta in Position	Programming Language	Ratings Jun 2013	Delta Jun 2012	Status
1	1		C	17.809%	+0.08%	A
2	2		Java	16.656%	+0.39%	A
3	4	⬆	Objective-C	10.356%	+1.26%	A
4	3	⬇	C++	8.819%	-0.54%	A
5	7	⬆⬆	PHP	5.987%	+0.70%	A
6	5	⬇	C#	5.783%	-1.24%	A
7	6	⬇	(Visual) Basic	4.348%	-1.70%	A
8	8		Python	4.183%	+0.33%	A
9	9		Perl	2.273%	+0.05%	A
10	11	⬆	JavaScript	1.654%	+0.18%	A
11	10	⬇	Ruby	1.479%	-0.20%	A
12	12		Visual Basic .NET	1.067%	-0.15%	A
13	17	⬆⬆⬆⬆	Transact-SQL	0.913%	+0.21%	A
14	14		Lisp	0.879%	-0.11%	A
15	16	⬆	Pascal	0.779%	-0.07%	A
16	21	⬆⬆⬆⬆⬆	Bash	0.711%	+0.09%	A
17	19	⬆⬆	PL/SQL	0.657%	+0.02%	A--
18	13	⬇⬇⬇⬇⬇	Delphi/Object Pascal	0.602%	-0.55%	A--
19	18	⬇	Ada	0.575%	-0.11%	B
20	22	⬆⬆	MATLAB	0.563%	0.00%	B

■ Long term trends

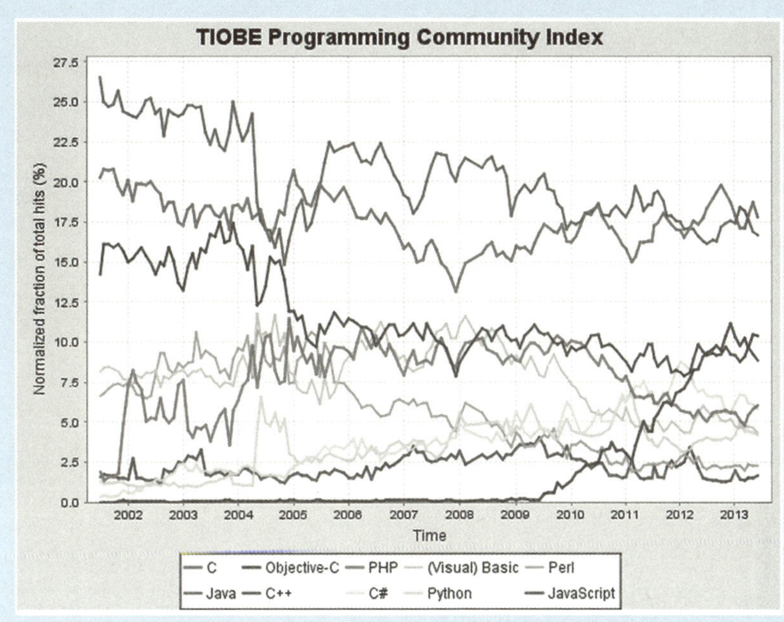

■ Very Long Term History

Programming Language	Position June 2013	Position June 2008	Position June 1998	Position June 1988
C	1	2	1	1
Java	2	1	3	-
Objective-C	3	42	-	-
C++	4	3	2	4
PHP	5	4	-	-
C#	6	8	-	-
(Visual) Basic	7	5	5	7
Python	8	7	30	-
Perl	9	6	7	-
JavaScript	10	9	17	-
Lisp	14	16	19	2
Ada	19	17	10	3

연습 문제

1. C언어의 특징이 아닌 것은?

    ① 프로그램 분석과 이해가 쉽다

    ② 이식성이 낮다

    ③ 표준 라이브러리를 지원한다

    ④ 하드웨어를 제어하는 기능을 구현할 수 있다

2. 인터프리터와 컴파일러에 대해 간략하게 설명하시오.

3. 디버깅(debugging)에 대해 간략하게 설명하시오.

C 프로그래밍 개발 환경 구축하기

02

C언어로 프로그램을 작성하고 실행해 보려면 컴파일러를 비롯한 개발 툴이 필요하다. 운영체제에 따라서 여러가지 개발 툴들이 있다. 여기에서는 다운로드 받아 설치하고 이용하는데 제약이 없는 개발 툴을 이용하도록 한다.

만약 자신이 잘 다루는 툴이 있거나 PC에 툴이 설치되어 있다면 그대로 사용해도 된다. 만약 다른 개발 툴을 가지고 프로그래밍 실습을 하고 싶다면 인터넷에 C 프로그래밍 개발 환경 세팅에 관한 정보들이 많이 나오고 있으니 참고해서 개발 환경을 구축하면 되겠다.

1. Dev-C++

우선 윈도우에서는 Dev-C++을 다운받아서 설치하고 사용 방법에 대해서 알아보도록 하자. Dev-C++는 GNU 일반 공개 라이선스로 배포되는 공개 IDE 툴이므로 자유롭게 다운받아서 사용할 수 있다. 그래서 Dev-C++ 홈페이지(http://www.bloodshed.net/dev/devcpp.html)에서 설치 파일을 다운받아 설치를 진행해보자.

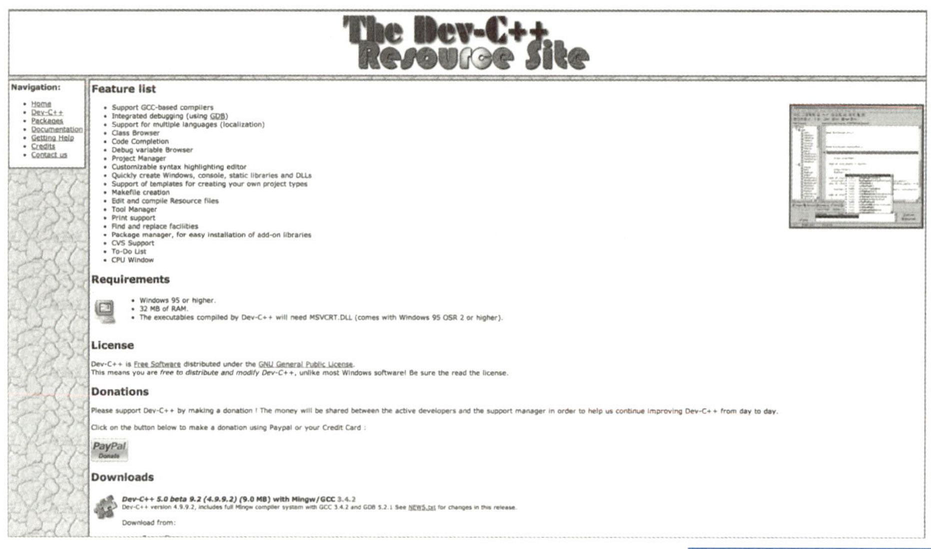

그림 2-1 Dev-C++ 홈페이지

Downloads 부분에서 최신 버전(여기서는 Dev-C++ 5.0 beta 9.2 (4.9.9.2) (9.0 MB) with Mingw/GCC 3.4.2) 아래 있는 Download from: SourceForge 링크를 클릭해서 Dev-C++ setup 파일을 다운받는다.

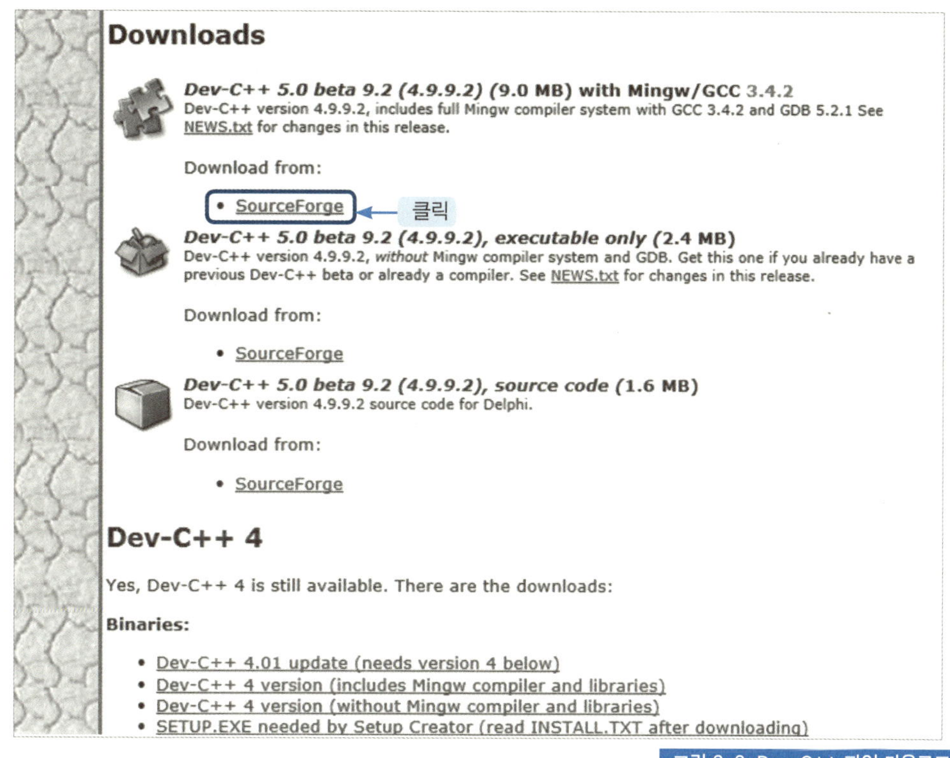

그림 2-2 Dev-C++ 파일 다운로드

다운받은 파일은 devcpp-4.9.9.2_setup.exe 파일일 것이다. 이 파일을 실행하면 이제 본격적으로 Dev-C++ 설치 작업이 시작된다.

Setup 파일을 실행하면 먼저 다음과 같이 인스톨러의 언어를 선택하라는 팝업창이 뜨는데 Korean으로 선택하고 [OK] 버튼을 클릭한다.

그림 2-3 인스톨러 언어 선택

그 다음으로 사용권 계약 팝업창이 뜨는데 [동의함] 버튼을 클릭하면 다음 단계로 넘어간다.

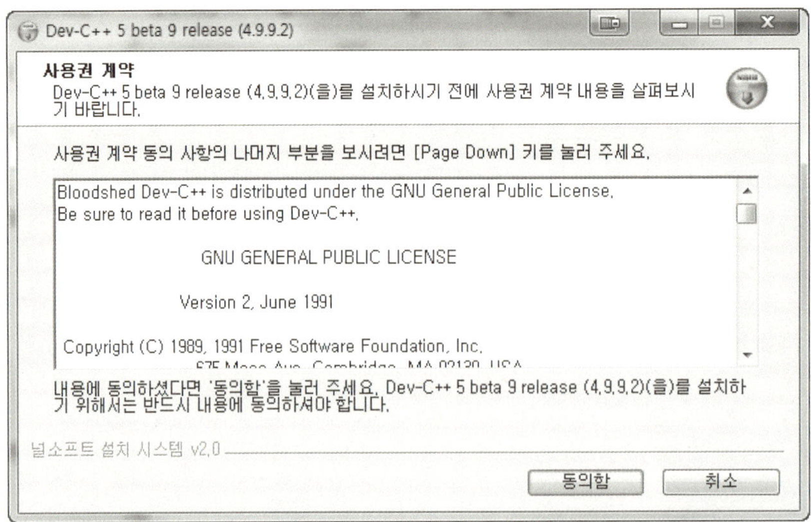

그림 2-4 라이선스 동의

이제 구성 요소 선택 팝업창이 나온다. 여기서는 따로 설정할 작업은 없으므로 그냥 [다음] 버튼을 클릭해 다음 단계로 넘어간다.

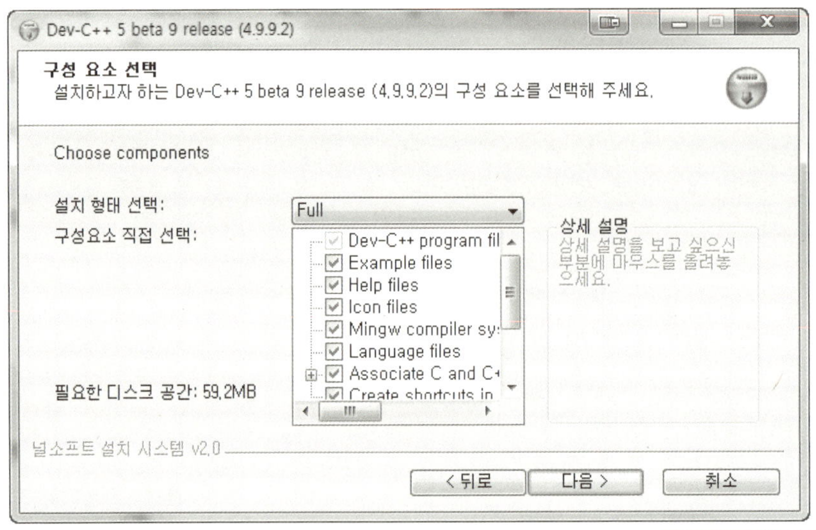

그림 2-5 구성 요소 선택

이제 Dev-C++을 설치할 위치를 지정하는 단계다. 기본 경로로 C:\Dev-Cpp가 지정되어 있는데 자신이 찾기 쉬운 디렉토리에 설치해도 상관없다. 여기서는 기본 경로인 C 드라이브의 Dev-Cpp 폴더에 설치할 것이다. [설치] 버튼을 클릭하면 설치 작업이 진행된다.

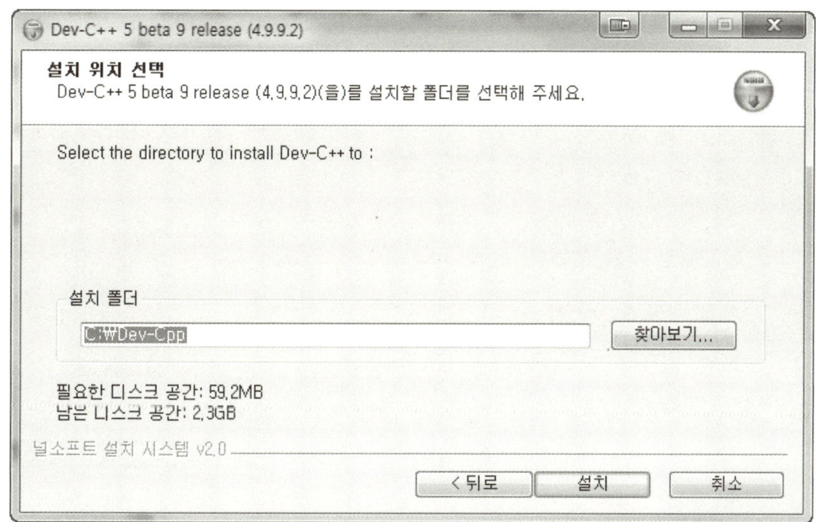

그림 2-6 구성 요소 선택

설치가 진행되면서 다음과 같이 Dev-C++을 모든 사용자가 사용할 수 있도록 할지 여부를 묻는 창이 뜨면 [예] 버튼을 클릭하면 된다.

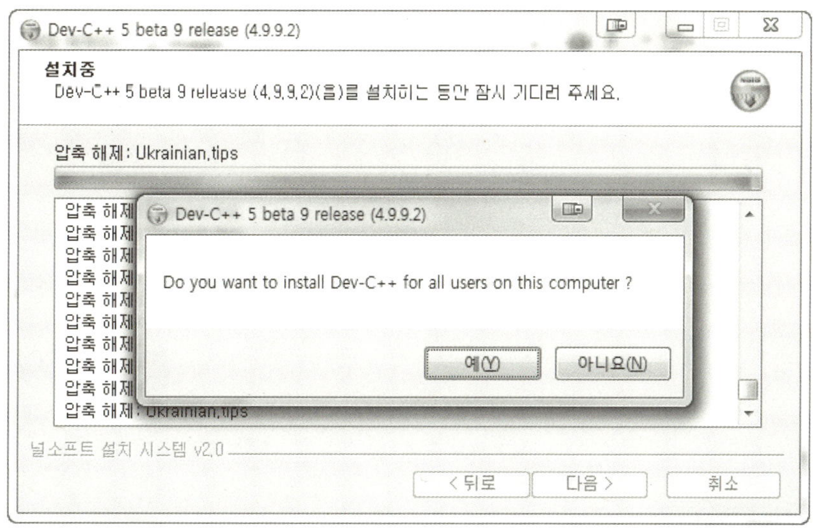

그림 2-7 구성 요소 선택

정상적으로 설치가 완료되면 다음과 같은 창이 뜬다. Dev-C++ 실행하기 체크 박스에 체크

표시를 한 상태에서 [마침] 버튼을 클릭하면 Dev-C++이 실행된다.

그림 2-8 Dev-C++ 설치 완료

만약에 설치 완료 창에서 [취소] 버튼을 클릭한 후, 바탕 화면의 devcpp 아이콘이나 C:\Dev-Cpp\devcpp.exe 파일을 클릭해서 실행해도 된다. 만약 Dev-C++을 처음 설치하면 아래와 같은 창 들이 화면에 나타나는데 언어 설정을 한국어로 하는 것 말고는 특별히 변경하지 않고 그대로 다음 단계로 넘어가면 된다.

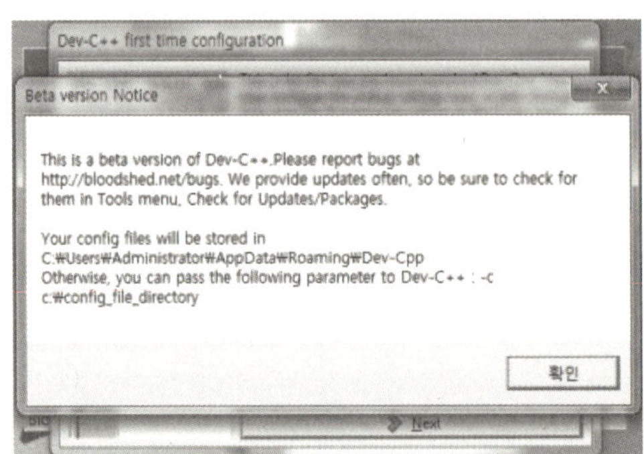

그림 2-9 베타 버전 알림창

먼저 언어 선택 창이 뜨는데 여기서는 Korean[한국어]을 선택하고 [Next] 버튼을 클릭한다.

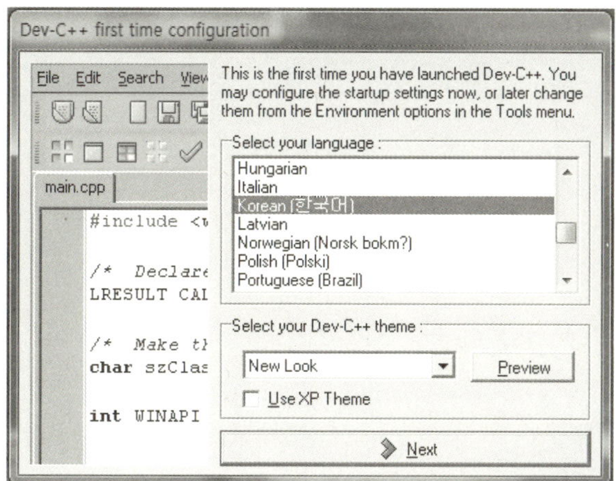

그림 2-10 Dev-C++ 언어 설정

함수나 클래스, 변수를 찾을 수 있도록 헤더 파일에서 정보를 검색할 수 있도록 하겠냐는 물음인데 Yes 항목을 선택한 후 [Next] 버튼을 클릭한다.

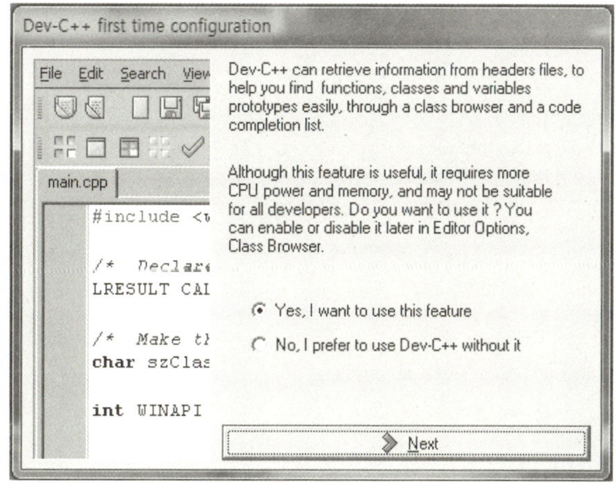

그림 2-11 Dev-C++ 언어 설정

코드 완성 기능을 사용하기 위해 캐시를 생성할 건지의 여부를 묻는 창이 나오는데 다음처럼
Yes 항목에 체크하고 [Next] 버튼을 클릭한다.

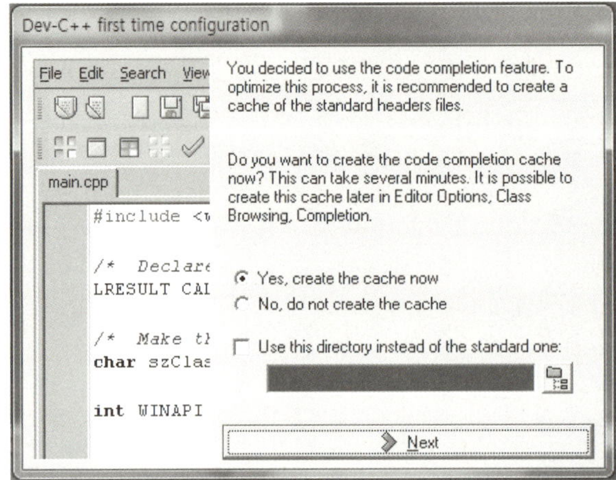

그림 2-12 코드 완성 기능 선택

그러면 코드 완성 기능 설정이 실행된다.

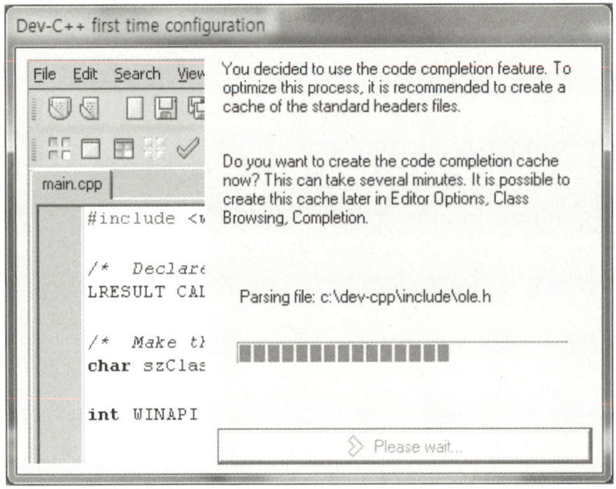

그림 2-13 코드 완성 기능 설정

초기 설정이 끝나면 이렇게 완료 메시지 창이 뜬다. [OK] 버튼을 클릭하고 설정 작업을 완료하자.

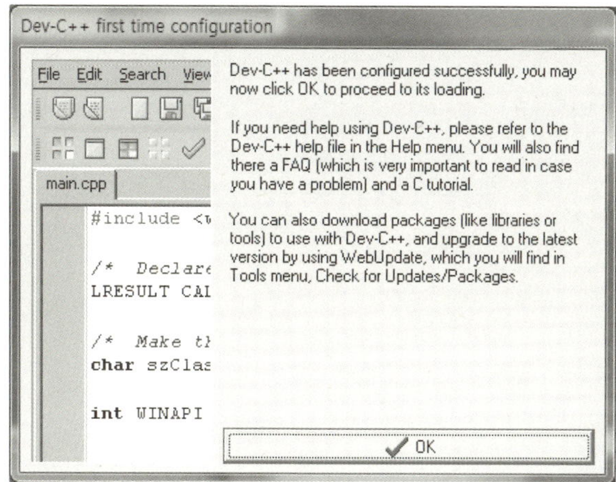

그림 2-14 초기 설정 완료

초기 설정에 대한 부분이 전부 끝나면 다음과 같이 Dev-C++ 프로그램이 실행되면서 창이 화면에 표시된다.

그림 2-15 Dev-C++

이제 Hello World 프로그램을 작성해보도록 하겠다. 새로운 프로그램을 작성하기 위해서는 [파일]→ [새로 만들기] → [소스 파일] 메뉴를 클릭하거나 단축키 Ctrl + N 을 눌러 소스 작성 창을 열고 코드를 작성한다.

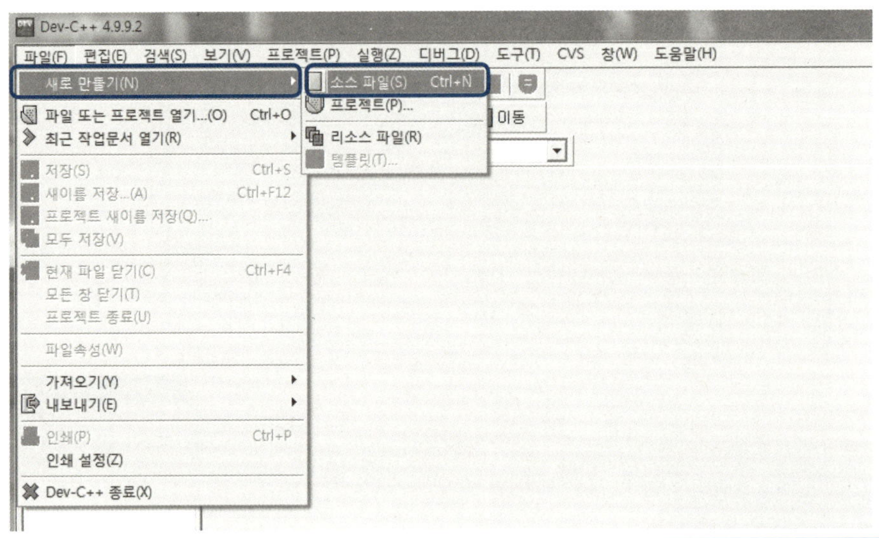

그림 2-16 소스 파일 생성하기

새 소스 파일이 생성되었으면 다음과 같이 코드를 작성한다.

```c
#include <stdio.h>

int main(void)
{
    printf("hello world\n");
    system("pause");
}
```

Note... Dev-C++에서 C언어를 이용해 코딩을 한다면 위 예제 소스에서 진하게 표시된 코드처럼 system("pause"); 코드를 반드시 입력해야 한다. MS의 비주얼 스튜디오나 기타 IDE 툴에서는 넣지 않아도 된다.

소스 코드 작성을 완료하면 [파일]→[새이름 저장] 메뉴를 클릭하여 C 파일로 저장한다. 여기서는 hello.c로 저장했다.

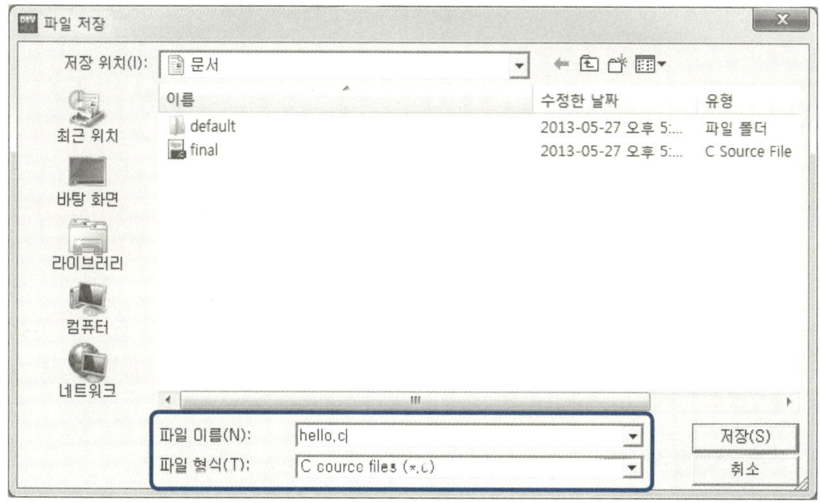

그림 2-17 소스 코드 저장

컴파일을 하고 실행을 하기 위해서는 [실행]→[컴파일 후 실행] 메뉴를 클릭하거나 F9 키를 누르면 다음과 같이 실행된다.

그림 2-18 Hello World 실행 결과

2. 우분투 리눅스에서 개발 환경 구축하기

이제 리눅스(Linux) 환경에서 C 프로그래밍을 하는 방법에 대해서 알아보자. 리눅스도 여러 가지가 존재하는데 여기서는 우분투(Ubuntu)를 기준으로 필요한 개발 툴과 설치 방법 그리고 실행하는 방법에 대해서 살펴보자.

PC나 노트북에 우분투 리눅스를 설치하여 이용하는 방법도 있겠지만 여기서는 가상화 소프트웨어인 VirtualBox를 이용해서 우분투 리눅스를 사용하도록 한다. 이를 위해서 VirtualBox(www.virtualbox.org)의 Downloads에서 **VirtualBox 4.2.14 for Windows hosts**를 다운 받아서 설치하자. 그리고 **VirtualBox 4.2.14 Oracle VM VirtualBox Extension Pack**도 추가로 받아서 설치하도록 한다.

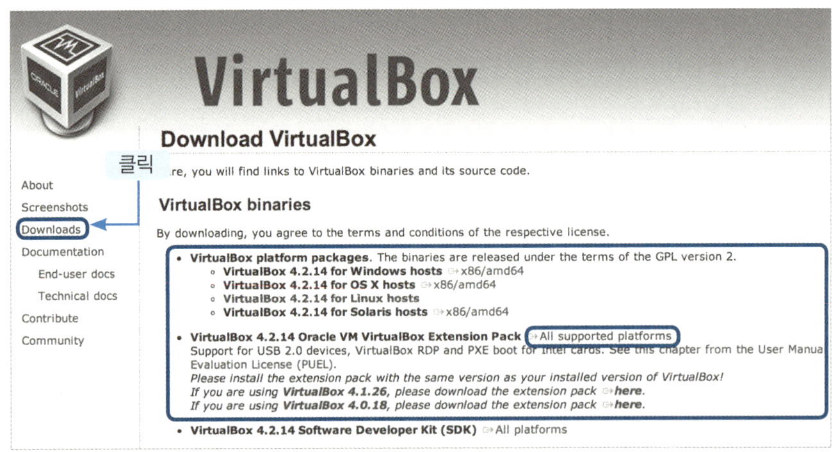

그림 2-19 VirtualBox 홈페이지

그리고 http://virtualboxes.org/images/ubuntu에서 사용자의 환경에 적합한 버전을 찾아 다운받는다. 여기서는 Ubuntu Linux 12.10 x86를 찾아서 다운받아서 개발 환경을 설정하도록 하겠다.

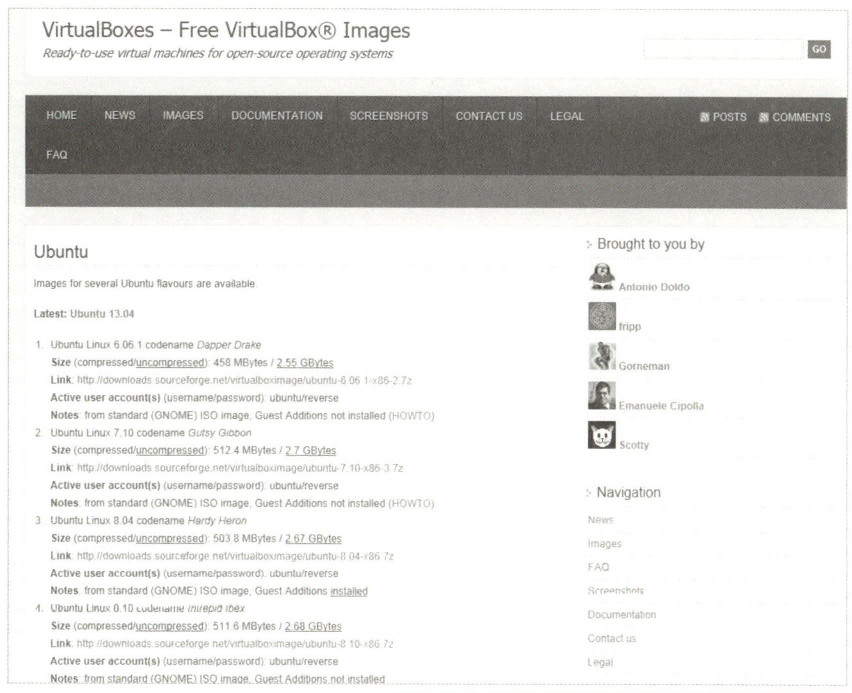

그림 2-20 http://virtualboxes.org/images/ubuntu 홈페이지

VirtualBox는 여러 운영체제를 동작시켜 볼 수 있는 가상화 소프트웨어다. 여기에 우분투 이미지 파일을 연동해 VirtualBox에서 우분투 리눅스를 실행할 수 있다.

다운받은 우분투 이미지 파일(예를들어, ubuntu-12.10-desktop-i386.7z)은 다음과 같이 압축된 형태다.

이제 우분투 이미지 파일의 압축을 풀면 다음과 같이 두 개의 파일이 보일 것이다.

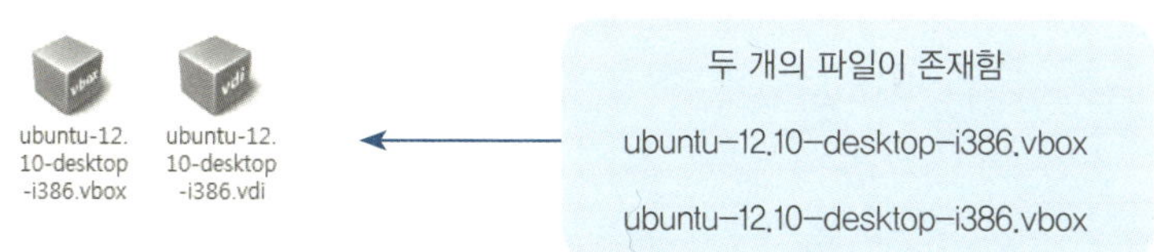

이제 VirtualBox를 실행하여 다음과 같이 [머신]→[추가] 메뉴를 클릭한다.

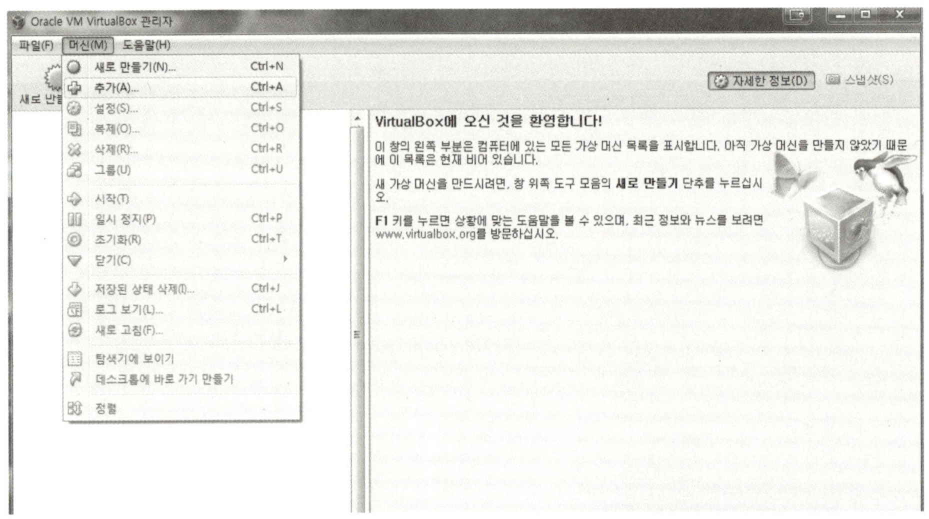

그림 2-21 VirtualBox 실행 후 머신 추가

그리고 방금 압축을 풀었던 ubuntu-12.10-desktop-i386.vbox 파일을 선택하고 [열기] 버튼을 클릭한다.

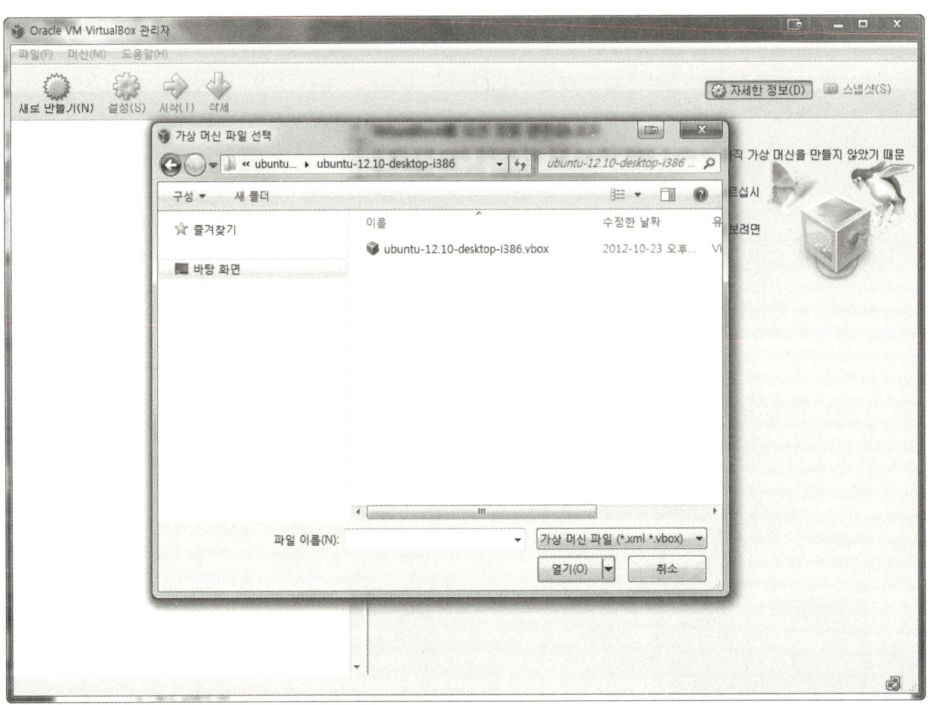

그림 2-22 가상 머신 파일 선택

그러면 다음과 같이 ubuntu-12.10-desktop-i386 이라는 가상 머신이 생성되었다. 여기서 화살표모양으로 된 [시작] 버튼을 클릭하면 VirtualBox에서 우분투 리눅스가 실행된다.

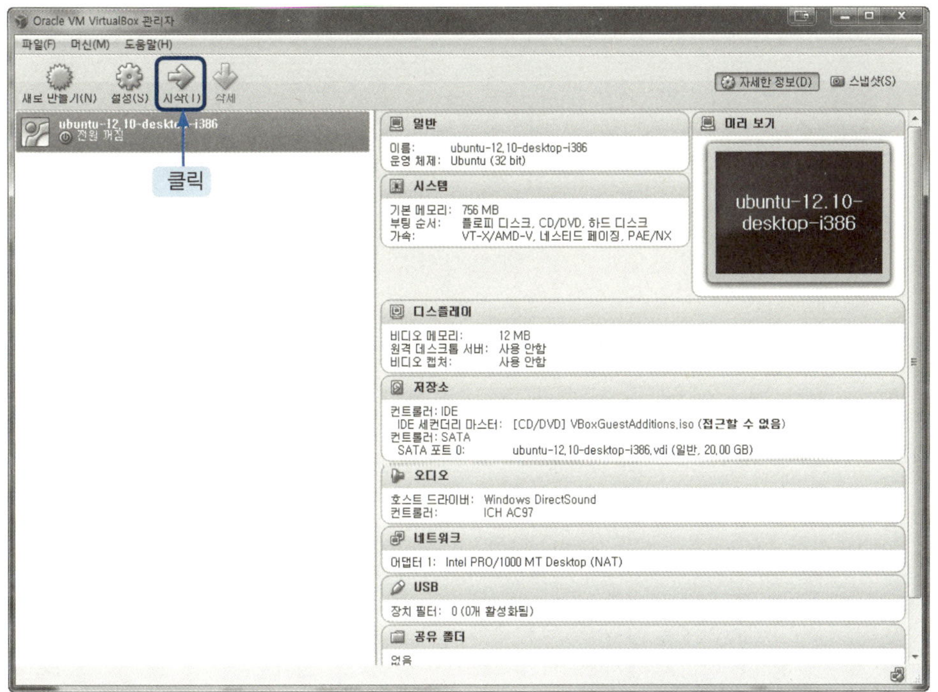

그림 2-23 VirtualBox에서 우분투 리눅스 시작

Note... 만약 실행할 때 다음과 같은 창이 뜬다면 VirtualBox 4.2.14 Oracle VM VirtualBox Extention Pack을 설치하지 않은 경우이므로 이 파일을 설치하면 정상 실행될 것이다.

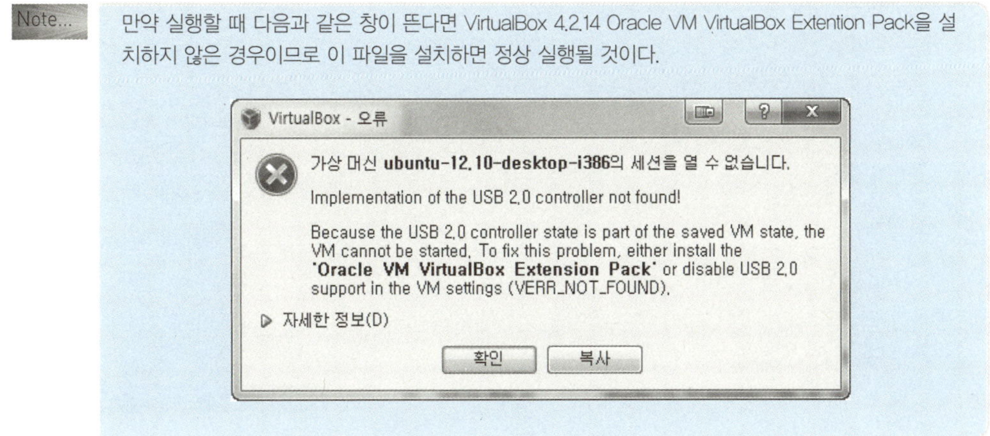

VirtualBox에서 우분투 리눅스가 성공적으로 시작되면 다음과 같이 패스워드를 입력하는 곳이 보일 것이다. 해당 이미지를 이용하여 우분투를 실행한 경우에는 로그인 아이디와 암호는 ubuntu / reverse로 설정되어 있다. 그래서 Password 부분에 reverse라고 입력한다.

그림 2-24 우분투 리눅스 시작 화면

패스워드 입력란에 reverse라고 입력한 뒤 다음 단계로 넘어가면 아래처럼 우분투 리눅스
화면이 보이게 될 것이다.

그림 2-25 우분투 리눅스 시작 화면

C 프로그래밍에 들어가기에 앞서 몇 가지 설정을 하고 가도록 한다. 기본 키보드 설정이 이태리
로 되어 있는 것을 한국으로 변경하고 프로그래밍 시에 필요한 유틸리티들을 확인하도록 한다.

System settings 아이콘(　)을 클릭하면 아마 다음과 같이 설정 메뉴들이 나온다. Display

를 통해서 화면 해상도를 조절할 수 있고 Keyboard Layout을 통해서 기본 설정인 italian을 지우고 Korean으로 설정할 수 있다. 키보드 설정을 제대로 하지 않을 경우 이태리 키보드로 인식하여 동작하게 되므로 주의하자.

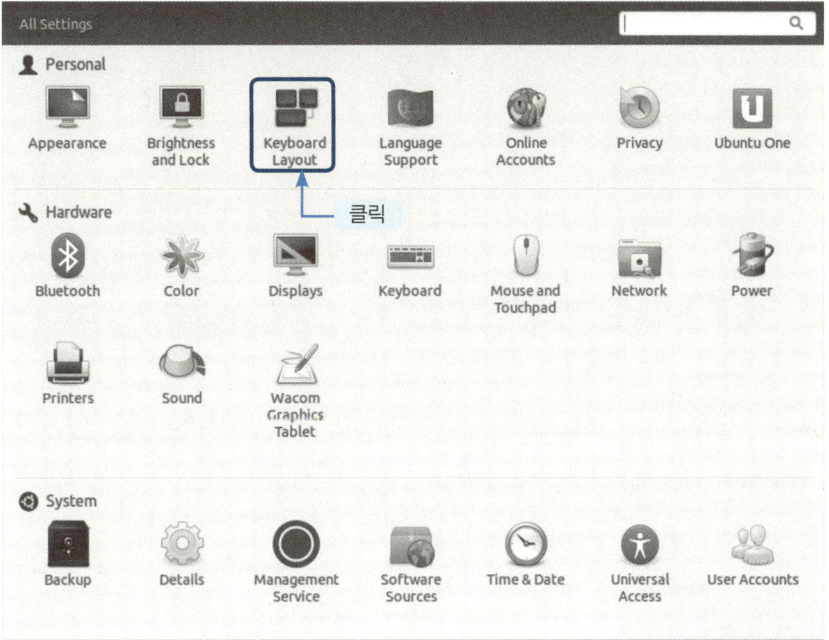

그림 2-26 시스템 세팅 화면

Keyboard Layout 메뉴를 클릭하여 다음과 같이 키보드 설정을 Korean과 English(US)로 설정한다.

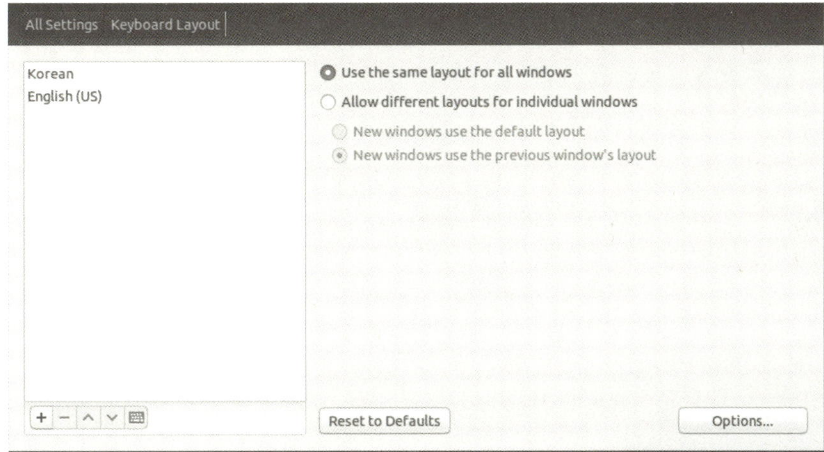

그림 2-27 키보드 레이아웃 설정

여기까지 설정했으면 주로 사용하게 될 프로그램들을 살펴보자.

Dash Home

Dash Home( )을 클릭하면 아래와 같이 화면이 나오는데 여기서 Terminal(터미널), Text Editor(텍스트 에디터)를 주로 이용하게 될것이다. Text Editor는 윈도우의 메모장이나 워드 패드 같은 프로그램으로 이를 사용해서 소스 코드를 작성하고 Terminal에서는 작성한 프로그램을 컴파일하여 실행하기 위해 사용할 것이다.

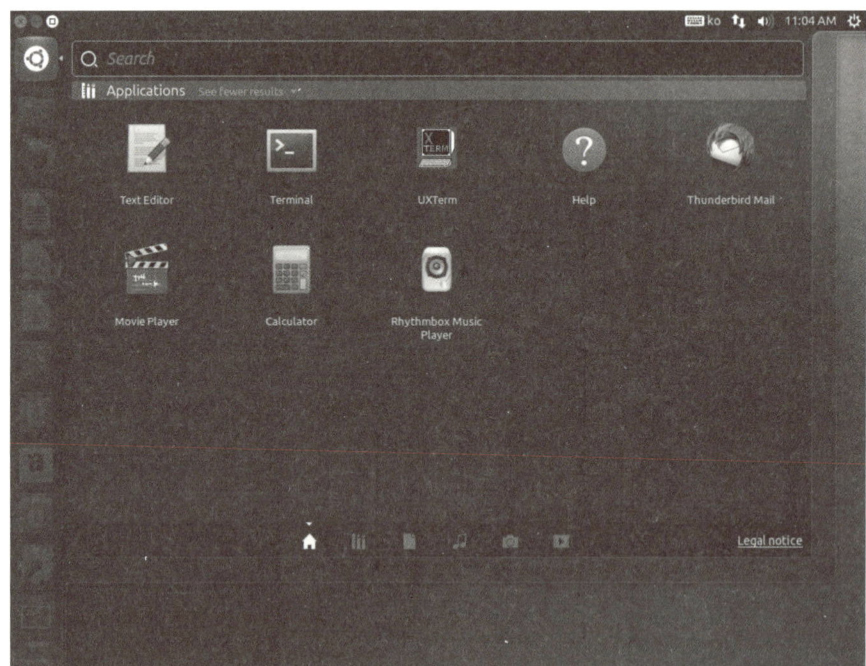

그림 2-28 Dash Home 실행 화면

Text Editor

Text Editor가 실행된 화면은 다음과 같다. 나중에 소스 코드를 작성하고 저장할 때 파일의 확장자가 c인 파일로 저장하면 된다.

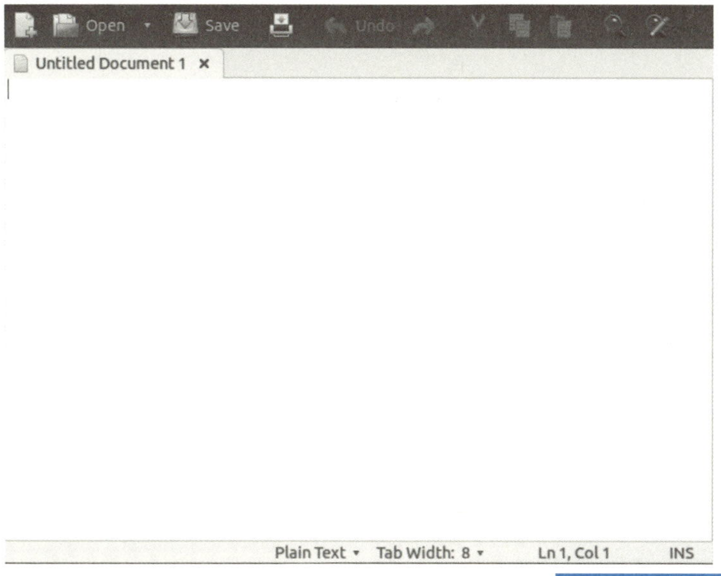

그림 2-29 Text Editor 실행 화면

Terminal

Terminal 프로그램이 실행된 화면은 다음과 같다. 컴파일러의 경우 별도로 설치하지 않고 이미지에 이미 존재하는 것을 그대로 이용하도록 한다. Terminal에서 gcc −v 라고 입력하고 엔터키를 누르면 현재 사용 가능한 컴파일러에 대한 버전 정보 등이 표시되는 것을 확인할 수 있다.

일단 여기까지 해서 설정과 실행에 문제가 없다면 우분투 리눅스에서 C 프로그래밍을 위한 기본적인 환경 설정은 끝난 것으로 보면 된다.

그림 2-30 Terminal 실행 화면

이제 우분투 리눅스에서는 어떻게 소스 코드를 작성하고 컴파일해서 실행해야 하는지에 대해서 설명하도록 하겠다.

윈도우에서와 마찬가지로 hello world라는 문장을 출력하는 간단한 소스 코드를 Text Editor 프로그램으로 작성하고 hello.c 라는 이름으로 ubuntu 폴더에 저장한다. 작성할 프로그램의 소스 코드는 다음과 같다.

```c
#include <stdio.h>

int main(void)
{
    printf("hello world\n");
}
```

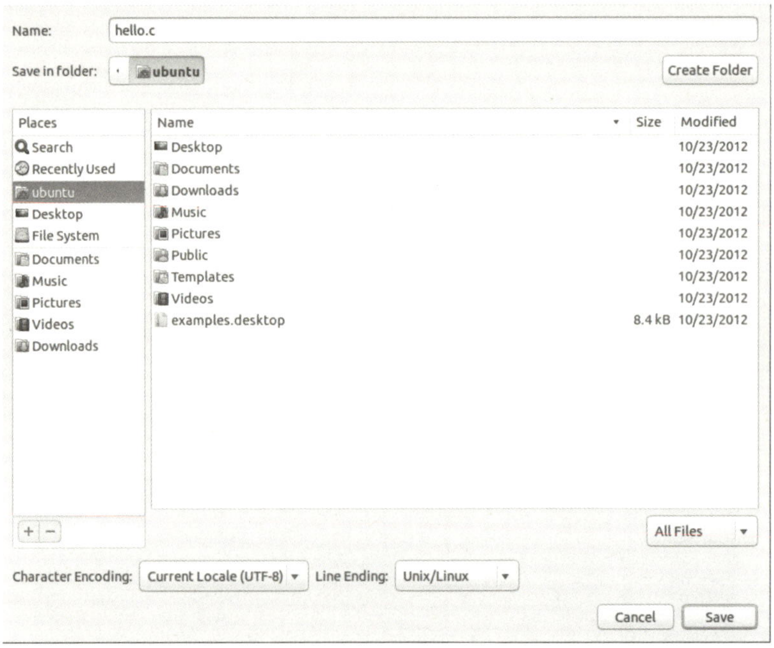

그림 2-31 hello.c 파일 생성

그 뒤에 Terminal에서 ls라고 명령을 내려보면 Text Editor에서 저장한 hello.c 파일을 확인할 수 있다. 이제 hello.c 파일을 컴파일하여 실행 파일로 만들기 위해 「gcc hello.c -o hello」라고 입력하고 엔터키를 누른다. 소스 코드에 오타가 있다면 에러가 발생할 수 있는데, 그런 경우 Text Editor로 이를 수정하고 저장한 뒤에 Terminal에서 gcc hello.c -o hello라고 다시 입력해보자.

에러가 없다면 아무런 메시지도 표시되지 않을 것이다. 그 후에 다시 ls 명령을 내려보면 hello 라는 실행 파일이 만들어져 있는 것을 볼 수 있다. 이를 실행해 보기 위해서 ./hello라고 입력 후 엔터키를 누른다. hello world라고 출력되는 것을 확인할 수 있다.

```
ubuntu@ubuntu-VirtualBox:~$ ls
Desktop     Downloads          hello.c  Pictures  Templates
Documents   examples.desktop   Music    Public    Videos
ubuntu@ubuntu-VirtualBox:~$ gcc hello.c -o hello
ubuntu@ubuntu-VirtualBox:~$ ls
Desktop     Downloads          hello     Music     Public      Videos
Documents   examples.desktop   hello.c   Pictures  Templates
ubuntu@ubuntu-VirtualBox:~$ ./hello
hello world!
ubuntu@ubuntu-VirtualBox:~$ 
```

그림 2-32 gcc로 hello.c 파일을 컴파일 후 실행

gcc hello.c -o hello의 의미는 hello.c라는 파일을 컴파일해서 -o 다음에 나온 hello라는 이름의 실행 파일로 만들어 달라는 것이다. 이렇게 생성된 실행 파일을 실행할 때는 실행 파일 의 이름 앞에 ./를 붙여서 실행하도록 하자. 만약 ./를 붙이지 않는다면 현재 디렉토리에 있는 실행 파일을 실행할 수 없다.

지금까지 우분투 리눅스 환경에서 소스 코드를 작성한 후 컴파일에서 실행하는 방법까지 알아 보았다.

3. Xcode에서 개발 환경 구축하기

Mac OS 기반 환경에서도 C 프로그래밍을 해볼 수 있다. 여기서는 Xcode를 이용해 C 프로그 래밍을 하는 방법에 대해서 살펴보자.

Xcode가 설치되어 있지 않은 경우 애플 앱스토어에서 Xcode를 찾아서 다운받아 설치하도록 한다.

그림 2-33 Xcode 다운로드

Xcode의 설치가 끝나면 Xcode를 실행한다. 아마 다음과 같은 화면이 나올 것이다. 그러면
[Create a new Xcode project]를 클릭한다.

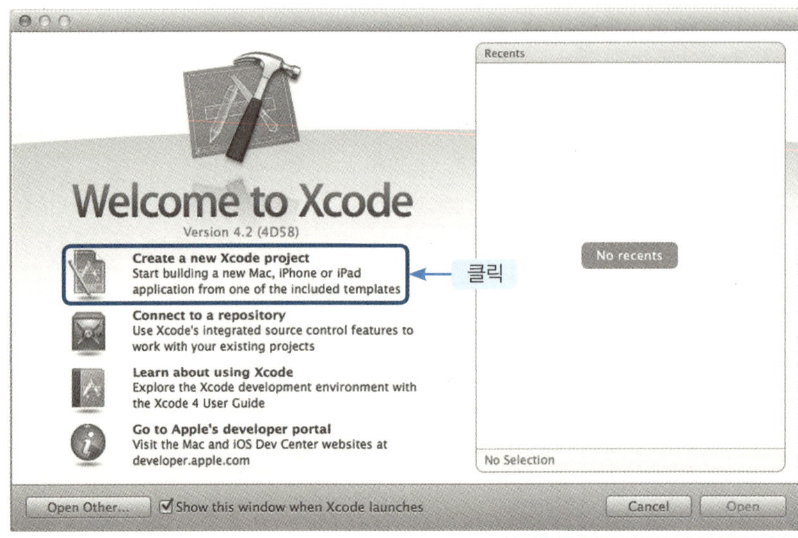

그림 2-34 Xcode에서 새 프로젝트 생성하기

그러면 다음과 같이 나오는데 Mac OS X의 「Application」을 클릭한 후 오른쪽 부분에 있는 「Command Line Tool」을 클릭하고 [Next] 버튼을 클릭해 다음 단계로 넘어가자.

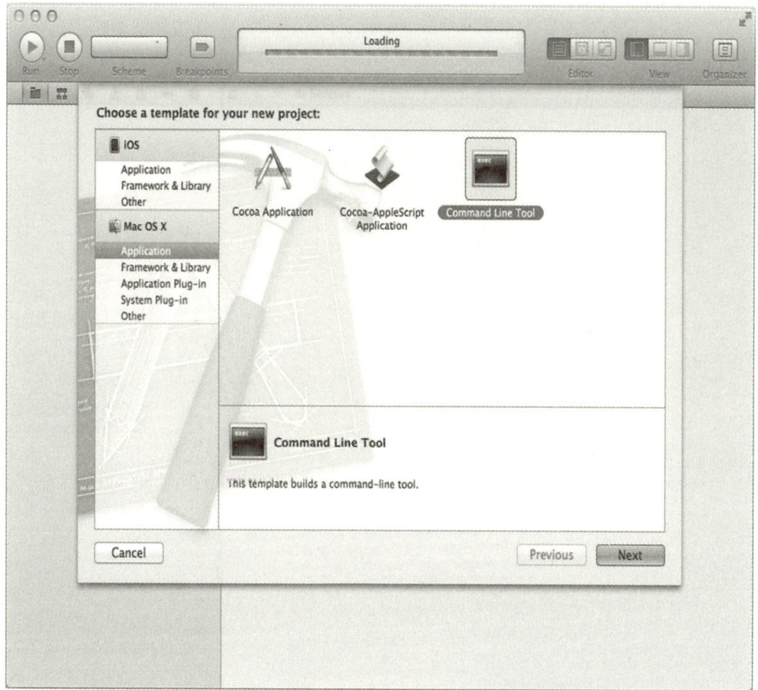

그림 2-35 Xcode에서 새 프로젝트 생성하기

Product name에 hello라고 입력하고 organization name, company identifier를 다음과 같이 입력한다. 그런 다음 [next] 버튼을 클릭하면 프로젝트가 저장될 위치를 지정하는 창이 뜨고 아래와 같이 Xcode에 생성한 프로젝트에 대한 창이 열리고 main.c 파일을 클릭해서 열어보면 hello world를 출력하는 프로그램이 작성되어 있는 것을 확인할 수 있다.

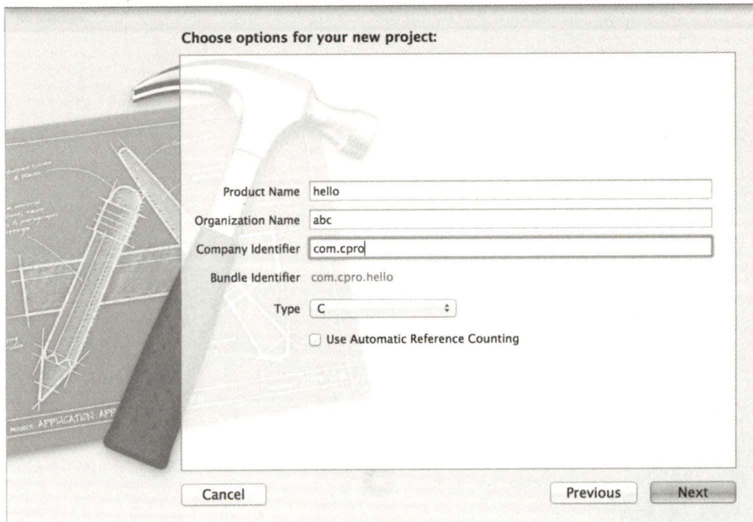

그림 2-36 새 프로젝트 설정

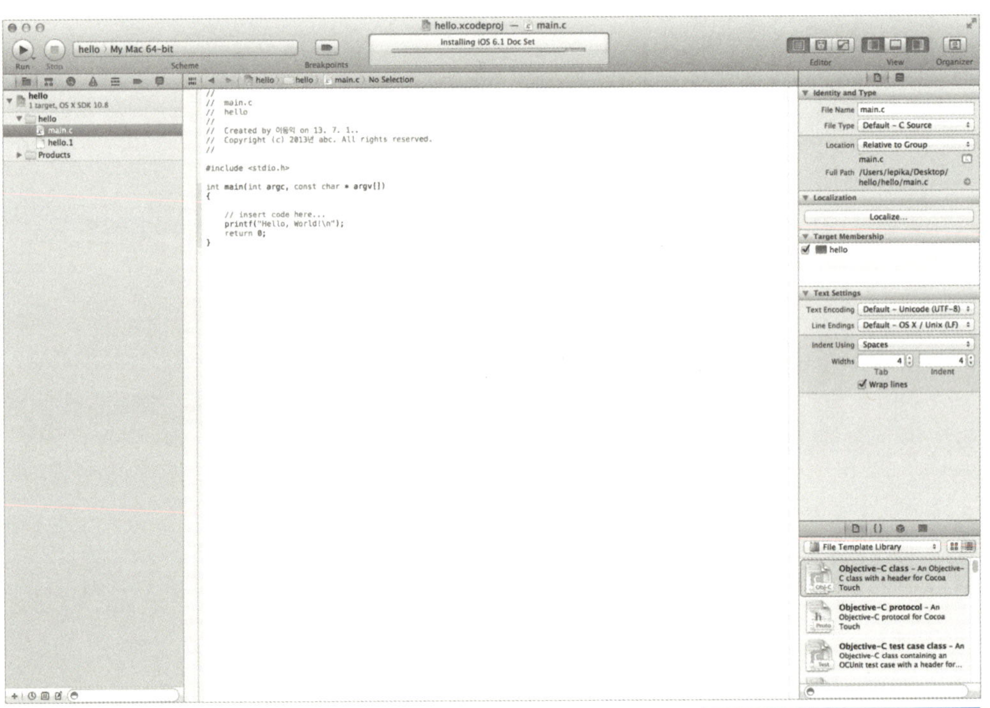

그림 2-37 hello 프로젝트 생성

그 뒤에 Product 메뉴의 Run을 클릭하거나 [Ctrl] 키와 [R] 키를 함께 누르면 컴파일하고 실행하여 결과를 보여준다. Xcode 설치 후 처음 컴파일 및 실행을 하는 경우 아래와 같이 창이 뜰 수 있는데 [Enable] 버튼을 클릭하고 사용자 암호를 물어보는 경우 암호를 입력해 주어야 한다.

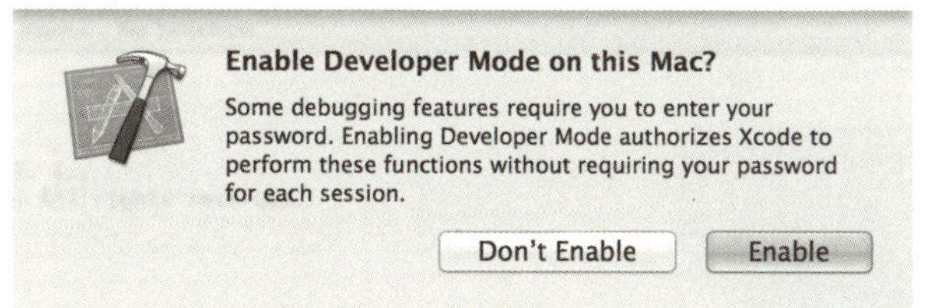

그림 2-38 개발자 모드 활성화 여부

실행 결과는 다음과 같이 소스 코드를 입력했던 부분의 하단에 있는 All Output 창에 표시되는 것을 확인할 수 있다.

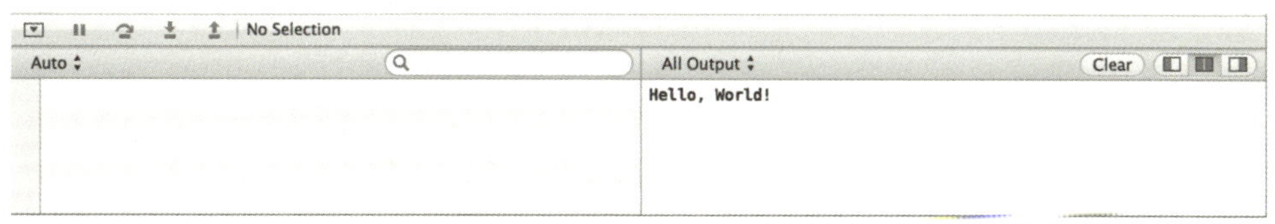

그림 2-39 Xcode에서 Hello World 실행 결과

Xcode를 사용하지 않고 우분투 리눅스에서 했던 것 처럼 Mac에 있는 텍스트 편집기와 터미널 프로그램을 이용하여 C언어로 소스 코드를 작성하고 컴파일해서 실행을 할 수도 있으므로 편한 방법을 선택하면 된다.

이렇게 여러 운영체제에서 C언어를 사용할 수 있는 개발 환경을 구축하는 방법과 간단하게 소스 코드를 작성해서 컴파일 하고 실행하는 방법까지 알아보았다.

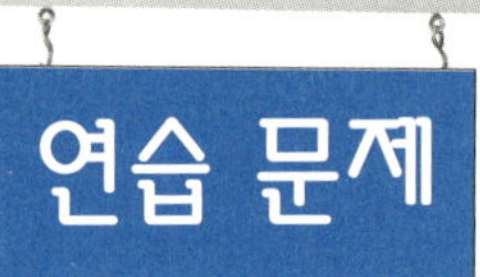

1. 우분투 리눅스 환경에서 hello.c 소스 파일을 gcc를 이용해 컴파일하여 실행하는 올바른 명령을 찾으시오.

① gcc hello —o hello.c

② hello.c —o gcc

③ gcc hello.c —o hello

④ gcc —o —hello

03

C 소스 코드의 구성

이번에는 앞 Chapter에서 작성하고 실행한 Hello World 프로그램을 구성하고 있는 부분들을 하나씩 설명하도록 한다. 가장 간단한 프로그램인 Hello World를 구현해보면서 소스 코드에서 봐야 할 필수적인 요소들을 살펴 보도록 하자.

```c
#include <stdio.h>

int main(void)
{
    printf("hello world\n");
    return 0;
}
```

위의 예시를 토대로 소스 코드를 구성하는 주요 부분을 알아보도록 하자.

1. 전처리기와 헤더 파일

첫 번째 라인에 있는 #include 〈stdio.h〉을 전처리기 또는 프리프로세서 명령어라고 한다. 이는 #으로 시작되는 명령어로 프로그램을 컴파일하기 전에 먼저 프로그램을 조작 및 변경하는 작업을 수행한다. include는 주로 헤더 파일을 현재의 소스 코드에 포함하도록 한다. 즉, 다른 소스 파일에 있는 내용을 현재 내가 작성하고 있는 소스 파일에 추가하겠다는 의미이다.

헤더 파일에는 주로 뒤에서 배울 함수들이 선언되어 있으며, 우리가 포함시킨 stdio.h 파일 안에는 C 표준 라이브러리(C에서 입력 및 출력, 문자열 처리 등에 필요한 함수들과 헤더 파일이 모여 있는 것을 통칭하는 말)에서 Standard Input/Output library(표준 입출력 라이브러리)의 약어로 여러 형의 입출력 함수가 포함되어 있다. 현재 우리가 보고 있는 소스 코드에서 stdio.h를 포함하는 이유는 printf( )라는 표준 출력 함수를 이용하기 위해서이다.

그리고 #include를 이용해서 소스에 포함하고자 하는 헤더 파일을 작성할 때 위와 같이 꺽쇠 괄호(〈 〉)나 큰따옴표(" ")를 이용할 수 있다. 꺽쇠 괄호를 이용하는 경우는 헤더 파일들이 위치하는 기본 경로에 존재하는 헤더 파일을 포함하고자 하는 경우이다. 여기서 기본 경로라 함은 운영체제에 따라서 다를 수도 있다. 유닉스나 리눅스라면 /usr/include 경로가 이에 해당한다. 그러면 큰따옴표를 이용해서 작성하는 경우는 위에 언급한 기본 경로가 아닌 곳에 있는 헤더 파일을 포함하고자 하는 경우, 그 경로를 포함하는 헤더 파일명을 작성할 수 있다. 또는 사용자가 별도로 정의한 헤더 파일을 사용하는 경우도 큰따옴표를 이용한다.

표준 입출력 Chapter에서 stdio.h에 선언된 printf, scanf와 같은 표준 입출력 함수에 대해서 설명하겠지만 여기에서는 선언된 함수들과 상수들에 대해서 간략히 살펴보고 넘어가도록 하자.

stdio.h

stdio.h 헤더 파일을 워드패드로 열어보면 아마 다음과 같은 내용들이 나올 것이다. stdio.h 헤더 파일에는 이렇게 C언어의 표준 라이브러리 함수의 매크로와 여러 형의 입출력 함수들이 포함되어 있다.

```
/*
 * stdio.h
 * This file has no copyright assigned and is placed in the Public
 * Domain. This file is a part of the mingw-runtime package. No warranty
 * is given; refer to the file DISCLAIMER within the package.
 *
 * Definitions of types and prototypes of functions for standard input
 * and output.
 *
 * NOTE: The file manipulation functions provided by Microsoft seem to
 * work with either slash (/) or backslash (\) as the directory
 * separator.
 *
 */

#ifndef _STDIO_H_
#define _STDIO_H_

/* All the headers include this file. */
#include <_mingw.h>

#ifndef RC_INVOKED
#define __need_size_t
#define __need_NULL
#define __need_wchar_t
#define __need_wint_t
#include <stddef.h>
#define __need___va_list
#include <stdarg.h>
#endif/* Not RC_INVOKED */
```

```
<<<중략>>>

/* Constants for nOrigin indicating the position relative to which
 * fseek sets the file position.  Defined unconditionally since ISO and
 * POSIX say they are defined here.  */

#define SEEK_SET 0
#define SEEK_CUR 1
#define SEEK_END 2

<<<중략>>>

/* Returned by various functions on end of file condition or error. */
#define    EOF      (-1)

<<<중략>>>

__mingw_stdio_redirect__
int fprintf (FILE *__stream, const char *__format, ...)
{
  register int __retval;
  __builtin_va_list __local_argv; __builtin_va_start(
  __local_argv, __format );
  __retval = __mingw_vfprintf( __stream, __format, __local_argv );
  __builtin_va_end( __local_argv );
  return __retval;
}

__mingw_stdio_redirect__
int printf (const char *__format, ...)
{
  register int __retval;
  __builtin_va_list __local_argv; __builtin_va_start(
  __local_argv, __format );
  __retval = __mingw_vprintf( __format, __local_argv );
  __builtin_va_end( __local_argv );
  return __retval;
}

<<<중략>>>
```

stdio.h 헤더 파일에 정의된 함수들은 크게 입출력 함수들과 파일 조작 함수들로 나눠볼 수 있다.

입출력 함수는 printf(), scanf(), putchar(), getchar(), puts(), gets() 등을 들수 있다. 여기에서 printf(), putchar(), puts() 함수는 화면으로 내용을 출력하고자 할 때 사용할 수 있는 출력 함수에 해당하며, scanf, getchar, gets 함수는 키보드를 통해 사용자로 부터 입력을 받고자 할 때 사용할 수 있는 입력 함수이다. 각 함수의 특징과 사용법에 대한 것은 나중의 표준 입출력 챕터에서 배우도록 하자.

파일 조작 함수는 fopen(), fclose(), fread(), fwrite(), fseek() 등이 있다. 이와 같은 파일 조작 함수들은 파일을 열거나 닫고, 파일에서 내용을 읽거나, 파일에 내용을 추가하거나, 파일을 읽거나 쓸 위치를 이동시키는 등의 동작을 수행한다. 이 또한 뒤의 파일 처리와 관련된 챕터에서 자세한 내용을 다루도록 한다.

정의된 상수들 중 대표적인 것 몇 가지를 확인하고 stdio.h에 대한 내용을 마무리하도록 하겠다.

EOF는 end-of-file, 즉 파일의 끝을 나타내는 용도로 사용되는 음의 정수, NULL은 널 포인터로서 메모리의 어떤 유효한 위치의 개체도 가리키지 않고 있는 포인터 값, SEEK_CUR, SEEK_END, SEEK_SET은 파일에서 읽거나 쓰는 동작을 할때 읽거나 쓸 위치를 이동시키는 fseek() 함수에서 이동의 기준점을 가리키는 값이다.

SEEK_CUR은 파일에서 현재의 위치 값을 나타내는데 파일을 처음 오픈한 경우라면 파일의 시작 위치일 것이고 그후 파일에서 내용을 읽거나 파일에 내용을 추가하는 경우에는 그 만큼 움직인 위치가 된다. SEEK_END는 파일의 마지막 위치를 나타내고 SEEK_SET은 파일의 시작 위치를 나타낸다.

fseek() 함수에서는 위의 SEEK_CUR, SEEK_SET, SEEK_END와 오프셋(offset) 값을 이용하여 위치를 이동시킨다. 오프셋 값은 정수를 이용하여 표현하는데 '0'인 경우 지정된 위치 그대로이고 음수인 경우 지정된 위치에서 더 이전으로 이동하고, 양수인 경우 지정된 위치에서 더 뒤로 이동하게 된다.

주의할 점은 파일의 시작 위치에서 더 앞으로 이동한다거나, 파일의 끝 위치에서 더 뒤로 이동하게 되는 오프셋을 이용하는 경우 문제가 될 수 있다. 표준 입출력 함수 및 파일에 관련된 내용은 관련된 Chapter에서 다루도록 한다.

2. main( ) 함수

이번에는 main( ) 함수에 대해 알아보도록 하자. C언어로 구현한 프로그램은 main( ) 함수에서 시작하고 main( ) 함수가 종료되면 프로그램이 종료된다. 이 main( ) 함수 안에 수행하고자 하는 기능을 구현하면 된다.

```
int main( ) {

    /* 기능 구현*/

    return 0;

}
```

예를 들면 표준 출력 함수를 이용해 화면에 메시지를 출력하도록 하거나 뒤에서 배울 조건문을 통해 특정한 조건을 만족하는 경우와 그렇지 않은 경우를 구분해 상황에 맞도록 동작을 수행하도록 할 수 있고 반복문을 이용해 여러 번 수행해야 하는 동작을 쉽게 구현할 수도 있다.

그리고 return 0; 명령이 있는데 이것은 main( ) 함수의 리턴값을 지정하는 것으로 main( ) 함수를 종료하는 명령을 수행한다. main( ) 함수에서 return 0는 main( ) 함수가 정상적으로 종료했다는 의미로 사용된다. 물론 명시적으로 return 0를 쓰지 않고 main( ) 함수가 끝나는 경우도 정상 종료로 본다.

3. printf( ) 함수

앞으로 여러분이 가장 많이 사용하게 될 printf( ) 함수에 대해서 알아보도록 하자. printf( ) 함수는 표준 출력 함수로서 어떤 내용을 화면에 출력하고자 할 때 사용한다. 기본적으로 printf( ) 함수는 큰따옴표에 둘러 싸인 부분을 출력한다.

```
int main( ) {
    printf("Hello World\n");    //Hello World 문장 출력
    printf("%d %d %c %c\n" 10, 20, a, b);//서식 문자 사용, 10, 20, a, b 출력
```

```
    return 0;
}
```

위 예시를 보면 Hello World 문장 오른쪽에 \n이라는 문자가 있는데 이 의미는 Hello World 를 화면에 출력한 후 줄바꿈을 하라는 뜻이다. 만약 위 상황에서 \n을 표기하지 않으면 Hello World 문장을 출력한 후 줄바꿈을 하지 않고 다음 printf( ) 함수에 있는 내용들이 한 줄로 출력될 것이다.

\n을 소위 개행 문자라고 하는데 뒤에서 살펴볼 특수 문자 중 하나다. \n 외에도 여러 종류가 있으며 뒤에서 관련 예제를 통해 볼 것이므로 여기서는 \n의 의미 정도만 알아두도록 하자.

또한 printf( ) 함수에서는 서식 문자를 사용할 수도 있다. 서식 문자는 출력 형태를 지정하는 문자를 말하며 다음과 같은 서식 문자들이 있다.

서식 문자	기능
%c	문자(1개) 입력
%d	10진 정수 입력
%u	10진 양의 정수(양수) 입력
%o	8진수 입력
%x	16진수 입력
%f	float형 실수 입력
%lf	double형 실수 입력
%e	float형 부동 소숫점 실수 입력
%le	double형 부동 소숫점 실수 입력
%s	문자열 입력

표 3-1 여러 서식 문자

4. 주석

이제 주석에 대해서 알아보자. 주석은 프로그램의 작성자, 작성 일자, 프로그램의 입력 및 출력에 대한 설명, 사용된 변수에 대한 설명, 각 함수의 기능 및 인자에 대한 설명 등을 소스 코드에 넣을 때 사용한다. 주석이 들어 있으면 소스 코드를 분석하고 수정할 때 빠르게 이해하고 수정하기 좋다.

소스 코드에 많은 양의 주석을 작성해도 컴파일할 때는 영향을 주지 않으며 컴파일된 실행 파일의 사이즈에도 역시 영향을 미치지 않으므로 가능한 친절하게 주석을 달아 놓도록 하자.

주석을 사용하는 방법은 크게 2가지가 있는데 //를 이용해서 한 줄 주석을 추가하는 방법과 /* 로 시작해서 */로 끝나는 부분 사이에 주석을 여러 줄에 걸쳐서 작성하는 방법이 있다.

앞에서 본 Hello World 소스 코드에 다음과 같이 주석문을 추가해서 실행해보자.

실습 3-1

ch03_1.c

```
1    // 작성자 : OOO
2    // 작성일 : OOOO년 OO월 OO일
3
4    #include <stdio.h>
5
6    int main(void)
7    {
8        printf("Hello world\n");
9        // printf("주석 부분입니다. 이 줄은 출력되지 않습니다.");
10       /* printf("이것도 주석입니다. ^^"); */
11
12       /* printf("이것 역시 주석입니다. 다음 줄까지 계속 됩니다.);
13       printf("이제 주석을 끝냅니다.); */
14       return 0;
15   }
```

〈실행 결과〉

```
Hello world
```

실행 결과를 보면 알 수 있듯이 주석으로 처리된 부분은 출력되지 않았다. 규모가 어느 정도 되는 프로젝트에서는 프로그래머가 여러 명이거나 소스 코드의 분량이 방대할 수도 있다. 이럴 때 원활하게 프로젝트를 진행하고 유지보수를 효율적으로 하기 위해 주석을 적절하게 작성하는 것이 좋다.

5. C언어로 프로그래밍을 할 때 주의 사항

다음으로 C언어를 이용해 프로그래밍을 하면서 살펴봐야할 주의 사항에 대해서 정리를 해보도록 하자.

C언어는 대문자와 소문자를 구분한다

C언어에서는 대문자와 소문자를 엄격히 구분한다. 위에서 표준 출력 함수로 printf( ) 함수를 살펴 보았는데 만약 Printf, PRINTF와 같이 사용하려고 하면 에러가 발생할 것이다. 이는 대소문자를 엄격히 구분하여서 printf, Printf, PRINTF를 서로 다른 함수로 인식하고 이 중에 printf만이 표준 출력 함수의 정확한 이름이기 때문이다.

C언어의 모든 문장은 세미콜론으로 끝난다

C의 모든 명령이나 문장은 세미콜론(;)으로 끝난다. Hello World 프로그램에서 printf( ) 함수가 작성된 예를 보면 잘 알수 있다. 이것은 우리가 글을 쓸 때 한 문장의 마지막에 마침표를 찍는 것과 동일하다. 이는 앞으로 배우게 될 변수, 조건문, 반복문에서도 똑같이 적용되므로 잘 기억해두자.

C언어 소스 파일의 확장자는 .C이다.

C언어로 프로그램을 작성할 때 소스 파일의 확장자는 .c다. 위에서 작성한 ch03_1.c 혹은 HelloWorld.c 같이 C언어로 소스를 코딩해 c 확장자로 저장한 파일을 소스 파일이라고 부른다. 즉 C언어의 문법에 맞게 명령어들을 작성한 파일을 소스 파일이라고 부르며 이 소스 파일들이 모여 프로그램을 구성한다.

소스 파일은 C언어로 작성되어 있으므로 컴퓨터가 이해할 수 있는 기계어 코드로 번역해야 한다. 소스 파일(Source File)은 컴파일러(Compiler)에 의하여 컴파일(Compile)되어 기계어 코드로 바뀌어 목적 파일(Object File)로 만들어진다. 링커(Linker)에 의해 기계어 코드로 이루어진 목적 파일들이 링크(Link)되어 실행 파일이 만들어진다.

소스 파일   →   목적 파일   →   실행 파일
(ch03_1.c)   (ch03_1.obj)   (ch03_1.exe)

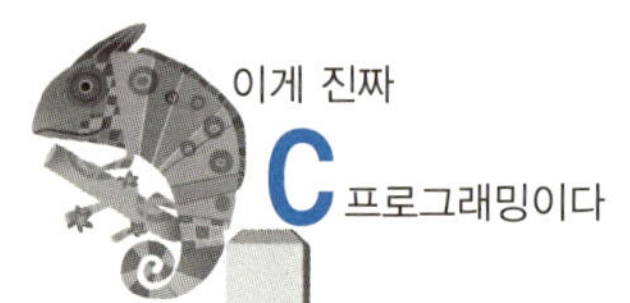

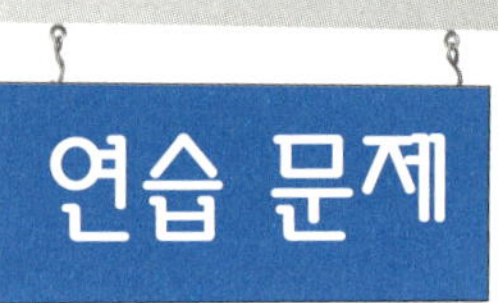

1. 다음 괄호에 들어갈 말을 넣으시오.

C 프로그램은 (   ) 함수에서 시작해 (   ) 함수에서 끝난다.

2. printf() 함수의 주요 용도는 무엇인지 간략하게 쓰시오.

3. 프로그램의 동작이나 컴파일된 실행 파일의 크기에 영향을 미치지는 않으며, 프로그램의 유지보수와 소스 코드 분석과 수정을 용이하게 하기 위해 사용하는 요소는 무엇인가?

4. C언어 소스 파일의 확장자는 무엇인가?

① .obj

② .exe

③ .c

④ .cpp

자료형

04

이번 Chapter에서는 C언어의 자료형과 관련된 내용에 대해서 알아볼 것이다. 먼저 C언어의 자료형에 대해서 설명하기 전에 필요한 기반 지식으로 비트와 바이트, 2진수와 16진수, 그리고 컴퓨터에서 사용하는 음수 표현에 대해서 살펴보도록 하겠다.

1. 비트와 바이트

우리는 C언어를 이용하여 프로그램을 작성하지만 이를 실행시키는 컴퓨터는 2진수 즉, 0과 1만을 인식할 수 있기 때문에 컴파일이라는 과정을 거쳐야만 2진수로 구성된 기계어 코드로 변환되고 이를 컴퓨터가 실행한다. 여기서 0, 1을 가리켜 비트(bit)라고 한다.

비트는 「Binary Digit」의 약자로 컴퓨터 시스템 상에서의 최소 정보 저장 단위를 말한다. 하나의 비트는 0또는 1의 값을 가질 수 있고 각각은 참(True) 또는 거짓(False)의 상태를 나타내기도 한다. 이런 비트들로 컴퓨터가 인식할 수 있는 기계어 코드가 구성되고 이를 수행하는 것이 프로그램이 실행되는 동작이다. 예전의 컴퓨터에서는 횡으로 늘어서 있는 스위치들을 on 또는 off 시키면서 기계어 명령을 컴퓨터에 입력하기도 했었다. 나중에는 이를 더 많은 내용의 코드와 데이터를 좀더 편리하게 입력하기 위해서 천공카드를 이용하기도 했다. 요즘에는 키보드와 마우스를 비롯해 다양한 입력 장치들이 등장해 예전보다 편리하게 명령이나 데이터를 입력할 수 있게 되었다.

> Note... 천공카드는 카드에 구멍을 뚫을 수 있는 부분들이 행렬을 이루어 구성되어 있고 특정 부분을 구멍을 뚫거나 뚫려 있지 않게 만들고(펀칭 작업) 이 카드를 리더기를 통해서 읽어서 내용을 컴퓨터로 입력할 수 있다.

비트가 8개 모이면 8비트(8bit)인데 이를 1바이트(Byte)라고 표현한다.

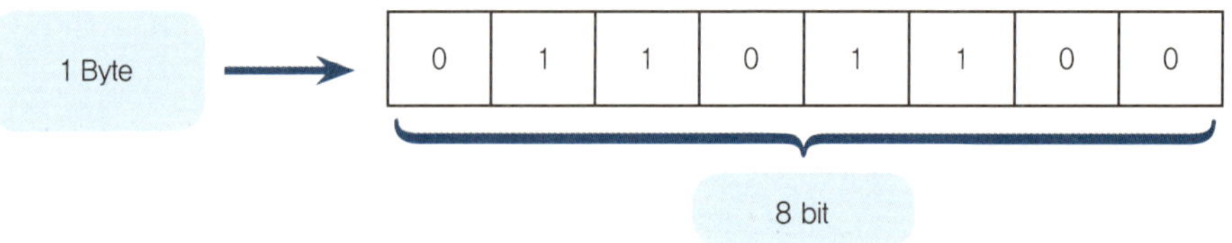

1바이트는 아스키(ASCII) 문자 하나를 나타낼 수 있으며 컴퓨터에 장착되어 있는 램(RAM)이나 하드 디스크 같은 장치의 용량을 나타내는 단위로도 사용된다. 또한 바이트는 C언어의 자료형의 가장 작은 타입의 크기이기도 하다.

보통 메모리나 하드 디스크의 용량, 인터넷이나 통신망의 전송 속도 등을 표현할 때 소문자 b와 대문자 B가 혼용되어 쓰이는 경우가 많은데 소문자 b는 비트, 대문자 B는 바이트를 나타낸다.

2. 2진수와 16진수

우리는 일상 생활에서 10진법을 기본으로 사용하고 있지만 컴퓨터 세계에서는 2진법을 기본으로 사용한다. 그래서 컴퓨터의 명령어, 다루는 데이터는 컴퓨터 내부에서는 전부 0과 1로 구성된 2진수의 형태로 구성되어 처리된다. 일상 생활에서 2진수를 다루는 경우는 흔치 않겠지만 임베디드 시스템 분야에서는 2진수 내지는 16진수를 다루는 경우가 많다.

16진수는 10진수 0~9는 숫자로, 10진수 10~15는 알파벳 a~f로 표현하는 방식으로 2진수 4자리를 16진수 1자리로 표현할 수 있다. 그래서 2진수로 32자리로 표현되는 숫자는 16진수로는 8자리면 표현이 가능하므로 2진수보다는 16진수를 주로 이용하는 경우가 많다.

10진수	2진수	16진수
0	0	0
1	1	1
2	10	2
3	11	3
4	100	4
5	101	5
6	110	6
7	111	7
8	1000	8
9	1001	9
10	1010	A
11	1011	B
12	1100	C
13	1101	D
14	1110	E
15	1111	F
16	10000	10
17	10001	11

18	10010	12
19	10011	13
20	10100	14
…	…	…
252	11111011	FC
253	11111101	FD
254	11111110	FE
255	11111111	FF

표 4-1 2진수와 16진수의 표현

위에서 메모리의 크기, 하드 디스크 용량, 네트워크 전송 속도에서 영문자 B의 대문자/소문자인 경우에 대해서 설명을 했는데 그런 경우 영문자 B 외에도 킬로(K), 메가(M), 기가(G), 테라(T)가 같이 쓰이는 경우가 많다. 예를 들면 다음과 같다.

- KB(킬로 바이트) : 10의 3승(10^3) 또는 2의 10승(2^{10})을 나타낸다. 1KB = 1,024B
- MB(메가 바이트) : 10의 6승(10^6) 또는 2의 20승(2^{20})을 나타낸다. 1MB = 1,024KB
- GB(기가 바이트) : 10의 9승(10^9) 또는 2의 30승(2^{30})을 나타낸다. 1GB = 1,024MB
- TB(테라 바이트) : 10의 12승(10^{12}) 또는 2의 40승(2^{40})을 나타낸다. 1TB = 1,024GB

메모리의 용량은 2의 승수 단위로 표현하고 하드 디스크의 용량은 10의 승수 단위로 표현한다. 경우에 따라 다를 수 있으므로 주의하자.

3. C언어의 자료형

이제 C언어의 자료형에 대해서 알아보자. 자료형은 크게 정수형과 실수형으로 구분되며 정수형 자료형은 부호가 있는(signed) 정수형 자료형과 부호가 없는(unsigned) 정수형 자료형으로 구분할 수 있다. 이제 자세히 알아보도록 하자.

정수형 자료형

정수형 자료형에는 char, short, int, long이 있다. 이들은 메모리에 할당되는 크기나 데이터를 표현하는 범위가 다르다. 즉, 값을 표현하기 위해 몇 개의 비트를 사용하느냐에 따라 크기와 범위가 달라진다.

2비트로 구성된 정수형 데이터를 가정해보자.

0	0
0	1
1	0
1	1

한 개의 비트는 0 또는 1이라는 값을 가질 수 있으므로 두 개의 비트로는 4가지 상태를 표현할 수 있다. 이를 바탕으로 정수형의 크기가 4바이트(32비트)일 경우 232 가지, 즉 4294967295개의 데이터를 표현할 수 있다. 그리고 unsigned 키워드를 사용하면 0 이상의 양수만 사용하는, 이른바 부호가 없는 정수만 적용된다. 이를 바탕으로 정수형 자료형들의 데이터 표현 범위를 나타내보면 다음과 같다.

자료형	크기(단위 : 바이트)	데이터 표현 범위
unsigned char	1	0~255
char	1	−128~127
unsigned short	2	0~65,535
short	2	−32,768~32,767
unsigned int	4	0~4,294,967,295
int	4	−2,147,483,648~2,147,483,647
unsigned long	4	0~4,294,967,295
long	4	−2,147,483,648~2,147,483,647

표 4-2 정수형 자료형의 크기와 데이터 표현 범위

정수형 자료형은 주로 int를 사용한다. long은 원래 int형보다 더 큰 범위의 데이터를 처리하기 위해 태어났는데 32비트 시스템의 경우 대개 int형과 동일한 데이터 표현 범위를 가진다. 그리고 부호가 있느냐 없느냐, 즉 unsigned 키워드가 있느냐 없느냐에 따라 데이터 표현 범위가 달라질 수 있음을 유념하자.

이제 정수형 자료형의 비트 구성에 대해 살펴보도록 하겠다. 부호가 있는 정수(signed int)는 제일 왼쪽의 비트(MSB)를 부호 비트로 사용하며 이 비트가 0이면 양수이고 1이면 음수가 된다. MSB를 부호 비트로 사용하면 값을 기억하는 비트 하나가 줄어들게 되므로 표현할 수 있는 최댓값은 절반으로 줄어드는 대신 음의 값을 표현할 수 있다.

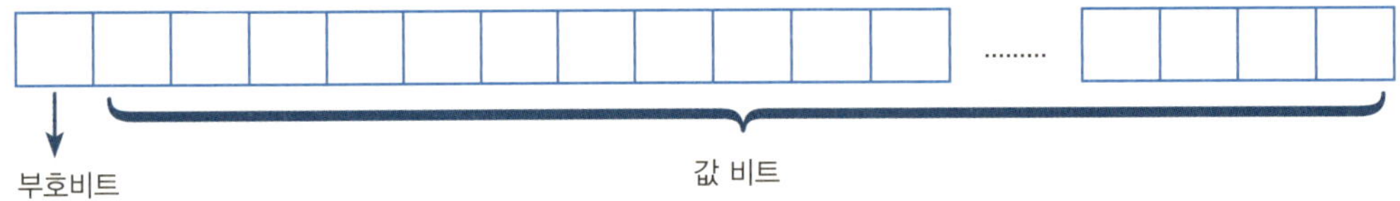

일반적으로 signed 키워드는 생략한 채로 사용한다. signed int는 int와 같고 signed short int는 short int와 같다. 그리고 int앞에 unsigned와 같은 수식어가 있을 경우 int는 생략할 수 있다. 그래서 unsigned int는 unsigned로 간단하게 쓸 수 있으며 long int는 long과 같다. 부호 있는 4바이트 정수형은 signed int라고 쓰는 것이 원칙이나 signed를 생략하고 int로 쓸 수도 있고 int를 생략하고 signed로 쓸 수도 있다. 그러나 보통 signed라고 쓰지 않고 int라고 간략하게 쓴다.

char(문자형) 자료형은 문자 하나를 표현하는 자료형이다. 컴퓨터는 원래 숫자밖에 모르기 때문에 문자도 숫자로 기억한다. 이때 어떤 숫자와 어떤 문자를 대응시키는가에 따라 여러 가지 인코딩 방식이 있다. 일반적으로 사용하는 방식으로는 아스키(ASCII) 코드 방식을 많이 사용한다. 아스키 코드는 255개의 서로 다른 문자를 기억하기 위해서는 단지 1바이트만 있으면 된다.

실수형 자료형

실수형이란 소수점 이하를 가지는 실수를 저장할 수 있는 자료형이다. 컴퓨터는 원래 정수만 다룰 수 있다. 그래서 3.14와 같은 실수를 저장하기 위해서는 실수를 지수부와 가수부로 나누어 기억하는 부동 소수점(Floating Point) 방식을 사용한다.

여기서 가수부는 값의 모양을 표현하며 지수부는 10의 거듭제곱으로 값의 크기를 표현한다. 예를 들어, 152.23이라는 실수가 있다고 가정해보자. 152.23 같이 정수 부분과 소수 부분을 구분해 표시하는 방식을 고정 소수점(Fixed Point) 방식이라고 하는데 이를 부동 소수점 방식으로 표현하면 어떻게 될까? 152.23을 부동 소수점 방식으로 표기하면 다음과 같다.

소스 코드에서는 지수 표기법(Exponential Notation)을 사용해 1.5223e2로 표현할 수 있다. 이 예에서 가수는 1.5223이고 지수는 2이다. 정수부와 소수부를 기억하는 방식보다 부동 소수점 방식으로 실수를 기억하면 훨씬 더 큰 수를 표현할 수 있어 정밀도가 높아진다.

부동소수점이란 수의 표시 방법으로 소수점 위치를 일정하게 하지 않고 별도로 소수점의 위치를 나타내는 수를 따로 기입하여 표시하는 방식이다. 이런 실수 표현법은 C언어의 고유한 방식이 아니라 IEEE에서 제정한 국제 표준이며 모든 언어가 공통적으로 따르고 있다.

이러한 실수형 자료형에는 float 형과 double 형, 그리고 long double 형이 있다. 다음은 float 형과 double 형의 크기와 각 비트들의 유효 범위를 나타낸 것이다.

데이터 타입	크기	범위
float	4 바이트	$1.17 \times 10^{-38} \sim 3.40 \times 10^{38}$
double	8 바이트	$2.22 \times 10^{-308} \sim 1.79 \times 10^{308}$
long double	8바이트	$2.22 \times 10^{308} \sim 1.79 \times 10^{308}$

표 4-3 실수형 자료형의 크기와 데이터 표현 범위

그리고 실수형 자료형의 비트 구성은 다음과 같다.

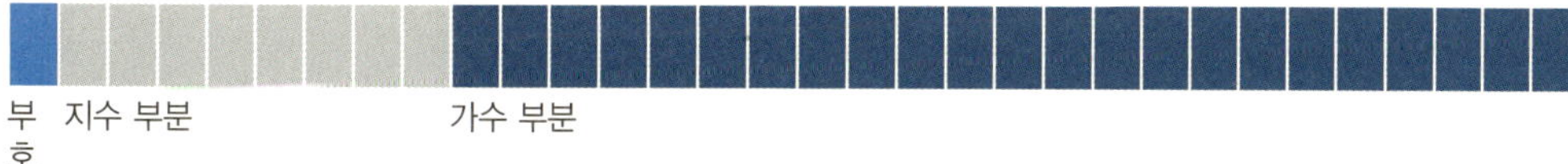

제일 왼쪽 비트(MSB)는 항상 부호 비트이며 이 비트가 0이면 양수, 1이면 음수이다. 지수부와 가수부의 크기는 float의 경우 8비트, 23비트이며 double형의 경우 11비트 52비트이다. 그래서 float보다는 double이 두 배의 크기를 가지는 대신 훨씬 더 큰 수를 정확하게 표현할 수 있다.

> **Note...**
>
> **long double 형**
>
> long double 형은 double 형보다 더 정확한 정밀도를 가지는 실수형 자료형이나. 메모리 공간에 8바이트를 할당하는데 컴파일러마다 다르다.

오버플로우와 언더플로우

조금 전에 자료형을 보면서 데이터 표현 범위라는 걸 언급했다. 여기서 생각해볼 점이 있는데 바로 데이터 표현 범위의 최댓값에서 1을 더하거나, 최솟값에서 −1을 더하면 어떻게 될지다. 이렇게 최댓값보다 큰 수를 저장하면 오버플로우(overflow), 최솟값보다 작은 수를 저장하면 언더플로우(underflow)가 발생했다고 한다. 이렇게 자료형에 정의된 데이터 표현 범위를 벗어나게 되면 의도하지 않은 값을 가지게 된다. 이렇게 타입에 의해서 정해진 유효 범위를 초과하게 되면 의도하지 않은 값을 가지게 된다. 더하기나 곱하기를 하다보면 변수에 지정된 타입에 의해서 정해진 유효 범위를 초과하는 일이 발생될 수 있는데 이렇게 되면 엉뚱한 값으로 인식될 수 있다.

예를 들면 short 타입은 2바이트의 크기를 가지며 유효 범위는 −32,768~32,767이다. 다음 예제를 살펴보자.

Ch04_1.c

```c
1    #include <stdio.h>
2
3    int main(void) {
4        //short 타입의 양의 최댓값
5        short s = 32767;
6        printf("%d, %d, %d", s, s+1, s+2);
7        return 0;
8    }
```

〈실행결과〉

```
32767, -32768, -32767
```

왜 이런 값이 나오는지 한번 살펴보도록 하자.

일단 데이터 타입의 크기가 2바이트 즉 16비트로 구성되어 있다는 점을 기억하자. 10진수로 표현한 short 타입의 유효 범위는 16진수로 나타내면 0x0~0xffff이 된다.

32,767의 16진수로는 0x7fff에 1을 더하면 16진수로 0x8000이 된다. 부호 비트가 1이고 나머지가 0인 값이 되는데 이는 −0에 해당하는 값이 아니라 −32,768을 나타낸다. 다시 한번 −32,768에 대해 음수 표현을 해보면 다음과 같다. −32,768의 절대값인 32,768의 16진수 형태는 0x8000이고 1의 보수를 취하면 0x7fff로 최상위 부호 비트에 해당하는 비트만 0이고 나머지가 1인 값이 된다. 여기에 1을 더하면 0x8000으로 이것이 −32,768의 음수 표현에 해당하는 값이 된다. 32,767에 1을 더하면 32,768이 되어야 하지만 signed short 타입에서는 −32,768에 해당하는 음수 표현 값이므로 양수 32,768이 아닌 −32,768로 인식하게 된다.

타입과 부호에 따라서 유효 범위가 다르므로 해당 변수를 이용해서 연산을 하고 대입을 하는 경우 최댓값이나 최솟값을 벗어나게 되는 일이 발생하지 않도록 주의해야 한다.

4. 음수 표현

이제 컴퓨터에서 음수를 어떻게 표현하는지에 대해서 살펴보자. 컴퓨터에서 숫자는 2진수 형태로 다루어 진다고 설명을 했는데, 8비트 내지는 32비트의 숫자에서 최상위 비트가 그 숫자가 양수인지 음수인지를 나타내는 부호 비트로 사용한다.

최상위 비트가 부호 비트인 것은 큰 문제가 아니지만 이 경우 한 가지 문제가 있다. 즉, 0에 대한 표현이 +0, −0으로 2가지가 되어 버리는 것이다.

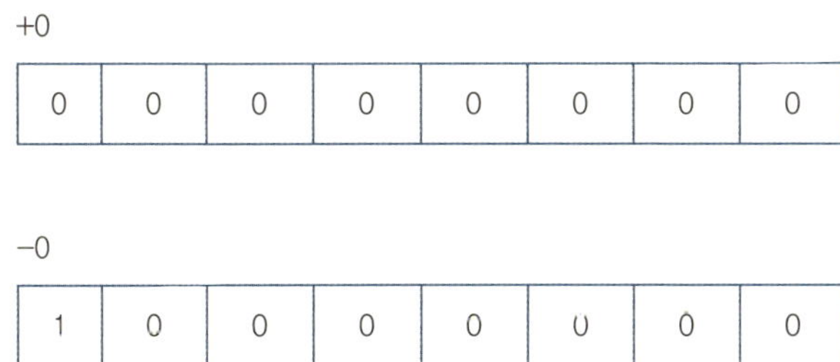

+0

| 0 | 0 | 0 | 0 | 0 | 0 | 0 | 0 |

−0

| 1 | 0 | 0 | 0 | 0 | 0 | 0 | 0 |

그래서 2진수의 음수를 표현하기 위해 2의 보수를 이용하는 방식을 사용한다.

1의 보수와 2의 보수

여기서는 1의 보수와 2의 보수에 대해 알아보도록 하자. 앞에서도 이야기했지만 음수 표현을 하기 위해서는 이 방법들이 필히 사용되어야 한다. 1의 보수는 0은 1로, 1은 0으로 값을 변경해 주면 된다. 예를 들어 정수 0의 1의 보수는 다음과 같이 구하면 된다.

① 0를 2진수로 전환

| 0 | 0 | 0 | 0 | 0 | 0 | 0 | 0 |

② 0은 1로, 1은 0으로 전환

| 1 | 1 | 1 | 1 | 1 | 1 | 1 | 1 |

➜ 전환

| 1 | 1 | 1 | 1 | 1 | 1 | 1 | 1 |

1의 보수 완성

이렇게 1의 보수에 대해 알아보았다.

2의 보수는 보수를 얻고자하는 숫자보다 한 자리 더 큰 숫자에서 빼서 얻는 값인데, 보통 우리가 어떤 값의 2진수 음수 형태를 얻고자 할 때는 우선 음수로 표현하고자 하는 값의 절대값을 2진수로 표현하고 이 값의 1의 보수를 얻는다. 이렇게 얻어진 1의 보수 값에 1을 더한 값이 2진수의 음수 형태 표현으로 위의 2의 보수 방식으로 계산한 결과와 동일한 형태가 된다.

이제 2의 보수를 구하는 방법을 살펴보자. 2의 보수는 1의 보수 값에 1을 더한 값이며 이것이 2진수의 음수 표현이라고 하였다.

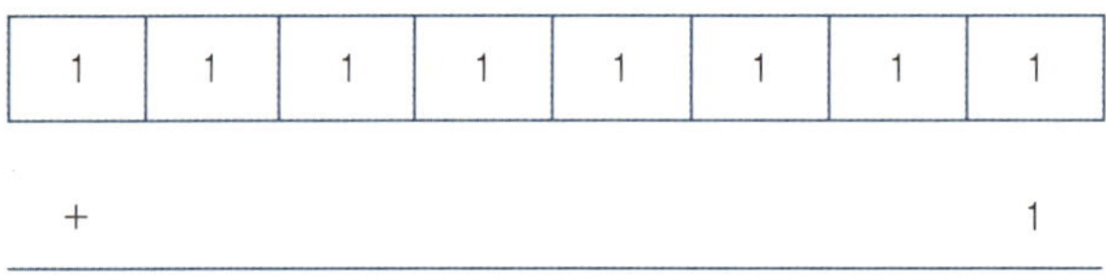

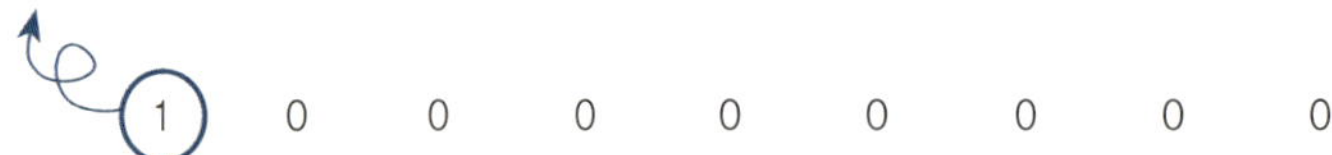

위의 결과를 살펴보면 9비트로 나오며 컴퓨터는 8비트까지 인식하므로 넘쳐나온 캐리값(올림수) 1을 버리게 된다. 그래서 0의 2의 보수는 00000000이다. 이런 식으로 음수를 표현하게 되면 0의 표현이 +0과 −0과 같이 2개가 되는 경우도 사라지게 된다.

하나만 더 살펴보도록 하겠다. 이번에는 10진수 12의 음수를 구해보자. 10진 양의 정수 12, 즉 +12를 8비트로 구성된 2진수로 전환하면 00001100가 된다.

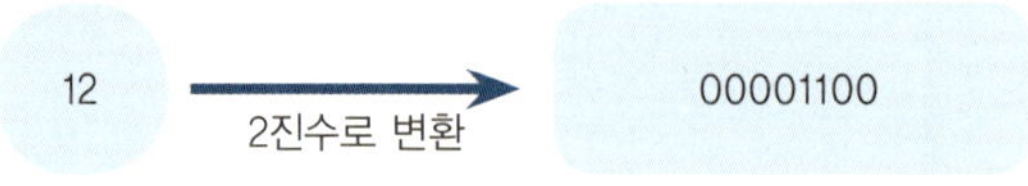

만약 2의 보수를 적용하지 않고 2진수 00001100을 음수로 나타낸다면 10001100이 될 것이다. 여기서 10진수에서 +12와 −12를 서로 더하면 0이 되는데, 2진수에서 00001100과 10001100을 더하면 10011000이 나오는데 이는 예상했던 0이 나오지 않은 것이다.

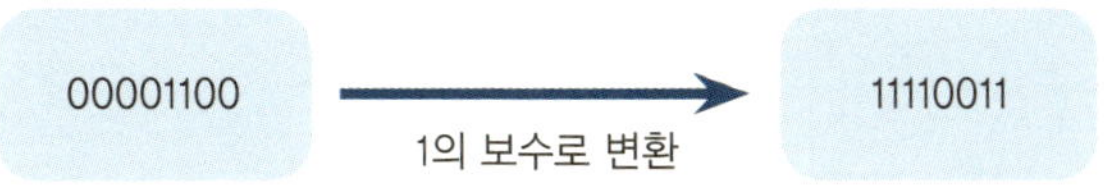

그래서 음수를 표현하기 위해 2의 보수를 적용해야 한다. 2진수 00001100의 음수를 2의 보수를 적용해 구하면 다음과 같다.

먼저 2진수 00001100에서 1의 보수를 먼저 구해 11110011를 얻는다. 여기서 1을 더하면 11110100이 된다.

이렇게 얻은 2의 보수인 11110100을 00001100과 더하면 총 9비트값인 100000000이 나오는데 제일 왼쪽에 있는 비트 1은 캐리값이므로 제외시킨다. 그래서 남은 건 00000000, 즉 0이 나오게 된다.

이렇게 컴퓨디에서 사용하는 음수 표현에 대해 알아보았다.

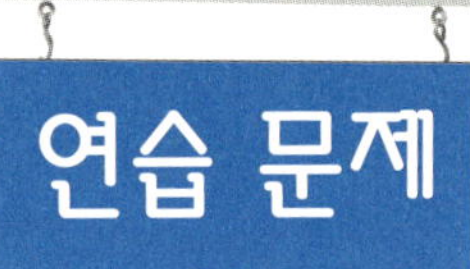

1. 이진수 1111을 10진수와 16진수로 표현해보시오.

2. 4바이트 자료형이 표현할 수 있는 데이터의 종류는 어떤 것들이 있는가?

3. unsigned 키워드의 의미를 쓰시오.

4. 컴퓨터에서 음의 정수를 표현하기 위해 만들어진 방법은?

변수와 상수

05

1. 식별자와 예약어

식별자는 변수나 함수, 사용자 정의 데이터 타입 등에 사용되는 이름을 말한다. 이 식별자를 사용할 때에도 몇 가지 규칙이 있다.

- 식별자는 영문 대/소문자를 구별한다.
- 식별자는 영문 알파벳 대/소문자(A~Z, a~z)와 숫자(0~9) 그리고 밑줄(_)을 이용해서 만들수 있다.
- 식별자의 첫 글자는 숫자를 사용할 수 없다. 단, 식별자의 두 번째 글자부터는 숫자를 사용할 수 있다.

또한 식별자의 이름은 의미를 파악하기 쉽게 작성하는게 좋다.

ANSI C 표준에서는 31자까지 구별하는데, 일부 컴파일러에서는 8자 까지만 구별하는 경우도 있다. 변수명이나 함수명이 두 단어 이상으로 구성되는 경우에는 밑줄(_)이나 각 단어의 시작을 대문자로하여 구분하는 것이 일반적이다.

C언어에서 예약어는 특정한 용도로 사용이 예약되어 있는 이름들을 말하며 키워드(keyword)라고도 한다. 예약어는 식별자로 사용할 수 없다. 예약어로는 다음과 같은 것들이 있다.

자료형	제어문	기억 클래스	연산자
char, short, int, long, unsigned, float, double, struct, union, typedef, enum, void, const, signed, enum, typedef	if, else, switch, case, default, for, while, do, break, continue, goto, return	auto, register, static, extern, volatile	return, sizeof

본격적으로 프로그래밍에 들어가기에 앞서 기본적인 입출력 방법을 알아보도록 하겠다.

2. 기본 입출력

앞 Chapter에서 소개한 Hello World 프로그램에서 printf("Hello World"); 를 통해 printf( ) 함수를 사용해 보았다. printf( ) 함수는 C언어의 표준 입출력 함수인데, 괄호 안의 문자열을 화면으로 출력하는 함수이다. Hello World 프로그램은 그냥 단순하게 문장만 출력하도록 했지만 이번에는 서식 문자를 사용하여 내용을 출력하는 방법을 알아보도록 하겠다. 방법은 다음과 같다.

printf("서식 문자", 인수);

서식 문자는 출력하고자 하는 문자열 내에 %로 시작되는 서식이 있으면 이 서식과 대응되는 뒤쪽의 인수를 문자열 안에 넣어 같이 출력한다. 뒤쪽의 인수는 서식 문자의 개수만큼 와야 하며 서식 문자가 없으면 인수는 생략할 수 있다. 다음 예제를 한번 살펴보자.

실습 5-1

Ch05_1.c

```
1    #include <stdio.h>
2
3    int main(void)
4    {
5        int age = 7;
6        char name = 'K';
7
8        printf("나는 %c이며 %d살이다.\n", name, age);
9
10       return 0;
11   }
```

〈실행결과〉

나는 K이며 7살이다.

컴파일헤시 실행해보면 [나는 K이며 나이는 5살이다.]가 출력된다. printf( )를 사용할 때는 서식 문자와 대응되는 인수가 순서대로 1:1로 대응되어야 한다.

printf("나는 %c이며 %d살이다.\n", name, age)

내용과 서식 문자가 맞지 않는다면 원하는 값이 출력되지 않거나 에러가 발생할 수도 있으므로 주의하여야 한다.

scanf( ) 함수

scanf( ) 함수는 입력 함수로서 키보드에서 입력을 받을 수 있다. 즉, 프로그램은 사용자로부터 명령을 받아들이거나 동작에 필요한 기본적인 정보를 받아들여 사용자와 상호 작용한다. printf( ) 함수와는 반대 함수이며 서식 문자는 동일하게 사용한다. 사용 형태는 다음과 같다.

scanf("서식 문자", &변수);

scanf( ) 함수를 호출하면 화면에 커서가 깜박거리며 입력을 요구하는데 이 상태에서 사용자는 키보드를 통해 값을 입력하고 엔터키를 누르면 된다. 보통 다음과 같이 사용하는 경우가 많다.

```
printf("정답을 입력하세요: ");
scanf("%d", &input);
```

printf( ) 함수와는 달리 scanf( ) 함수에서 서식 문자에는 오로지 서식만 들어갈 수 있으며 서식 이외의 문자열은 무시된다. printf( ) 함수로 "정답을 입력하세요: "라는 메시지를 출력하는데 이때 개행 코드(\n)를 출력하지 않아야 메시지 바로 다음 위치에서 입력을 받을 수 있다. 서식 문자 %d를 사용해 정수 값 하나를 입력받는다는 것을 표시했으며 이 값을 input이라는 변수에 대입하도록 했다. 문자를 입력받을 경우 %c, 실수는 %f, 문자열은 %s 서식을 사용한다.

이때 scanf( ) 함수로 입력받을 변수를 지정할 때 변수명 앞에 & 연산자를 붙여야 한다. 이유는 변수의 값이 아닌 번지를 전달해야 scanf( ) 함수가 이 변수의 값을 변경할 수 있기 때문이다.

실습 5-2

Ch05_2.c

```
1    #include <stdio.h>
2
3    int main(void)
4    {
5        int a, b;
6        int sum;
7
8        printf("첫 번째 숫자를 입력하시오 : ");
```

```c
 9        scanf("%d", &a);
10
11        printf("두 번째 숫자를 입력하시오 : ");
12        scanf("%d", &b);
13
14        sum = a+b;
15
16        printf("두 수의 합은 %d 입니다.\n", sum);
17
18        return 0;
19    }
```

〈실행결과〉

```
첫 번째 숫자를 입력하시오 : 10
두 번째 숫자를 입력하시오 : 15
두 숫자의 합은 25 입니다.
```

printf( ) 함수로 어떤 수를 입력하라는 안내 메시지를 먼저 출력하고 scanf( ) 함수로 정수값을 입력받아 정수형 변수 a, b에 저장했다. 두 수의 합을 구해 결과값을 변수 sum에 저장하고 printf( ) 함수로 변수 sum을 출력하면 된다.

다음과 같이 두 수를 연속해서 입력받아도 된다. 다음 소스 코드를 살펴보자.

실습 5-3

Ch05_3.c

```c
 1    #include <stdio.h>
 2
 3    int main(void)
 4    {
 5        int a, b;
 6        int sum;
 7
 8        printf("숫자 두 개를 입력하시오 : ");
 9        scanf("%d, %d", &a, &b);
10
11        sum = a+b;
12
```

```
13          printf("두 수의 합은 %d 입니다.\n", sum);
14
15          return 0;
16      }
```

〈실행결과〉

```
숫자 두 개를 입력하시오 : 10, 5
두 숫자의 합은 15 입니다.
```

이 때 주의할 점은 scanf( ) 함수에서 두 정수를 입력받을 때 서식 문자를 공백이나 쉼표, 개행 코드 등으로 분리해서 입력했으면 실행했을 때 이를 반영해서 정확하게 입력해야 결과가 나온다.

3. 변수의 개요

변수(variable)는 데이터를 담기 위한 그릇에 해당하는 것으로 변수에 어떤 값을 대입하면 그 값이 메모리에 저장이 되고 변수의 이름을 통해서 메모리에 저장된 값을 이용할 수 있다.

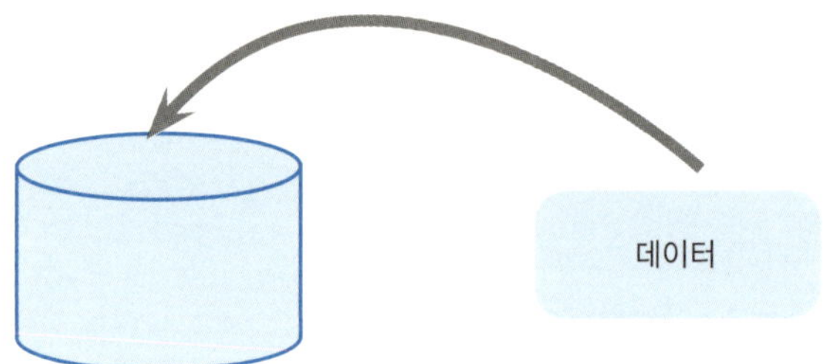

그림 5-1 변수는 데이터를 저장하는 그릇이라 할 수 있다

실생활에서의 예를 들어, 음식점에서 다음과 같이 간이 주문서에 김밥 1, 떡볶이 2, 오뎅 4, 순대 1로 적혀있고 계산을 하는 경우를 생각해보자.

메뉴	가격	주문
김밥	2,000	1

떡볶이	2,000	1
오뎅	500	4
순대	2,000	1

각 메뉴에 대한 가격이 정해져 있을 것이고 이를 이용해서 주문한 메뉴의 항목과 갯수를 이용해서 곱하거나 더하는 계산을 하여 지불할 총 금액을 산출할 것이다. 주문서의 각 항목의 가격란에 각 메뉴의 금액을 계산하여 작성하고 총합을 구할 수도 있고 또는 암산으로 머리 속에서 계산 및 총합을 구하는 작업을 할 수도 있을 것이다.

이때 각 메뉴의 이름이 변수가 되고 주문한 양과 가격을 계산된 금액을 대입하여 메모리에 기억시키고 각 메뉴에 해당하는 변수의 값들을 전부 더하여 총액을 계산해 낼 수 있다. 이와 같이 실생활에서는 김밥 1줄을 먹었으니 김밥은 2,000원, 떡볶이 1인분 2,000원, 오뎅 4개 2,000원, 순대 1인분 2,000원과 같은 식으로 종이에 글로 쓰거나 일시적으로 또는 머리 속에 기억을 하여 총합을 더하는 계산을 하여 8,000을 얻을 수 있다.

내가 먹은 김밥 값은 2,000원으로 기억되어 있는 것이다. C언어의 변수라는 관점에서 보면 해보면 김밥이라는 변수에 2,000이라는 값을 대입하여 기억시켜 놓는 것이다. 나머지 메뉴 항목에 대해서도 마찬가지이고 각 변수의 값을 전부 더해서 지불 금액을 계산해 내는 것이다.

변수를 사용하기 위해서는 일단 변수 선언을 해야 한다. 변수의 선언은 변수의 타입과 변수의 이름을 하나의 문장으로 작성하는 것을 말한다. 물론 변수명은 예약어가 아니면서 식별자 생성에 대한 규칙을 준수해야 한다. 이제부터 변수를 선언하고 초기화하는 방법을 알아보도록 하자.

3.1 변수 선언 및 초기화

앞에서 김밥이라는 변수에 2,000을 대입한다고 이야기했는데 이를 C언어로 한번 표현해보도록 하겠다. 먼저 김밥을 의미하는 변수명 gimbap은 로마자 표기법을 이용하였고 식별자 규칙을 준수하여 생성하였다. 그리고 양의 정수를 다루므로 unsigned int 타입으로 지정 하였다. 그래서 변수 gimbap에 2,000이라는 값을 대입하기 위해서는 다음과 같이 하면 된다.

```c
unsigned int gimbap;
gimbap = 2000;
```

이 외에도 다음과 같이 변수 선언과 동시에 초기화를 할 수도 있다.

```
unsigned int gimbap = 2000;
```

위 내용을 바탕으로 다음 내용을 실습해보자. 간이 메뉴표에 나온 메뉴들과 가격을 출력하는
간단한 프로그램이다.

실습 5-4

Ch05_4.c

```c
1    #include <stdio.h>
2
3    int main(void)
4    {
5        unsigned int gimbap, topokki, oden, sundae;   //메뉴 가격
6        unsigned int a, b, c, d;   //주문 분량
7        unsigned int sum;     //총 금액
8
9        gimbap = 2000;
10       topokki = 2000;
11       oden   = 500;
12       sundae = 2000;
13
14       printf("김밥 1줄 가격은 %d원 입니다. 몇 줄 주문하시겠습니까? ", gimbap);
15       scanf("%d", &a);
16
17       printf("떡볶이 1인분 가격은 %d원 입니다. 몇 인분 주문하시겠습니까? ", topokki);
18       scanf("%d", &b);
19
20       printf("어묵 1개 가격은 %d원 입니다. 몇 개 주문하시겠습니까? ", oden);
21       scanf("%d", &c);
22
23       printf("순대 1인분 가격은 %d원 입니다. 몇 인분 주문하시겠습니까? ", sundae);
24       scanf("%d", &d);
25
26       sum = (gimbap*a) + (topokki*b) + (oden*c) + (sundae*d);//총액 계산
27       printf("\n");
28
29       printf("***주문한 메뉴 내역과 총액입니다***\n");
30       printf("김밥   : %d원\n", gimbap*a);
```

```
31        printf("떡볶이 : %d원\n", topokki*b);
32        printf("어묵   : %d원\n", oden*c);
33        printf("순대   : %d원\n", sundae*d);
34        printf("\n총 금액 : %d원 입니다.\n", sum);
35
36        return 0;
37    }
```

〈실행결과〉

```
김밥 1줄 가격은 2000원 입니다. 몇 줄 주문하시겠습니까? 1
떡볶이 1인분 가격은 2000원 입니다. 몇 인분 주문하시겠습니까? 1
어묵 1개 가격은 500원 입니다. 몇 개 주문하시겠습니까? 4
순대 1인분 가격은 2000원 입니다. 몇 인분 주문하시겠습니까? 1

***주문한 메뉴 내역과 총액입니다***
김밥   : 2000원
떡볶이 : 2000원
어묵   : 2000원
순대   : 2000원

총 금액 : 8000원 입니다.
```

Note...

volatile 키워드

volatile은 흔히 '컴파일러의 최적화를 막는다'라고 이야기한다. 사용 방법은 어떤 변수의 자료형 앞에 volatile을 붙여서 선언힌다. volatile은 주로 임베디드 시스템에서 장치에 접근할 때 많이 이용한다. 접근하고자 하는 장치에도 이를 접근하기 위한 주소를 가지고 있고 프로그램 적으로 해당 장치에 접근하기 위해서 해당 주소값을 담는 변수에 주로 volatile을 붙여서 선언하고 이에 그 주소값을 대입하여 사용한다. 이런 경우 컴파일러에 의한 최적화가 되지 않고 해당 주소를 가지는 장치에 접근하여 읽고 쓰도록 컴파일되어 장치에 반드시 접근하여 동작하게 된다.

또는 멀티쓰레드 프로그래밍에서 공유 변수나 인터럽트 서비스 루틴과 디바이스 드라이버 간의 공유 변수 같은 곳에도 사용될 수 있다.

4 변수의 종류

C언어에서 사용할 수 있는 변수에도 여러 종류가 있다. 예를 들면, 지역 변수, 전역 변수, 레지스터 변수, 정적 변수, 그리고 외부 변수로 구분할 수 있다. 이들에 대해 자세하게 알아보자.

4.1 지역 변수

지역 변수(local variable)는 선언된 블록, 예를 들면 main( ) 함수 내부나 사용자가 따로 정의한 함수, 그리고 함수 내부에 블록으로 묶여진 영역에서만 유효하며 블록 외부에서 이 변수를 사용할 수 없다. 이것은 함수가 종료되었을 때 지역 변수는 메모리에서 사라진다는 것을 의미한다. 다음 예시를 한번 살펴보자.

실습 5-5

Ch05_5.c

```
1    #include <stdio.h>
2
3    int main(void) {
4        int a=10;
5
6        {
7            int b = 5;
8            int c = 20;
9        }
10
11       printf("%d  ", a);
12       printf("%d  ", b);
13       printf("%d  ", c);
14       return 0;
15   }
```

〈실행결과〉

에러 발생

소스 코딩을 해서 컴파일하면 아마 에러가 발생할 것이다. 현재 정수형 변수 a는 main( ) 함수에 정의되었지만 정수형 변수 b와 c는 main( ) 함수 내에 있는 블록 안에 정의되어 있다. 그리고 main( ) 함수 블록 안에서 printf( ) 함수를 이용해 a, b, c를 출력하라고 구현하였다.

실행했을 때 main( ) 함수 안에 있는 변수 a와 내부 블록에 정의된 b와 c가 메모리에 저장되지만 내부 블록이 끝날 때 변수 b, c는 메모리에서 삭제된다. 그래서 printf( ) 함수가 실행될 때쯤에 메모리에는 변수 a만 저장되어 있는 상태다. 이 상태에서 b와 c의 값을 출력하라고 하니 에러가 발생한 것이다.

이렇게 지역 변수는 블록 내부에서만 유효한 변수라는 것을 확인했다. 다음으로 전역 변수에 대해 살펴보자.

4.2 전역 변수

전역 변수(global variable)는 함수 밖에 선언하는데, 유효 범위는 프로그램 전체며 프로그램이 끝날 때 메모리에서 삭제된다. 즉, 지역 변수처럼 함수나 블록 단위가 끝날 때 데이터가 메모리에서 사라지지 않고 계속 저장되어 있다가 프로그램이 최종적으로 끝날 때 메모리에서 삭제된다는 것이다. 앞에서 본 예제를 바탕으로 다음 예제를 살펴보자. 소스를 코딩하고 컴파일한 후, 실행하면 이번에는 에러가 발생하지 않고 10, 5, 20을 출력한다.

실습 5-6

Ch05_6.c

```
1    #include <stdio.h>
2
3    int b, c;      // 정수형 변수 b, c를 전역 변수로 선언
4
5    int main(void) {
6        int a=10;
7
8        {
9           b = 5;
10          c = 20;
11       }
12
13       printf("%d  ", a);
14       printf("%d  ", b);
15       printf("%d  ", c);
16       return 0;
17   }
```

```
10   5   20
```

만약 소스 파일이 여러 개 있을 경우에도 어떤 전역 변수가 다른 파일에 있는 전역 변수를 참조할 수 있는데 extern 키워드를 붙이면 된다. 이를 외부 변수라고도 칭하기도 한다.

```
#include <stdio.h>

int a = 100;

int main(void ) {
   int i =0;
   printf("프로그램 실행!\n");
   //중략
   return 0;
}
```

source1.c

```
#include <stdio.h>

extern int a;

int main(void ) {
   //중략
   printf("%d",  a);

   return 0;
}
```

source2.c

4.3 레지스터 변수

레지스터 변수(register variable)는 앞에서 본 지역 변수와는 다르게 메모리가 아닌 CPU에 있는 레지스터에 저장된다. 레지스터 변수는 다음과 같이 일반 지역 변수에 'register'라는 키워드를 붙여 선언한다.

```
register int a = 1;
```

레지스터 변수는 지역 변수만 선언할 수 있다. 그리고 CPU마다 내장된 레지스터가 제한되어 있기 때문에 컴파일러에 의해 지역 변수처럼 메모리에 할당하는 경우도 있다.

```
#include <stdio.h>

int main(void)
{
```

```
    register int a;   //레지스터 변수 선언
    int b;

    //중략

    return 0;
}
```

4.4 정적 변수

앞에서 지역 변수는 유효 범위가 main( ) 혹은 특정 함수나 블록으로 묶여진 부분이라고 했다. 즉, 프로그램이 실행 중에 있어도 어떤 지역 변수가 선언된 블록을 벗어나면 이 지역 변수에 저장된 데이터와 변수 정보는 메모리에서 사라진다는 것을 의미한다. 하지만 정적 변수(static variable)는 프로그램이 종료될 때까지 데이터를 저장하고 있다. 정적 변수는 다음과 같이 static 키워드를 붙여 선언할 수 있다.

```
static int a = 1;
```

프로그램이 종료될 때 까지 메모리에 존재한다는 점에서 앞에서 본 전역 변수와 같다. 하지만 정적 변수는 함수 내부에서 선언되면 그 함수 내부에서만 쓰이고, 함수 밖에 선언되었으면 선언된 파일에서만 유효하다는 것이 전역 변수와 차이점을 보인다.

```
#include <stdio.h>

static int a=1;   //정적 변수 선언

int main(void)
{
    static int b=100;   //정적 변수 선언
    int c;

    //중략

    return 0;
}
```

보통 책에서 배우는 전역 변수와 정적 변수, 그리고 레지스터 변수는 이러한 변수가 있다는 걸 보여주기 위해 소개하는데, 기능 면이나 프로그래밍 효율성 측면에서 장점도 있지만 남발하게 되면 오히려 독이 될 수도 있다. 그래서 실무에서 본격적으로 프로그래밍을 하게 되면 사용하기 전에 신중히 생각해서 사용 여부를 결정해야 할 것이다.

5. 상수

상수(Constants)는 앞에서 배운 변수와는 달리 한번 값이 결정되고 나면 변경할 수 없는 값을 말한다. 변수는 값을 대입한 후에도 얼마든지 새로운 값을 대입하여 다른 값으로 변경할 수 있지만 상수는 그렇지 않다는 점이 변수와 다르다고 볼 수 있다. 상수는 크게 리터럴 상수와 심볼릭 상수가 존재한다.

'literal(리터럴)'이란 단어를 사전에서 찾아보면 '문자 그대로'라는 뜻이 있다. 그래서 리터럴 상수는 문자 그대로 의미를 가지고 있어서 따로 이름을 가지지 않는다. 이와 반대로 심볼릭 상수는 마치 변수 형태처럼 의미있는 이름을 부여해서 사용한다. 여기서 리터럴 상수는 데이터 타입에 따라서 정수형 상수, 실수형 상수, 문자형 상수, 문자열 상수로 구분할 수 있다. 이 외에도 열거형(enum)을 이용하는 열거형 상수가 있다.

심볼릭 상수를 이용하는 방법에는 2가지가 있다. 바로 #define 전처리기를 이용하는 방법과 const 키워드를 사용하는 방법이다. 지금부터 상수에 대한 내용을 본격적으로 배워보도록 하자.

5.1 정수형 상수

정수형 상수는 실수가 아닌 값으로 2진, 8진, 10진, 16진수의 형식을 가질 수 있다. 8진수의 경우 0으로 시작하며, 16진수의 경우 0x로 시작한다. 예를 들면 8진수는 0157, 16진수는 0x1af4 와 같이 사용한다. 사용 예시는 다음과 같다.

```c
int decNumber1 = 5+10;      //10진수
int decNumber2 = 20;        //10진수
int binNumber = 11011;      //2진수
int octNumber = 0157;       //8진수
int hexNumber = 0x1af4      //16진수
```

여기서 '5+10', '20', '11011', '0157', '0x1af4'가 바로 상수이며 메모리에 저장될 때 이름없이
저장된다. 그래서 이 값들은 변경할 수 없다.

5.2 실수형 상수

실수형 상수는 소숫점을 가지는 형태의 숫자로 일반적인 소숫점 숫자 형태와 지수 표현 방식을
사용하여 표현할 수 있다. 예를 들면 3.1415, 1.245E12와 같이 사용한다.

```
float f1 = 3.1415f;
float f2 = 1.245E12f;
```

5.3 문자형 상수

문자형 상수는 작은따옴표('')로 묶인 하나의 문자를 말하며 문자 데이터는 그 문자의 아스키
코드 값이 된다. 문자형 상수는 영문자, 숫자, 특수 문자 등을 사용할 수 있다. 영문자 및 숫자
는 'a', '3', 'A' 와 같이 사용하며 특수 문자는 줄바꿈('\n'), 탭 문자('\t'), 역슬래쉬('\\')와 같
은 것이 해당된다.

```
char c = 'a';
char num = '3';
char eng = 'A';
```

이렇게 C언어에서 역슬래시(\)가 앞에 붙은 특수 문자는 다음과 같다. 그리고 이 특수 문자는
이스케이프 시퀀스(Escape Sequence)라고도 하는데 결과 출력을 제어할 때 사용한다.

이스케이프 시퀀스	명 칭	기 능	문자	아스키 코드
\a	벨(Bell)	벨 소리 출력	BELL	0x07
\b	백스페이스	왼쪽으로 1칸 이동	BS	0x08
\f	폼피드	한 페이지 전진	FF	0x0c
\n	개행	줄바꿈	LF	0x0a
\r	캐리지 리턴	엔터키 기능	CR	0x0d
\t	HTAB	수평 탭	HT	0x09

\v	VTAB	수직 탭	VT	0x0b
\\	백슬래시	백슬래시('\') 기호 출력	\	0x5c
\'	아포스트로피	작은따옴표 출력	'	0x2c
\"	Quote	큰따옴표 출력	"	0x22
\0	Null			0x00
%%	퍼센트	퍼센트(%) 기호 출력	%	0x25
\?		물음표(?) 문자 출력	?	0x3F
\000		8진수로 문자 출력		
\xHHH		16진수로 문자 출력		

5.4 문자열 상수

문자열 상수는 큰따옴표(" ") 안에 들어 있는 문자열을 가리키며 메모리 상에서는 큰따옴표 안의 문자열과 그 뒤에 NULL 문자('\0')가 추가되어 저장된다. 이 NULL 문자는 문자열의 끝을 알 수 있도록 추가된다. 영문자는 아스키 코드로 1바이트 코드로 표현이 가능하지만 한글은 한 글자당 2바이트를 사용하므로 문자형 상수로는 사용할 수 없고 문자열 형태로 사용해야 한다.

```c
char name[5] = "bravo";
```

5.5 열거형 상수

열거형 상수는 열거된 집합을 선언할 때 사용하는데 열거형 상수를 선언하면 컴파일러는 멤버들을 정수형 상수로 인식한다. 열거형 상수는 enum 키워드 형 선언을 통해서 정의한다. 열거형 상수에 의해 얻은 값은 열거형 선언과 초기값 지정에 의해서 결정된다. 그리고 열거형 상수로 사용된 이름을 소스에서 변수의 이름이나 다른 상수의 이름으로 선언하여 사용하면 안된다. 선언 방식은 다음과 같다.

```c
enum 식별자 { 열거형 리스트 };
```

열거형 상수의 식별자가 가질 수 있는 값은 열거형 리스트 안에 명시된 값으로 제한된다. 특별히 초기값을 지정하지 않았다면 0부터 1, 2, 3, … 의 순서로 정수의 값이 정해진다. Char 형의 상수로도 만들수 있지만 각 상수의 값을 지정해 주어야 할수도 있다. 문자형의 경우 문자는 아스키 코드 값으로 사용되므로 연속적으로 증가하는 아스키 코드 값에 해당하는 경우라면 상관이 없지만 다음과 같은 경우라면 상수값을 개별적으로 지정해 주어야 한다.

```
enum day { sun = 'S', mon = 'M', tue = 'T', wed ='W', thu = 'H', fri
= 'F', sat = 'A'};
```

위의 열거형 상수 day를 문자형이 아닌 정수형으로 하는 경우를 생각해 보자.

```
enum day { sun, mon, tue, wed, thu, fri, sat};
```

이런 경우 sun은 0, mon은 1과 같이 순차적으로 정해진다. sun의 시작 값을 3부터로 해서 그 뒤로 4, 5, 6… 식으로 정하고 싶다면 다음과 같이 하면 된다.

```
enum day { sun = 3, mon, tue, wed, thu, fri, sat};
```

연속적인 값에서 중간에 값을 건너뛰어 사용하고자 한다면 다음과 같이 사용한다.

```
enum day { sun = 3, mon, tue, wed, thu = 10, fri, sat};
```

위와 같이 하면 thu는 10이 되고 그 뒤로는 11, 12의 값이 지정된다. 위와 같이 지정된 값의 범위를 벗어나게 되면 에러가 발생되므로 주의하자.

5.6 심볼릭 상수

심볼릭(Symbolic) 상수는 이름이 있는 상수를 말하는데 만드는 방법이 두 가지가 있다. 하나는 #define문을 이용하는 방법이 있고 다른 하나는 const 키워드를 이용하는 방법이다. 이제부터 하나하나 살펴보도록 하자.

const 키워드를 이용하는 방법

const는 상수의 이름과 데이터 타입을 명확하게 명시하여 정의할 수 있다. 사용하는 방법은 다음과 같다.

const [상수데이터타입] [상수 이름] = 값;

const 상수는 선언한 후 반드시 초기화해야 한다. 그렇지 않으면 에러가 발생하거나 소위 쓰레기값이 초기화되며 이를 다시 초기화하려고 했을 때 에러가 발생한다. 소스 코드에서 어떻게 사용하는지 간단하게 살펴보자.

```c
#include <stdio.h>

int main(void) {

    const int MAX_VALUE = 100;

    //중략
    return 0;
}
```

#define문을 이용하는 방법

#define은 선행 처리기로 컴파일되기 전에 프로그램 내에서 #define으로 선언된 기호를 기호 값으로 바꿔준다. #define은 대입(=) 연산자를 사용하지 않고 문장 끝에 세미콜론을 사용하지 않는다는 점에 주의하자. 사용하는 형태는 다음과 같다.

#define [기호] [값]

소스 코드에서 어떻게 사용하는지 간단하게 살펴보면 다음과 같다.

```c
#include <stdio.h>

#define PI 3.14
```

```c
int main(void) {

    //중략

    return 0;
}
```

#define문을 이용한 예제들은 뒤에서 살펴볼 것이므로 여기서는 이런 게 있다는 정도로 알아 두고 넘어가도록 하자.

연습 문제

1. 4바이트 정수형 변수 cost를 선언하고 1000으로 초기화하시오.

2. 아래 주석 처리된 부분의 코드를 완성하시오.

```c
#include <stdio.h>

int main()
{
    int age = 7;
char name = 'K';

    /*  [나는 K이며 7살이다]를 출력 */
    return 0;
}
```

3. 함수 밖에 선언되어 프로그램이 종료될 때까지 메모리에 저장되어 해당 블록이 다시 실행되는 경우 기억되어 있는 값을 다시 사용할 수 있는 변수는?

4. 다음 프로그램의 실행 결과는?

```c
#include <stdio.h>

int b, c; // 정수형 변수 b, c를 전역 변수로 선언

int main() {
    int a=10;
    {
       b = 20;
    }
    printf("%d ", a);
    printf("%d ", b);
    printf("%d ", c);

    return 0;
}
```

5. 이 문장의 의미를 설명하시오

```c
#defile PI 3.14
```

연산자 06

다른 프로그래밍 언어들과 마찬가지로 C언어에서도 다양한 연산자를 제공하고 있다. 여기서 연산자란 산술 연산자, 비교 연산자, 논리 연산자 등을 말한다. 프로그램은 이전 Chapter에서 살펴보았던 변수, 상수로 정의된 값들을 이제 배울 연산자를 이용하여 계산하고 비교를 하면서 동작한다.

먼저 산술 연산자부터 살펴보자.

1. 산술 연산자와 대입 연산자

산술 연산자는 사칙 연산을 수행하며 대입 연산자인 데이터를 변수에 대입하는 기능을 가지고 있다. 먼저 대입 연산자 '='는 앞 Chapter에서 변수에 값을 대입하는 방법을 사례로 들었는데 변수와 대입 연산자의 오른쪽에 있는 값을 변수에 대입하는 동작을 한다.

그리고 산술 연산자는 다음과 같은 것들이 있다.

산술 연산자	기능	우선 순위
−	음수로 전환	1
*	곱하기	2
/	나누기	
%	나머지 계산	
+	더하기	3
−	빼기	

표 6-1 산술 연산자의 종류

산술 연산자에는 기본적인 사칙 연산인 더하기(+), 빼기(−), 곱하기(*), 나누기(/) 연산자가 있고 나머지 연산자(모듈러스, %)가 있다. 나누기 연산은 몫을 결과 값으로 얻을 수 있고 나머지 연산자의 경우 나머지 값을 결과값으로 얻을 수 있다. 더하기, 빼기와 동일한 기호를 사용하지만 부호를 나타내거나 부호를 바꾸는데 이용되는 부호 연산자도 있다. 더하기, 빼기의 경우에는 2개의 피연산자를 가지지만 부호 연산자의 경우는 다음과 같이 하나의 피연산자를 가진다.

예를 들면 다음과 같다.

```c
int a = -1;
int b = -a;
```

이러한 산술 연산자들의 사용 방법을 실습 예제를 통해 간단하게 살펴보자.

실습 6-1

Ch06_1.c

```c
#include <stdio.h>

int main(void)
{
    int a = 5, b = 10;

    prinft("-a = %d, -b = %d\n", -a, -b);
    printf("a+b = %d\n", a+b);
    printf("a-b = %d\n", a-b);
    printf("a*b = %d\n", a*b);
    printf("a/b = %d\n", a/b);
    printf("a%%b = %d\n", a%b);

    return 0;
}
```

〈실행결과〉

```
a - -5, -b = -10
a+b = 15
a-b = -5
a*b = 50
a/b = 0
a%b = 5
```

정수를 대상으로 하는 연산의 결과는 정수이고 실수를 대상으로 하는 연산의 결과는 실수가 된다. 그런데 정수를 대상으로 하는 나눗셈의 경우 결과가 소숫점을 가지는 실수가 될 수 있는데 이런 경우 소숫점 이하를 버리고 정수 값을 가지게 된다. 만약 연산의 대상이 되는 피연산자 중 하나라도 실수가 있다면 결과는 실수형이 된다는 점을 주의하자.

2. 증가 연산자와 감소 연산자

증가 연산자는 피연산자의 값을 1씩 증가시킨다. 증가 연산자는 변수의 앞에 위치(prefix, 전위)할 수도 있고 변수의 뒤에 위치(postfix, 후위)할 수도 있다. 차이점은 증가 되는 시기가 서로 다르다는 점이다.

prefix 형태의 경우는 변수의 값을 하나 증가시킨 후에 변수의 값을 사용한다. b = ++a;를 예로 들면 다음과 같다.

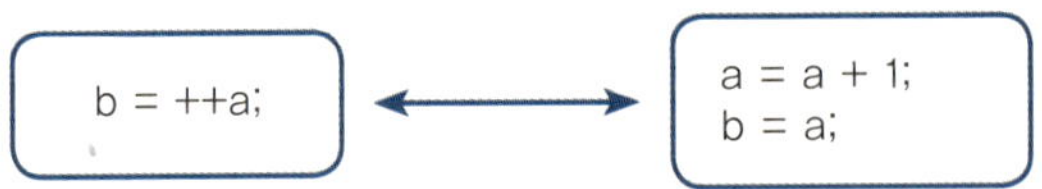

postfix 형태의 경우는 변수의 값을 증가시키기 전의 변수 값을 우선 사용하고 그 후에 값을 증가 시킨다. b = a++;을 예로 들면 다음과 같다.

감소 연산자는 증가 연산자와 동작 방식이 동일한데 값을 1씩 감소시키는 동작을 한다. 감소 연산자도 prefix, postfix 형태가 있으며 감소되는 시기가 서로 다르다는 점의 차이가 있다. 다음의 예제를 실습해보자.

실습 6-2

Ch06_2.c

```c
1    #include <stdio.h>
2
3    int main(void)
4    {
5        int a = 10, b = 10;
6
7        printf("a-- = %d , --b = %d\n", a-- , --b);
8        printf("a = %d, b = %d", a, b);
9
10       return 0;
11   }
```

```
a-- = 10, --b = 9
a = 9, b = 9
```

한 문장에 두 번 이상 사용되는 변수에 대해서는 증가 및 감소 연산자를 사용하지 않도록 한다. 의도적으로 그런 식으로 작성한 경우가 아니라면 원치 않게 변수 값이 증가하거나 감소할 수 있다. 두 개의 연산자가 이어서 나오는 경우에는 공백을 넣어서 연산자 사이의 구별을 확실히 한다. 또는 괄호를 적절히 사용하여 각 연산자를 명확히 구분할 수 있도록 한다.

3. 비교 연산자

비교 연산자는 값의 크기를 비교하거나 같은지 다른지를 비교하는데 사용되는 연산자이다. 비교 연산자에는 다음과 같은 것들이 있다.

연산자	기능	우선 순위
〉	~보다 크다	1
〉=	~보다 크거나 같다	
〈	~보다 작다	
〈=	~보다 작거나 같다	
==	같다	2
!=	다르다	

표 6-2 비교 연산자의 종류

두 피연산자의 값이 같은지를 비교하는 연산자는 '=='로 앞에서 본 대입 연산자 '=' 와 혼동하지 않도록 주의하자. 두 피연산자의 값이 서로 다른지를 비교하는 연산자는 '!='를 이용한다. 비교 연산자는 비교 조건이 맞으면 1(참, true), 맞지 않으면 0(거짓, false)을 출력한다. 이러한 비교 연산자는 나중에 배울 조건문에서 프로그램의 분기를 결정할 때 사용한다.

4. 논리 연산자

논리 연산자는 참과 거짓의 논리값을 대상으로 연산을 하는데 C언어에서 논리형을 나타내는
자료형은 존재하지 않는다. 따라서 주로 int형을 이용하여 0과 0이 아닌 값으로 처리하는데 0
은 거짓으로 보고 0이 아닌 값은 참으로 판단한다. C 프로그래밍에서 사용하는 논리 연산자 기
호는 다음과 같다.

연산자	기능	우선 순위
!	부정(NOT, false는 true, true는 false로 변환)	1
&&	그리고(AND, 피연산자 중 하나라도 false(0, 거짓)이면 결과값은 false(0, 거짓))	2
||	또는(OR, 피연산자 중 하나라도 true(1, 참)이면 결과값은 true(1, 참))	3

부정 연산자(!, NOT)는 참은 거짓으로, 거짓은 참으로 변경하는 연산자이며 AND, OR 연산자
와는 다르게 피연산자가 1개이다. AND 연산과 OR 연산, 그리고 NOT 연산의 결과를 진리표
로 나타내면 다음과 같다.

AND

A	B	X
0	0	0
0	1	0
1	0	0
1	1	1

OR

A	B	X
0	0	0
0	1	1
1	0	1
1	1	1

NOT

A	X
0	1
1	0

표 6-3 AND, OR, NOT 연산

논리 연산자는 관계 연산자보다 우선적이며 이 역시도 조건문에서 많이 사용된다.

5. 비트 논리 연산자

비트 논리 연산자는 2진수 각 비트를 대상으로 논리 연산자에서도 보았던 AND, OR 같은 연
산을 비트 단위로 수행하는 것이다. 비트 논리 연산자는 응용 프로그래밍보다는 임베디드 시스
템 프로그래밍에서 장치를 제어하기 위해 레지스터를 비트 단위로 제어하고자 주로 이용한다.

논리 연산자에서 AND, OR 연산자의 기호는 '&&', '||'였는데 비트 연산자에서의 AND, OR 는 '&'. '|'를 사용한다. 비트 반전 연산자인 '~'는 각 비트를 0은 1로, 1은 0으로 뒤집는 동작을 수행한다. 그리고 배타적 논리합(^, exclusive OR, XOR)은 두 비트를 서로 비교하여 다르면 1을 출력하고 같으면 0을 출력하는 연산자이다.

연산자	기능	우선 순위
&	AND 연산 수행	1
|	OR 연산 수행	2
~	NOT 연산 수행	3
^	배타적 논리합(XOR) 연산 수행	

이제 예제를 하나 살펴보도록 하자.

실습 6-3

Ch06_3.c

```c
1   #include <stdio.h>
2
3   int main(void)
4   {
5       int a=10;
6       int b=6;
7
8       printf("a&b = %d\n", a&b);
9       printf("a|b = %d\n", a|b);
10      printf("a^b = %d\n", a^b);
11      printf("~a = %d\n", ~a);
12
13      return 0;
15   }
```

〈실행결과〉

```
a&b = 2
a|b = 14
a^b = 12
~a = -11
```

비트 논리 연산자는 비트 단위로 연산을 하기 때문에 2진수로 변환해야 한다. 그래서 정수형 변수 a, b에 저장된 10, 5를 각각 2진수로 변환해보면 다음과 같다.

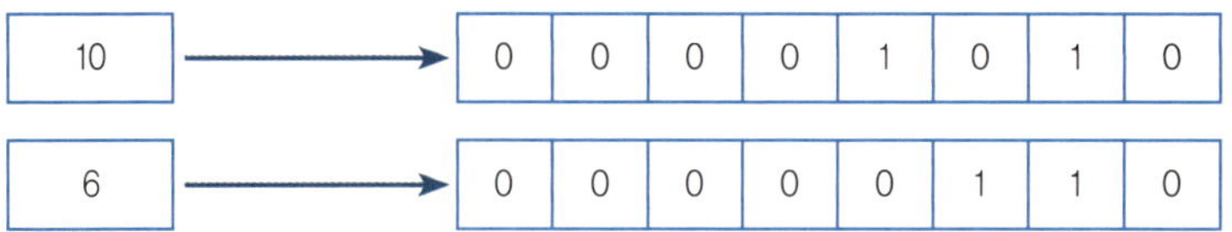

이제 AND(&) 연산을 실행해보면 다음과 같다.

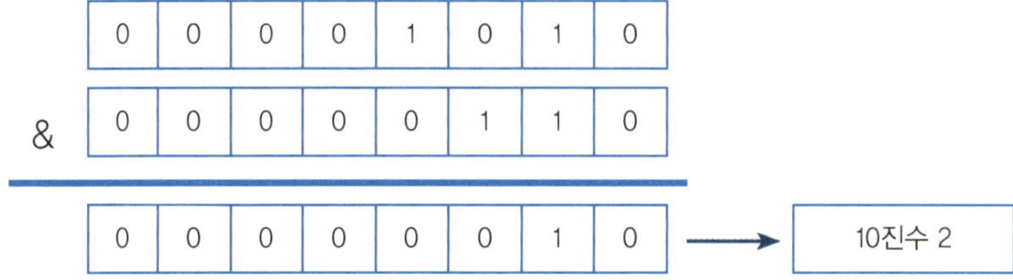

10진수 10과 6를 비트 논리 연산자로 AND 연산을 수행하면 2가 나온다. 이러한 방식으로 OR 연산과 XOR 연산, 그리고 NOT 연산을 수행해보면 다음과 같다.

OR 연산 결과

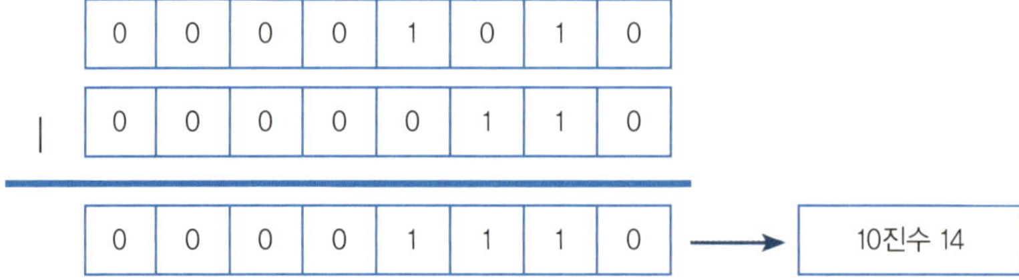

XOR 연산 결과

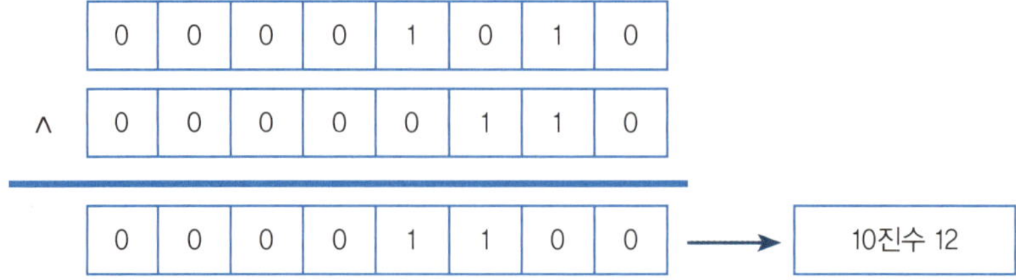

NOT 연산

~a 값이 2진수로는 11110101, 10진수로 −11이 나왔다. 이를 확인하는 방법은 11을 음수로 전환하면 되는데 2의 보수를 사용하면 된다. 11의 2진수인 00001011에서 1의 보수를 취하면 11110100인데 여기서 1을 더하면 11110101이 나오게 된다.

6. 시프트 연산자

시프트 연산자는 값을 구성하고 있는 비트들을 좌, 우로 이동시키는데 사용한다. 왼쪽 시프트 연산자는 '≪' 이고 오른쪽 시프트 연산자는 '≫' 이다.

왼쪽 시프트 연산은 비트를 왼쪽으로 이동시키며 왼쪽 끝에 있던 비트는 밀려 나간다. 이렇게 밀려 나가면서 오른쪽 끝 부분부터 0이 채워진다. 이 동작은 시프트 이전 값을 곱하기 2하는 것과 동일한 결과가 된다.

오른쪽 시프트 연산은 비트를 오른쪽으로 이동시키며 오른쪽 끝에 있던 비트는 밀려 나간다. 밀려나가면서 생기는 빈 왼쪽 끝부분에는 부호가 없는 정수이거나 부호 비트가 0인 경우에는 0으로 채우고, 부호 비트가 1인 경우에는 1을 채운다. 이것이 왼쪽 시프트 연산과 다르다고 할 수 있겠다. 오른쪽 시프트 연산은 시프트 이전 값을 2로 나누기를 하는 것과 동일한 결과가 된다.

실습 6-4

Ch06_4.c

```c
#include <stdio.h>

int main(void) {
    int a = 20;
    int result1 = a<<1;
    int result2 = a>>1;

    printf("result1 = %d\n", result1);
    printf("result2 = %d\n", result2);
    return 0;
}
```

〈실행결과〉

```
result1 = 40
result2 = 10
```

〈소스분석〉

5번 줄은 변수 a에 대해 왼쪽으로 비트를 1회 이동시킨다. 이것은 a*2의 결과와 같다.

6번 줄은 변수 a에 대해 오른쪽으로 비트를 1회 이동시킨다. a/2의 결과와 같다.

7. 삼항 연산자

삼항 연산자는 흔히 조건 연산자라고 하는데 나중에 배울 조건문 중 if−else문을 연산자로 나타낸 것이다. 사용하는 방식은 다음과 같다.

```
조건식 ? 문장1 : 문장2;
```

조건식의 참, 거짓 여부에 따라서 참이면 문장1을, 거짓이면 문장2를 반환한다. 이 삼항 연산자는 나중에 배울 조건문 중에서 if~else문을 한 줄로 표현이 가능하다. 삼항 연산자는 우측 결합성을 가진다. 예를 들면 e1 ? e2 : e3 ? e4 : e5는 e1 ? e2 : (e3 ? e4 : e5)와 동일한 의미이다. 다음 예제를 보면서 삼항 연산자의 사용 방법을 알아보도록 하자.

실습 6-5

Ch06_5.c

```c
1    #include <stdio.h>
2
3    int main(void) {
4        int a = 10, b = 20;
5        int answer;
6
7        answer = (a>b) ? a : b;
8        printf("삼항 연산자 연산 결과 = %d", answer);
9        return 0;
10   }
```

삼항 연산자 연산 결과 = 20

4번 줄은 삼항 연산자로 연산을 실행한 결과값을 저장할 변수를 선언하였다.

6번 줄은 삼항 연산자를 사용하고 있다. 정수형 변수의 데이터를 읽어와 a>b가 참인지 비교하여 참이면 변수 a의 값을 answer에 저장하고 거짓이면 변수 b의 값을 answer에 저장한다.

8. sizeof 연산자

sizeof 연산자는 변수 또는 자료형과 함께 사용된다. sizeof 연산자의 괄호 안 또는 뒤에 오는 변수나 자료형이 메모리에서 차지하는 바이트 수를 알려준다. 주로 메모리 동적 할당 시에 사용된다.

```c
int a = 10;
char c = 'A';

printf("%d, %d\n", sizeof(a), sizeof(c));
```

이를 바탕으로 다음 내용을 실습해보자.

실습 6-6

Ch06_6.c

```c
1    #include <stdio.h>
2
3    int main(void) {
4        int a = 10;
5        char c = 'A';
6
7        printf("%d, %d \n", sizeof(a), sizeof(c));
8        return 0;
9    }
```

<실행결과>

```
4, 1
```

9. 형변환 연산자

형변환 연산자(강제 형변환 연산자 또는 캐스트 연산자로고도 함)는 자료형을 강제로 변경시키는 연산자이다. 원하는 자료형을 괄호안에 넣어 변수 앞에 지정하면 괄호로 지정한 자료형으로 변경된다. 사용 방법은 다음과 같다.

```c
int a;
char c = 10;

c = (char)a;
```

형변환 연산자를 이용하는 사례를 하나 들어보도록 하겠다. 사칙 연산 중 나눗셈을 하면서 일어나는 사례다. 예제를 한번 살펴보도록 하겠다.

실습 6-7

Ch06_7.c

```c
1    #include <stdio.h>
2
3    int main(void)
4    {
5        int a, b;
6        float answer;
7
8        a=5;
9        b=2;
10
11       answer = a/b;
12       printf("a/b = %f\n", answer);
13
14       return 0;
15   }
```

〈실행결과〉

```
a/b = 2.000000
```

분명 5÷2를 계산기로 결과를 내어보면 2.5가 나오는데 여기서는 2.000000이라는 다른 값을 산출했다. 다시 말하면 데이터 손실이 발생한건데, int형 변수 a, b를 가지고 연산을 했기 때문에 나누기 연산을 한 결과도 int형으로 계산된다. 그래서 %f 서식 문자에 따라 1.000000이라는 값을 출력한 것이다.

정확한 값을 출력하기 위해서는 다음과 같이 11번 줄에서 형변환 연산자를 사용해야 한다.

실습 6-8

Ch06_8.c

```
1    #include <stdio.h>
2
3    int main(void)
4    {
5        int a, b;
6        float answer;
7
8        a=5;
9        b=2;
10
11       answer = (float)a/b;
12       printf("a/b = %f\n", answer);
13
14       return 0;
15   }
```

〈실행결과〉

```
a/b = 2.500000
```

이렇게 형변환 연산자를 사용해서 정확한 값을 출력하였다.

C언어에서는 서로 다른 자료형이 섞여서 사용되는 경우 자동적으로 한 가지 자료형으로 통일된다. 표현 범위가 더 넓은 자료형으로 변환되는 경우는 큰 문제가 되지 않지만 표현 범위가 작은 자료형으로 변환되는 경우에는 자료의 손실이 발생된다.

예를 들어 int형이 float형으로 변환되는 경우는 문제가 되지 않지만, float형이 int형으로 변환되는 경우는 소수 부분이 잘려 나가버리게 된다. 실수형인 double형과 float형에서는 double형이 더 범위가 넓은 자료형인데 double형을 float형으로 변환하면 반올림된다. 정수형인 int형이나 short형을 char형으로 변환하게 되면 char형의 사이즈인 1바이트 보다 더 큰 상위 바이트 부분은 잘려 나간다.

이렇게 형변환은 데이터의 손실을 최소화하는 방향으로 실행된다.

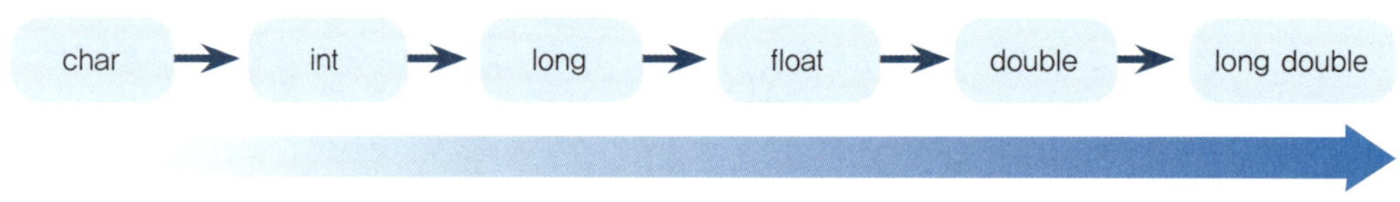

오른쪽으로 갈수록 데이터 표현 범위가 넓음

10. 주소 연산자와 간접 연산자

주소 연산자(&)는 바로 다음에 오는 변수가 차지하고 있는 메모리의 주소 번지를 얻어준다. 주소 연산자는 상수 앞에 붙여 사용할 수 없다.

간접 연산자(*)는 포인터 연산자라고도 하며 어떤 주소에 들어있는 값을 얻어 주는 연산자이다. 간접 연산자의 사용 예시는 다음과 같다.

```c
int a = 100;
int *p = &a;

printf("a : %d, *p : %d\n", a, *p);
```

여기서는 주소 연산자와 간접 연산자의 기본적인 사용 형식만 살펴보았다. 이 연산자들은 Chapter 10 포인터 부분에서 자세히 다룰 것이다.

11. 복합 대입 연산자

앞에서 배운 산술 연산자와 비트 연산자를 대입 연산자와 함께 사용하는 형태의 연산자도 있다. 이런 형태의 연산자를 복합 대입 연산자라고 한다. 수식을 좀더 간략하게 표현할 수 있어 프로그래밍을 할 때 자주 쓰이는 연산자다. 복합 대입 연산자의 종류와 사용 예시는 다음과 같다.

복합대입 연산자	사용 예시	기능
+=	a+=3	a=a+3
-=	a-=3	a=a-3
*=	a*=3	a=a*3
/=	a/=3	a=a/3
%=	a%=3	a=a%3
<<=	a<<=3	a=a<<3
>>=	a>>=3	a=a>>3
&=	a&=3	a=a&3
|=	a|=3	a=a|3
^=	a^=3	a=a^3

표 6-4 복합 대입 연산자

지금까지 연산자들에 대해서 알아보았는데 이런 연산자들 간에도 우선 순위가 있어서 여러 연산자를 복합적으로 사용하는 경우에 연산 순서가 기술된 순서와 다르게 될 수 있다.

그리고 지금까지 본 연산자들에 대한 전체적인 우선 순위를 비교하면 다음과 같다.

대분류	소분류	연산자	결합 규칙	우선 순위
일차식	프라이머리	( ) [ ] ->	→	높음
단항연산자	단항	!~++ --캐스트연산자 * & sizeof	←	
이항연산자	가감	+ -	→	
	승제	* / %	→	
	시프트	<< >>	→	
	비교	< <= > >=	→	
	등가	== !=	→	
	AND	&	→	

	비교 XOR	^	→	
	비교 OR	|	→	
	논리 AND	&&	→	
	논리 OR	||	→	
삼항연산자	조건	? :	←	
대입연산자	대입	= += -= *= /= %= >>= <<= &= ^= !=	←	
순차연산자	순서	,	→	낮음

표 6-5 연산자 우선 순위 정리

위의 우선 순위를 전부 외우고 있다면 수식을 구성하여 제대로 연산이 되도록 구성하는 것이 큰 문제가 없겠지만 이게 보통 쉬운 일이 아니다. 그래서 차선의 방법으로 괄호를 적극 사용하는 것이다. 연산을 괄호를 이용하여 묶어서 기술하면 연산자의 우선 순위를 전부 알고 있지 않더라도 올바르게 연산될 수 있도록 수식을 구성할 수 있을 것이다.

그리고 동일한 우선 순위의 연산자가 문장에 여러 개가 있는 경우에는 기본적으로 왼쪽에서 오른쪽으로 실행되며 삼항 연산자(? :), 대입 연산자를 비롯해 몇 가지 연산자(!, ~, ++, *, & 등)는 우결합성(오른쪽이 우선)을 가진다.

연습 문제

1. 다음과 같이 정수를 입력해 사각형의 넓이를 구하는 프로그램을 작성하시오.

> 변의 길이를 입력하시오 : 5
>
> 다른 변의 길이를 입력하시오 : 3
>
> 사각형의 넓이는 15입니다.

2. 다음 소스 코드를 실행했을 때 출력 결과는?

```c
#include <stdio.h>

int main(void)
{
    int a=5, b=5;
    a--;
    --b;
    printf("a-- = %d, --b=%d"\n", a, b);

    return 0;
}
```

3. 다음 빈 칸을 채우시오.

(   ) 연산자는 흔히 조건 연산자라고도 한다. 이 연산자는 조건문인 'if—else'문과 같은 기능을 수행한다.

반복문 07

컴퓨터는 사람에 비해서 매우 빠르게 계산을 수행할 수 있다. 비록 프로그램이라는 과정을 거치고 2진법이나 16진법 등 형태로 계산을 수행해 사람이 그리고 사람은 단순 반복적인 작업을 수행하는 것을 대부분 힘들어 하지만 컴퓨터는 불평도 없이 시키는 대로 100번이고 1000번이고 시키는 일을 반복적으로 수행하는 것을 힘들어 하지 않는다.

이번 Chapter에서는 반복적인 작업을 수행하도록 하는 반복문에 대해서 알아보도록 하겠다.

1. for문

먼저 가장 많이 사용되는 for문을 먼저 살펴보자. for문은 반복 횟수가 정해져 있는 형태로 주로 이용되며 물론 무한 반복, 이른바 무한 루프 형태로도 사용할 수 있다. 기본적인 구조는 다음과 같다.

```
for(초기식; 조건식; 증감식)
{
        명령(반복할 내용);
}
```

이제부터 for문에 대해 자세히 살펴보자.

1.1 for문의 개요

다음은 for문이 동작하는 원리를 나타내었다. 이를 토대로 for문이 동작하는 순서를 살펴보도록 하자.

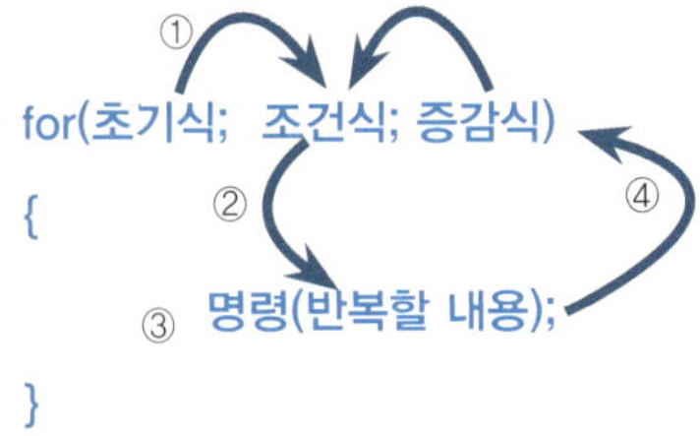

그림 7-1 for문의 동작

초기식은 for문이 시작할 때 한 번만 실행되는데, 이 때 초기식과 조건식을 비교한다. 여기서 말하는 조건식은 바로 for문이 종료되는 조건을 말한다. 이 조건식의 결과값이 거짓이 될 때까지 for문은 계속 반복한다.

증감식에서는 for문에서 사용하는 변수의 증감을 지정할 수 있다. 증감식을 수행한 후 다시 조건식과 비교해 조건을 만족하는지 여부를 따진다. 그래서 조건식의 결과가 거짓(false)이 될 때까지 조건식과 반복할 내용, 증감식을 반복 수행한다. 이를 순서도로 표현해보면 다음과 같다.

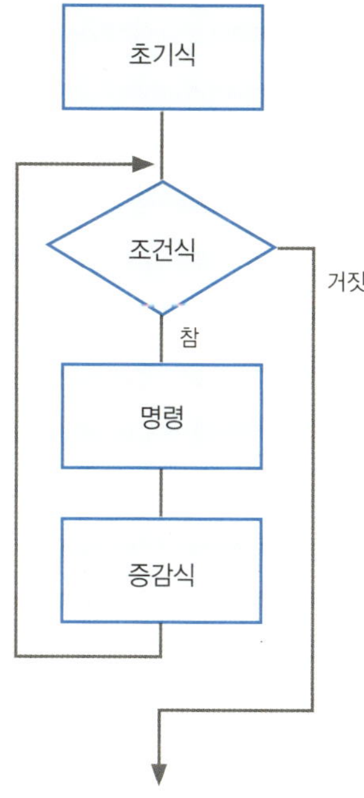

그림 7-2 for문의 동작 순서도

다음 예제는 for문을 이용하여 1부터 100까지 더하는 소스 코드이다. 구현한 후 실행을 해보면 1~100까지 더한 값인 5050이 출력된다.

실습 7-1

Ch07_1.c

```c
#include <stdio.h>

int main(void)
{
    int i, sum = 0;
    for(i=1 ; i <= 100 ; i++)
    {
        sum = sum + i;
```

```
9          }
10         printf("1~100까지의 합계 = %d\n", sum);
11         return 0;
12    }
```


1~100까지의 합계 = 5050

5번 줄 : 정수형 변수 i, sum 선언 후 sum은 0으로 초기화하였다.

6~9번 줄 : for문을 실행하면서 1부터 100까지 더한 값을 sum에 저장한다.

10번 줄 : for문이 종료되면 sum을 출력한다.

조금 더 자세히 알아보자. 첫 행에서 정수형 변수 i와 sum을 선언하면서 sum은 0으로 초기화된다. sum은 결과값인 총합을 저장할 변수이므로 최초 0을 가져야 한다. 이 변수에 1부터 순서대로 값을 더해준다.

다음 줄에서 for문이 시작된다. 제어 변수는 i이며 초기식에서 1을 대입하였다. 1부터 100까지 합계를 구하는 문제이므로 i의 초기값은 1이다. 조건식은 i가 100보다 작거나 같은 동안이므로 i가 100을 초과할 때까지 루프가 실행된다. for문의 명령인 sum=sum+i; 의해 sum에 i값이 더해진다. sum=sum+i; 대입문은 sum이 원래 가지고 있던 값에다가 i를 더해서 다시 sum에 대입하라는 뜻이다. 최초 sum이 0이었고 i는 1이었으므로 sum=0+1=1이 될 것이다.

이렇게 9번 줄까지 오면 루프를 한 번 돌았다. 명령을 실행한 후 증감식이 실행되는데 증감식은 i=i+1로 되어 있다. 증감식은 i를 1 증가시키며 i는 2가 된다. 다음 루프를 계속 돌 것인가를 판단하기 위해 조건식을 평가한다. 아직 100을 초과하지 않았으므로 다음 루프를 돌게된다.

sum=sum+i가 다시 실행된다. 앞의 루프에서 sum은 1이 되었는데 이번에는 sum의 값에 다시 i를 더해 sum=1+2=3이 된다. 이런 식으로 i가 1씩 증가하면서 루프를 돌 때마다 sum에 i가 더해짐으로써 sum에 i가 계속 쌓이게 된다. 이 루프는 i가 100보다 작거나 같은 동안에 계속 반복된다. 그래서 100번의 루프를 다 돌았을 때 sum=1+2+3+4+5+ … +100;의 결과값을 가지는 것이다.

마지막 루프를 돈 후에 i=101이 될 것이고 그러면 조건식 i<=100이 거짓이 되어 루프를 탈출한다. 루프가 끝나면 마지막에 있는 printf( ) 함수가 sum의 값을 화면으로 출력하고 프로그램은 종료된다.

1.2 중첩 for문

앞에서 살펴본 for문은 루프가 하나였다. 하지만 for문 안에 또 for문이 들어갈 수 있는데, 이를 중첩 for문이라고 한다. for문이 2개 중첩되어 있으면 이를 2중 for문, 3개가 중첩되어 있으면 3중 for문이라고 하기도 한다.

중첩 for문으로 삼각형 그리기

이번에는 중첩 for문을 이용하여 삼각형을 그려보는 예제를 실습해보자.

실습 7-2

Ch7_2.c

```c
1    # include <stdio.h>
2
3    int main(void)
4    {
5        int i, j;
6
7        for(i=1; i<=10; i++) {
8            for(j=0; j<i; j++) {
9                printf("*");
10           }
11
12           printf("\n");
13       }
14
15       return 0;
16   }
```

〈실행결과〉

```
*
* *
* * *
* * * *
* * * * *
* * * * * *
* * * * * * *
* * * * * * * *
* * * * * * * * *
* * * * * * * * * *
```

2. while문

while문은 조건이 만족하는 동안 명령을 계속하여 수행한다. 그러므로 조건이 거짓일 경우에만 탈출하는 반복문을 작성할 때 용이한다. while문은 for문과 달리 초깃값과 반복식에 해당하는 문장을 while문 내부에 구현해 조건식과 비교하고 이를 통해 while문을 수행하거나 종료하게 된다. while문의 사용 형식은 다음과 같다.

```
while(조건식)
{
    명령(반복할 내용);
}
```

while문의 동작 원리를 순서도로 나타내보면 다음과 같다.

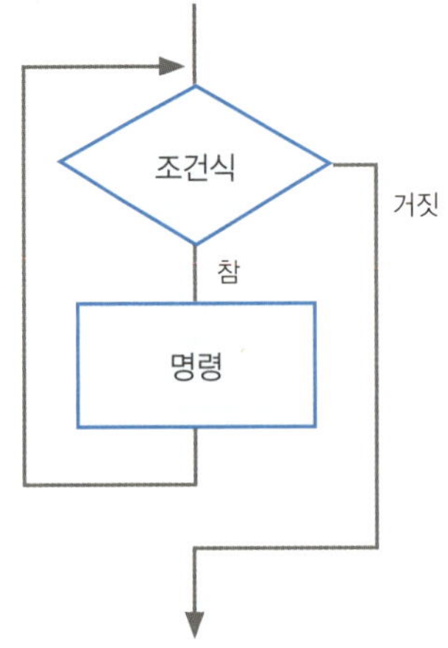

그림 7-3 while문의 동작 순서도

다음과 같이 모든 for문은 while문으로 구현할 수 있다. 물론 반대의 경우도 마찬가지이다.

```
int i = 0;

while(i<10)
{
    //명령 수행
    i++;
}
```

```
int i;

for(i=0; i<10; i++)
{
    //명령 수행
}
```

for문은 조건의 참과 거짓에 관계 없이 for문의 반복할 내용을 한 번은 실행을 하지만 while 문은 실행하자 마자 조건식의 결과값이 거짓인 경우에는 반복할 내용을 한 번도 실행하지 않는다. 다음 예제는 앞에서 본 1부터 100까지의 합계를 while문으로 구현하였다. 실행해 보면 앞에서와 똑같이 5050이 출력될 것이다.

실습 7-3

Ch07_3.c

```c
1    #include <stdio.h>
2
3    int main(void)
4    {
5        int i = 0, sum = 0;
6
7        while(i<100)
8        {
9            i++;
10           sum = sum + i;
11       };
12       printf("1~100까지의 합계 = %d\n", sum);
13       return 0;
14   }
```

〈실행결과〉

```
1~100까지의 합계 = 5050
```

for문에 비해 초기식이 루프 이전에 있고 증감식은 루프 내부에 있으며 조건식만 while 문에 포함되어 있다. 루프에 들어가기 전에 i를 1로 초기화하고 i가 100이하인 동안 i를 1씩 증가시키면서 sum에 누적시킨다. while 루프에서 i값을 1씩 증가시키고 있기 때문에 언젠가는 i가 100보다 커질 수 있도록 하고 있다.

while문은 조건이 고정되어 있기 때문에 루프 내부에서 조건의 참 거짓이 바뀌지 않으면 무한 루프가 된다. 위 예제의 루프에서 i=i+1을 빼 버리면 while 루프의 조건은 항상 참이므로 언제까지나 sum=sum+1만 무한히 반복하게 될 것이다.

3. do~while문

앞에서 본 while문은 조건을 먼저 판단한 다음에 참인 경우 반복할 내용을 실행을 하지만 do~while문의 경우는 먼저 반복할 내용을 먼저 실행하고 조건을 판단하여 반복 여부를 결정한다. 즉, 적어도 한 번은 반복할 내용을 실행한다. while문과는 달리 조건식 다음에 세미콜론 (;)을 붙인다.

do~while문의 사용 형식은 다음과 같다.

```
do
{
    명령(반복할 내용);
} while(조건식);
```

do~while문이 동작하는 원리를 순서도로 나타내보면 다음과 같다.

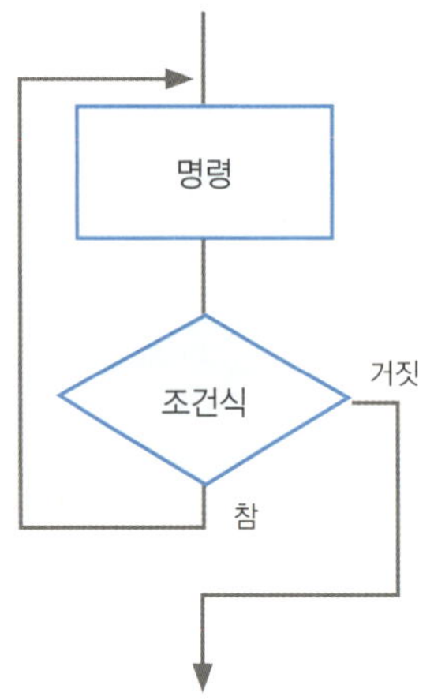

그림 7-4 do~while문의 동작 순서도

do~while문은 특정 조건이 거짓일 경우에만 탈출하는 반복문을 작성할 때 용이하게 사용된다. 루프에 들어가기 전에 i를 1로 초기화하고 do 루프를 시작한다. 루프에서는 sum에 i를 누적시키면서 i를 1 증가시키며 이 처리를 i가 100이하인 동안 계속 반복한다. 실행 결과는 for문이나 while문으로 작성한 것과 동일하다.

이번에는 1에서 100까지의 합계를 구하는 프로그램을 do~while문으로 구현하였다.

실습 7-4

Ch07_4.c

```c
1    #include <stdio.h>
2
3    int main(void)
4    {
5        int i = 1, sum = 0;
6
7        do
8        {
9            sum += i++;
10       } while(i<=100);
11
12       printf("1~100까지의 합계 = %d\n", sum);
13       return 0;
14   }
```

〈실행결과〉

```
1~100까지의 합계 = 5050
```

4. 반복문에서 사용하는 흐름제어

이번에는 반복문을 사용할 때 이를 효율적으로 로직을 제어할 수 있는 구문들을 알아보
도록 하겠다. 대표적인 것들이 바로 break문, continue문 그리고 goto문이다.

break문

break문은 반복문을 벗어 나고자 할때 사용할 수 있다. 반복문이 중첩되어 있는 경우에는
중첩된 반복문의 수 만큼 break문을 사용해야 완전하게 반복문을 벗어날 수 있다. break문
은 반복문 뿐만 아니라 조건문 중 switch~case문에서 사용되기도 한다. 사용 형식은 다음
과 같다.

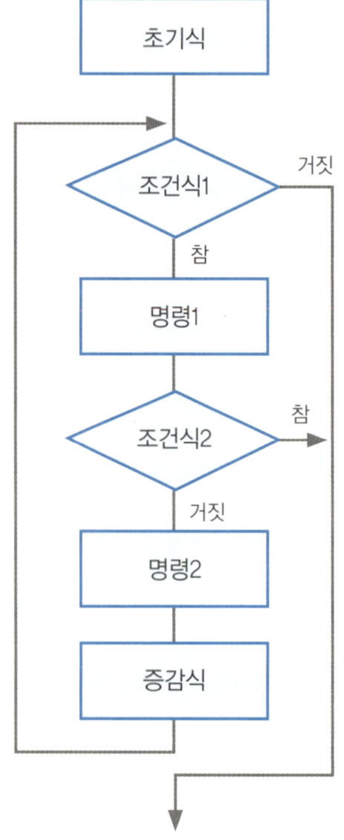

```
반복문(조건)
{
    (수행할 내용)
    break;
}
```

예를 들어, for문에서 break가 어떻게 쓰이는지 간략하게 보도록 하자. for문 내부에 조건문인 if문을 사용해 if 조건식이 참이면 break문을 수행해 for문을 종료할 수 있다. 만약 if 조건식이 거짓이면 참이 될 때까지 계속 for문이 동작한다.

```
for(초기식; 조건식1; 증감식)
{
    명령1;
    if(조건식2) {
        break;
    }
    명령2;
}
```

이를 순서도로 표시해보면 다음과 같다.

그림 7-5 for문의 동작 순서도

이를 활용하여 이번에는 무한 루프와 break문을 이용해서 1~100까지의 합계를 구하는 프로그램을 실습해보자.

실습 7-5

Ch07_5.c

```c
#include <stdio.h>

int main(void)
{
    int i = 1, sum = 0;
    while(1) {
        if(i==101)
            break;
        sum += i++;
    };

    printf("1~100까지의 합계 = %d\n", sum);
    return 0;
}
```

〈실행결과〉

```
1~100까지의 합계 = 5050
```

continue문

continue문은 반복 시에 반복할 내용을 수행하지 않고 다음 반복으로 넘어간다. 즉, 반복할 내용 안에서 continue문을 수행하게 되면 continue문 아래에 있는 문장들은 수행되지 않고 반복할 내용의 처음으로 돌아간다.

앞에서 본 1~100까지의 합계를 구하는 프로그램을 잠깐 살펴보자.

continue문이 없을 때	continue문이 있을 때

`int i, sum = 0;`
`for(i = 1 ; i <= 100 ; i++)`
`{`
`    sum += i;`
`}`
	`int i, sum = 0;`
	`for(i = 1 ; i <= 100 ; i++)`
	`{`
	`    if((i % 2)==1)`
	`    {`
	`        continue;`
	`        /* 홀수면 다음 반복으로 넘어감 */`
	`    }`
	`    sum += i;`
	`}`

만약에 왼쪽처럼 sum+=i 문장만 있다면 반복문이 100번 반복하면서 i를 더하는, 즉 1~100까지의 합계를 구하게 된다. 만약 오른쪽처럼 구현되어 있다고 가정해보자. i가 홀수면 if문 조건이 참이 되어 continue문을 실행하게 된다. 그래서 아래에 있는 sum+=i 명령은 실행하지 않고 현재 반복을 건너뛴 후 다음 반복이 실행된다. 그래서 i가 짝수일 때만 sum+=i 명령이 실행되어 마치 1에서 100까지 반복하면서 짝수들만 더한 값이 출력된다.

이번 예제는 continue문을 사용한 1부터 100까지 반복하면서 짝수들의 합을 구하는 프로그램이다.

실습 7-6

Ch07_6.c

```c
1   #include <stdio.h>
2
3   int main(void)
4   {
5       int i, sum = 0;
6       for(i = 1 ; i <= 100 ; i++)
7       {
8           if((i % 2) == 1)
9           {
10              continue;
11          }
12          sum += i;
13
14      }
15
```

```
16          printf("1~100까지의 짝수합 = %d\n", sum);
17          return 0;
18    }
```



```
1~100까지의 짝수합 = 2550
```

goto문

goto문은 프로그램의 제어를 지정된 레이블의 문장으로 넘어가게 만든다. 레이블로 지정된 문장은 콜론(:)으로 구분하고 레이블 이름은 변수명 작성의 규칙을 따른다. 레이블은 goto 보다 앞에 있을 수도 있고 뒤에 있을 수도 있다. 사용 형식은 다음과 같다.

```
goto 레이블;
```

```
레이블: ...
```

앞의 내용을 바탕으로 1에서 100까지 반복해 짝수합을 구하는 프로그램을 goto문을 이용해 구현한 소스 코드다.

실습 7-7

Ch07_7.c

```
1    #include <stdio.h>
2
3    int main(void)
4    {
5        int i = 1, sum = 0;
6
7        Loop:
8        if((i % 2) == 1)
9            goto Check;
10           sum += i++;
11       Check:
12           if (i==100)
13               goto Exit;
```

```
14              goto Loop;
15          Exit:
16              printf("Sum = %d\n", sum);
17              return 0;
18      }
```


1~100까지의 짝수합 = 2550

goto문은 원하는 곳으로 제어를 넘겨주는 기능을 하지만 남발하면 프로그램 로직 흐름이 복잡해지는 단점이 있으니 필요할 때에만 사용하는 게 좋다.

이렇게 해서 C 프로그래밍에서 사용하는 여러 반복문에 대한 내용들을 살펴보았다. 상황에 맞게 잘 사용하면 효율적인 프로그래밍을 할 수 있을 것이다.

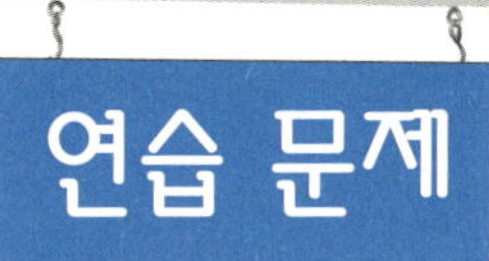

1. 다음 빈칸을 채우시오.

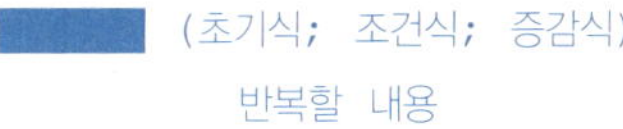 (초기식; 조건식; 증감식)
　　　　　　반복할 내용

2. 아래에서 잘못된 곳을 찾고 수정하시오.

```
do (조건식)
{
    반복할 내용;
} while
```

3. 아래와 같이 출력되도록 프로그램을 작성하시오

〈실행결과〉
1
2 3
4 5 6
7 8 9 10

5. 다음과 같이 2~9단 까지 구구단을 출력하는 프로그램을 작성하시오.

```
2*1=2   3*1=3 ........................ 8*1=8   9*1=9
2*2=4   3*2=6 ........................ 8*2=16   9*2=18

<중략>

2*8=16   3*8=24 ........................ 8*8=64   9*8=72
2*9=18   3*9=27 ........................ 8*9=72   9*9=81
```

조건문

08

지금까지 우리가 보고 작성한 프로그램은 위에서 아래 방향으로 순차적으로 수행됐었다. 물론 반복문의 경우처럼 순환하며 일정한 횟수 내지는 무한 반복을 하는 경우를 제외하고 말이다.

프로그램의 흐름에 따라 조건을 판단하여 참과 거짓 여부에 따라서 프로그램 내에서의 처리 방향을 변경하는 명령문을 조건문 혹은 분기문이라고 한다. 기본적으로 프로그램의 흐름은 순차적으로 문장을 수행하면서 어떤 조건이 만족할 때까지 문장을 반복하거나 조건의 참/거짓 여부에 따라서 그에 맞는 명령문을 수행한다.

이번 Chapter에서는 C언어에서 사용하는 여러가지 조건문에 대한 내용을 알아보자.

1. if문

먼저 if문은 가장 기본적인 조건문으로 어떤 조건의 참과 거짓을 판단하여 프로그램의 흐름을 제어한다. 기본적인 사용 형식은 다음과 같다.

```
if(조건식)
    문장1;
문장2;
```

if문의 동작 원리를 순서도로 그려보면 다음과 같다.

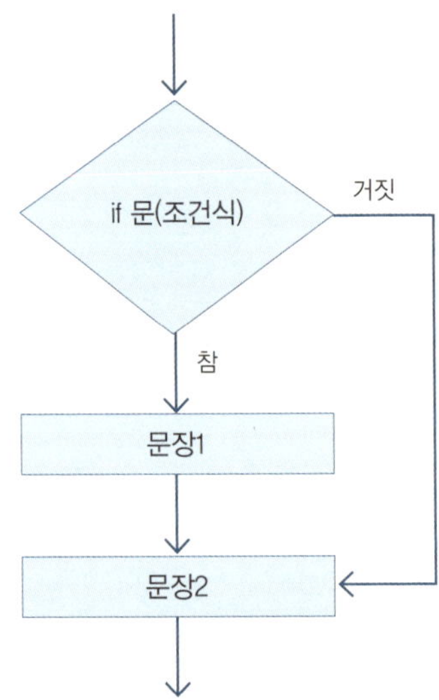

그림 8-1 if문의 순서도

if문에서 사용하는 조건식에 대해 한번 살펴보자. 괄호 안에 조건을 쓰고 이 조건이 만족될 때 실행할 명령을 괄호 뒤에 작성한다. 괄호는 조건과 명령문을 구분하기 위해 존재하며 생략할 수 없다. 조건은 주로 변수의 값을 비교하는 식으로 다음과 같은 비교 연산자가 사용된다.

연산자	조건
==	좌변과 우변이 같다.
!=	좌변과 우변이 다르다.
〉	좌변이 우변보다 크다.
〈	좌변이 우변보다 작다
〉=	좌변이 우변보다 크거나 같다.
〈=	좌변이 우변보다 작거나 같다.

표 8-1 조건식에서 사용하는 연산자

if문으로 구현한 내용을 다음과 같이 삼항 연산자를 사용해서 변환할 수 있다. 반대로 삼항 연산자로 구현한 내용을 if문으로도 구현할 수 있다.

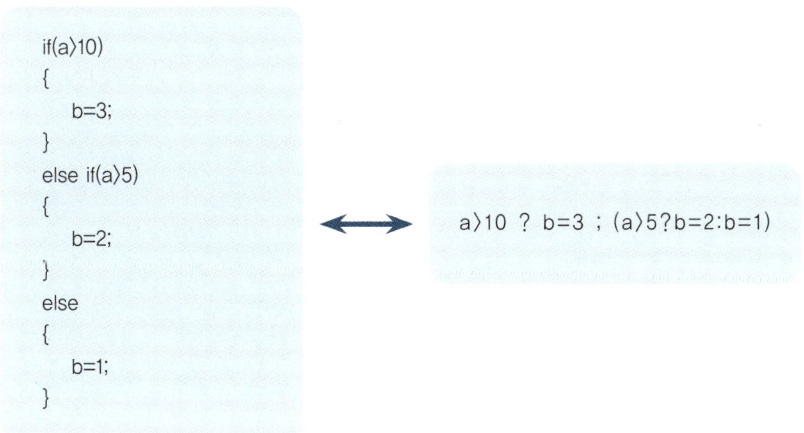

그림 8-2 if문과 삼항 연산자

위에서 보는 것처럼 가독성을 위해서는 삼항 연산자보다 if문이 훨씬 더 명확하다. 다만 삼항 연산자를 보고 의미를 파악할 수 있을 정로로만 알아두면 좋을 것이다.

조건식에는 상수, 변수, 논리식, 함수의 리턴값 등이 사용될 수 있다. 조건식은 괄호 안에 작성한다. 해당 조건식이 참인 경우에는 if문 내부에 있는 명령문이 실행되고 거짓인 경우에는 if문 내부에 있는 명령은 실행하지 않고 if문 다음 문장이 실행된다. 이제 if문의 간단한 예제를 한번 보도록 하자.

Ch08_1.c

```c
#include <stdio.h>

int main(void)
{
    int i = 10;

    if(i>5)
        printf("i is Big\n");

    printf("i is small\n");
    return 0;
}
```

〈실행결과〉

```
i is Big
i is small
```

정수형 변수 i에 10이라는 값이 저장되어 있다. if문에서 조건식이 'i>5'인데 변수 i를 조건식에 대입하여 연산을 하면 10이 5보다 크기 때문에 조건식의 결과는 참이된다. 그래서 조건문 내에 구현된 i is Big이라는 문장을 출력하는 printf( ) 함수가 실행된다. 그리고 if문을 빠져나와 10번 줄에 있는 i is small 이라는 문장을 출력하는 printf( ) 함수가 실행된다.

만약 정수형 변수 i에 5나 5보다 작은 값이 저장되어 있었다면 실행 결과는 어떻게 될까? 조건식이 i>5이므로 거짓이 된다. 그래서 if문 내에 있는 내용은 실행되지 않고 다음 문장인 i is small 문장을 출력하는 printf( ) 함수만 실행된다.

조건식이 참일 경우에 실행해야 할 명령문이 여러 개가 있다면 중괄호({ })를 이용해서 묶어야 한다. 실행해야 할 명령 문장이 1개라면 중괄호로 묶어도 되고 묶지 않아도 되지만 2개 이상이라면 반드시 중괄호로 묶어야 한다.

Ch08_2.c

```c
#include <stdio.h>

int main(void)
```

```
4     {
5         int i = 10;
6
7         if(i>5)
8         {
9             printf("i is Big\n");
10            printf("i is %d\n", i);
11        }
12
13        printf("i is small\n");
14        return 0;
15    }
```

〈실행결과〉

```
i is Big
i is 10;
i is small
```

출력된 결과를 살펴보면 if문의 조건이 참이므로 중괄호 안에 있는 printf( ) 함수들과 if문 밖에 있는 printf( ) 함수를 실행해 결과를 출력하고 있다. 다음으로 if~else문을 살펴보도록 하자.

2. if~else문

if문은 단순히 조건식의 결과가 참인지 또는 거짓인지에 따라 if문 안에 있는 명령문이 실행될 수도 있고 실행되지 않는 경우도 있었다. 이제 여기서 살펴볼 if~else문은 참인 경우일 때 수행할 명령문과 거짓일 때 수행할 명령문을 나눠서 처리하게 할 수 있다. 기본적인 사용 형식은 다음과 같다.

```
if(조건식)
{
    문장1;
} else {
    문장2;
}
문장3;
```

if~else문이 동작하는 원리를 순서도로 나타내면 다음과 같다.

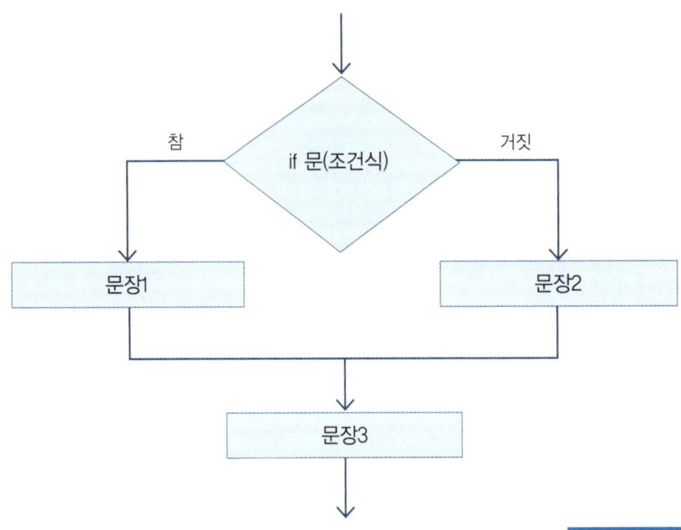

그림 8-3 if~else문의 순서도

조건식이 참인 경우 if 블록에 구현된 문장1을 실행하고 거짓인 경우에는 else 블록에 구현된 문장2를 실행한다. 여기서 중괄호를 이용했지만 참이나 거짓인 경우에 실행할 문장이 하나인 경우에는 중괄호를 생략해도 된다. 또한 if~else문은 앞에서 배운 연산자 중 삼항 연산자(? :)로 바꿔 표현할 수 있다.

아래의 소스 코드는 점수가 90점 이상이면 A 등급을 주고 그렇지 않은 경우에는 B 등급을 주는 간단한 성적 처리 프로그램 예제이다.

실습 8-3

Ch08_3.c

```
1    #include <stdio.h>
2
3    int main(void)
4    {
5        int score = 95;
6
7        char rank;
8        if(score >= 90)
9        {
10           rank = 'A';
11       }
12       else
```

```
13      {
14          rank = 'B';
15      }
16
17      printf("Rank : %c\n", rank);
18      return 0;
19  }
```

〈실행결과〉

```
Rank : A
```

〈소스분석〉

7번 줄은 if문 조건식에서 score의 값을 비교한다. 90보다 크므로 참이며 if문을 수행한다.

11~14번 줄은 else문은 if문 조건식의 결과값이 참이 아닐 때 실행된다. 조건식의 결과가 참이었으므로 else 블록에 있는 명령들은 실행되지 않는다.

이렇게 if~else문을 살펴보았다. 다음으로 if~else if문을 살펴보도록 하겠다.

3. if~else if

한 가지 조건을 가지고 참과 거짓에 따라서 수행하는 경우라면 if~else문을 이용하면 되는데 여러 조건을 판단하여 수행하는 경우에는 if~else if문을 이용한다. if~else문에서 else if문 을 덧붙여 사용한다고 보면 된다. 기본적인 구조는 다음과 같다.

```
if(조건식1)
    문장1;
else if(조건식2)
    문장2;
else if(조건식3)
    문장3;

문장4;
```

if~else if문의 동작 원리를 순서도로 나타내면 다음과 같다.

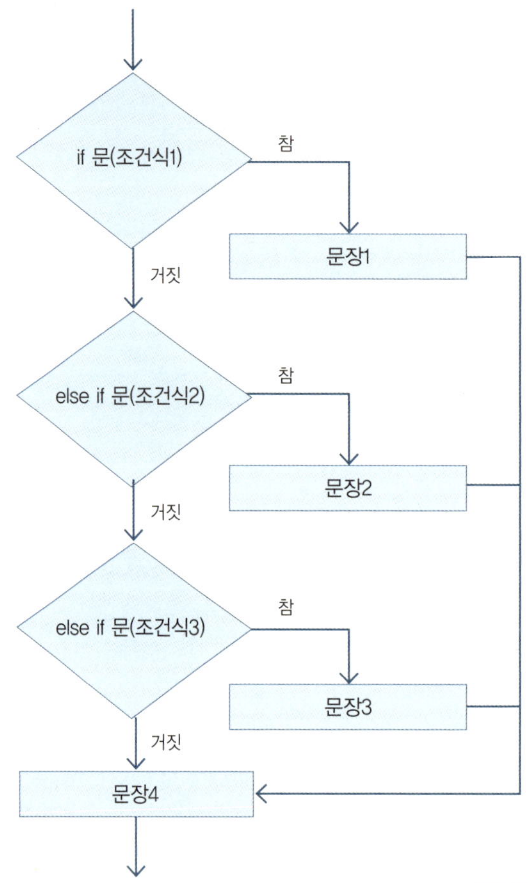

그림 8-4 if~else if문의 순서도

조건식1이 참이면 문장1을 수행하고, 거짓이면 조건식2를 수행하면서 참 거짓 여부를 판단한다. 이때 조건식2가 참이면 문장2를 수행하고 거짓이면 조건식3을 검사한다. 조건식3이 참이면 문장3을 수행하고 거짓이면 문장4를 수행한다.

if~else if문을 이용한 성적 처리 프로그램의 간단한 예시는 다음과 같다.

실습 8-4

Ch08_4.c

```c
1   #include <stdio.h>
2
3   int main(void)
4   {
5       int score = 85;
6       char rank;
7
```

```c
8        if(score >= 90)
9        {
10           rank = 'A';
11       }
12       else if(score >= 80)
13       {
14           rank = 'B';
15       }
16       else if(score >= 70)
17       {
18           rank = 'C';
19       }
20       else if(score >= 60)
21       {
22           rank = 'D';
23       }
24       else
25       {
26           rank = 'F';
27       }
28
29       printf("Rank : %c\n", rank);
30       return 0;
31   }
```

〈실행결과〉

```
Rank : B
```

먼저 문자형 변수 rank가 선언되어 있고, 정수형 변수 score에 85라는 값이 저장되어 있다. 제일 위에 있는 score>=90 조건이 맞으면 if문 안에 있는 명령을 실행한 후 조건문을 빠져나와 printf( ) 함수를 실행한다. 만약 거짓이면 다음 조건식을 실행해 참/거짓에 따라 명령을 실행하거나 다음 조건을 따진다. 11번 줄에 있는 else if(score>=80) 조건의 결과값이 참이 되므로 rank 변수에 B라는 문자를 저장한 후 조건문을 빠져나온다. 그리고 printf( ) 함수를 실행한 후 프로그램을 종료하게 된다.

4. switch~case문

switch~case문은 정수값이나 문자를 이용한 조건 판단에 이용한다. switch( ) 안의 조건식의 결과에 따라서 해당하는 case문이 실행된다. 기본적인 구조는 다음과 같다.

```
switch(조건식)
{
    case 식1 :
        명령문;
        break;
    case  식2 :
        명령문;
        break;
        ...
    case 식n :
        명령문;
        break;
    default :
        명령문;
        break;
}
```

switch~case문의 동작 원리를 순서도로 나타내면 〈그림 8-5〉와 같다.

조건식은 변수 또는 수식을 사용하며 식1부터 식n 까지 반드시 상수로 되어 있어야 하며, 조건식의 값과 case 뒤의 식을 비교하여 값이 같은 곳에 있는 명령문을 수행한다. 만약 일치되는 값이 없는 경우에는 default(디폴트)에 있는 명령문을 수행한다.

조건식의 값에 해당하는 case가 있어서 해당 case의 명령문을 수행하고 나면 기본적으로는 나머지 아래의 case와 default의 명령문까지 전부 수행하고 switch문의 블록을 빠져나온다. 특정 case에 해당하는 명령문 만을 수행하고 switch문의 블럭을 빠져 나가려면 각 case에서 수행할 명령문 중 마지막 명령문 다음에 break문을 추가한다.

break 명령이 수행되면 switch문의 블럭을 빠져나가서 switch문의 블록 바깥에 있는 명령을 이어서 수행한다. 만약 break 명령이 없다면 switch문의 블럭이 끝나는 부분까지 수행을 하게된다.

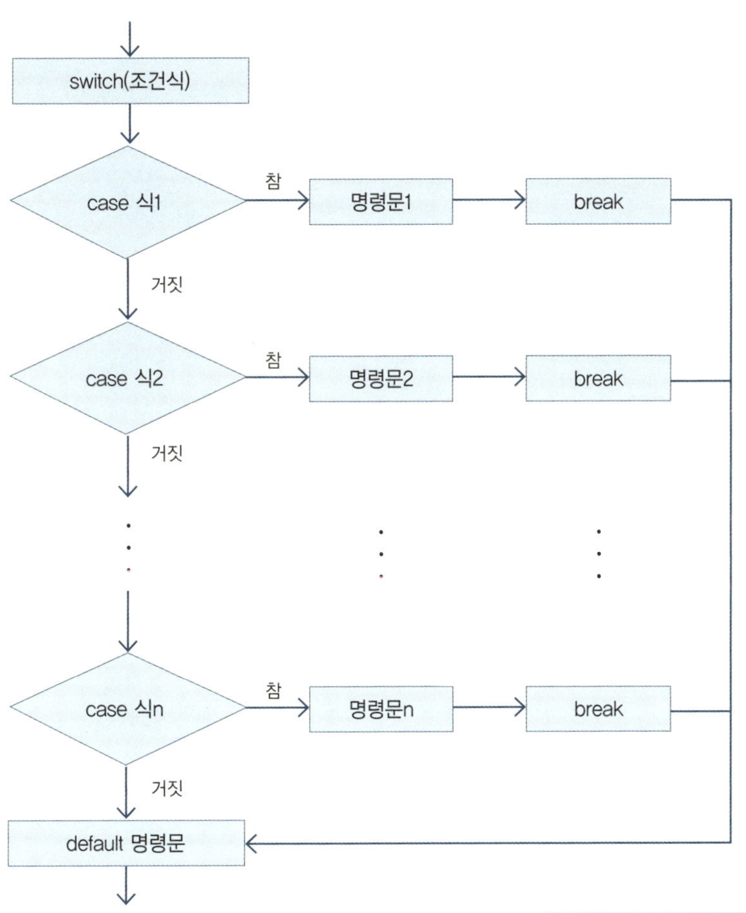

그림 8-5 switch~case문의 순서도

이번에는 switch~case문을 이용하여 성적을 처리하는 프로그램을 살펴보자. switch~case문을 사용해 구현한 성적 처리 프로그램의 소스 코드는 다음과 같다.

실습 8-5

Ch08_5.c

```
1   #include <stdio.h>
2
3   int main(void)
4   {
5       char rank;
6       rank = 'C';
7
8       switch(rank)
9       {
10          case 'A':
```

```
11              printf("Your rank is A\n");
12              break;
13
14          case 'B':
15              printf("Your rank is B\n");
16              break;
17
18          case 'C':
19              printf("Your rank is C\n");
20              break;
21
22          case 'D':
23              printf("Your rank is D\n");
24              break;
25
26          default:
27              printf("Your rank is F\n");
28      }
28      return 0;
29  }
```



```
You rank is C
```

8번 줄에서 switch문이 실행하면서 rank에 저장된 값(C)에 해당하는 case문을 찾는다. 18번째 줄에 있는 「case 'C':」가 switch문의 조건과 맞으므로 「Your rank is C」가 출력된다. 그리고 다음 줄에 있는 break문이 실행되면서 switch~case문을 빠져나온다.

1. 아래와 같은 조건을 만족하는 프로그램을 if-else문을 사용하여 구현하시오.

> 짝수가 입력되면 "짝수입니다." 출력
>
> 홀수가 입력되면 "홀수입니다." 출력

2. 1번의 프로그램을 switch문을 이용하여 구현하시오.

3. if문과 반복문을 이용하여 가위바위보 게임을 구현하시오.

조건:

1) 플레이어는 컴퓨터와 1:1로 대결한다.

2) 컴퓨터의 경우 아래의 코드를 이용하여 가위바위보를 결정한다.

```
int  com = rand() % 3+1;
```

3) 헤더 파일은 다음과 같이 추가한다.

```
#include <stdio.h>
#include <stdlib.h>
#include <time.h>
```

배열

09

배열은 연속된 공간의 자료의 모임으로 같은 자료형의 데이터를 공유하는 일련의 변수 모임이다. 배열은 데이터 모음을 구분할 수 있는 배열 이름과 모음 안에서 데이터를 접근하거나 몇 번째 데이터인가를 지정하는 인덱스(Index)로 구성된다. 이런 배열을 사용하여 연관된 많은 정보를 간편하게 저장할 수 있다. 일반적으로 배열에는 같은 종류의 데이터들이 순차적으로 저장되어, 인덱스 번호는 배열의 시작점으로부터 데이터가 얼마만큼 떨어져있는지를 나타내는 상대적인 위치가 된다.

배열은 대부분의 프로그래밍 언어에서 사용할 수 있는 가장 기초적인 자료 구조로, 같은 종류의 데이터들을 저장하는 기본적인 용도 외에 다른 복잡한 자료 구조들을 표현하기 위해서 또는 행렬, 벡터 등을 컴퓨터에서 표현하는 용도 등으로도 사용된다. 이번 Chapter에서는 C언어에서 제공하는 배열의 구조와 사용법에 대해서 알아보도록 하겠다.

1. 배열에 대해서

배열은 같은 종류의 데이터들을 담기 위한 저장 공간으로 int, float, char형과 같은 데이터들이 여러 개를 묶어야 하는 경우에 사용될 수 있다. 예를 들어서, 여러 학생들의 성적을 관리한다고 했을 경우에 학번 1번부터 30번까지의 영어 성적이나 수학 성적을 배열로 묶을 수 있다. 이렇듯 많은 데이터를 처리하거나 입출력 작업을 수행하는 경우에 배열은 유용하게 사용될 수 있다.

1.1 배열의 선언

변수를 사용하는 것과 같이 배열을 사용하기 위해서는 배열을 먼저 선언해야 하는 데, 기본적인 배열의 선언 방법은 변수와 비슷하지만 배열의 이름 뒤에 대괄호("[ ]")를 이용해서 배열의 크기를 지정하는 것이 다르다. 간단하게 나타내보면 다음과 같이 나타낼 수 있다.

자료형 배열이름 [원소의_수]

배열을 선언할 때는 규칙이 몇 가지 있는데 다음과 같은 규칙을 따라야 한다.

① 자료형은 int형 외에 char형, double형, 포인터형 등을 사용할 수 있다. 배열에서 배열 원소가 들어가는 대괄호가 하나면 1차원 배열, 2개면 2차원 배열, 3개면 3차원 배열이라고 한다.

원소의 수는 배열 요소의 숫자이다. 이론 상으로는 무제한으로 배열의 요소를 사용할 수 있지만 일반적으로 7 이내의 값을 사용한다.

② 선언할 때 지정하는 [ ]는 값이 정해져 있는 상수나 식을 사용하며, 변수는 사용할 수 없다 (배열을 참조할 때는 [ ]안에 상수를 쓸 수 있다).

배열을 선언하는 예를 들어보자. 학생들의 교과목 성적 중에서 영어 성적을 관리하는 예를 들어보면 성적의 경우는 정수형이므로 int형을 사용할 수 있고, 학생 수가 30명이므로 원소의 수는 30을 사용할 수 있다.

int es[30];

배열을 접근할 때에는 배열의 이름을 사용해야 한다. 앞의 영어 성적(English Score)의 경우에는 es가 배열의 이름이 되고, 수학 성적(Math Score)의 경우에는 ms가 배열의 이름이 된다. 이렇게 배열을 선언하게 되면 메모리 공간에 학생들의 영어 성적을 저정하기 위한 공간이 30개 생성(확보)된다.

• [논리적 구조]

es [0]	es [1]	es [2]	....	es [15]	...	es [25]	...	es[28]	es[29]

각각의 데이터 크기는 int형으로 지정되는데, 배열 es의 전체 크기는 int형의 크기 (sizeof(int)) * 배열 요소의 개수(30)이 된다.

• [컴퓨터 메모리 내의 물리적 구조]

int	int	int	....	Int	...	int	...	int	int

C언어에서 배열은 반드시 0부터 시작한다. 0부터 시작하기 때문에 30개 요소의 배열은 0부터 29까지의 범위를 갖게된다.

1.2 배열의 요소

배열의 요소를 지정하는 데에 사용되는 숫자를 인덱스(index)라 하는데, 인덱스는 0부터 시작되는 숫자이어야 한다.

예를 들어서 영어 성적을 입력하는 경우, 앞에서 만든 배열의 이름 es를 이용해서 다음과 같이 학생의 성적에 접근할 수 있다. 첫 번째 학생의 경우, C언어에서는 0부터 시작하기 때문에 es[0]으로 접근할 수 있고 두 번째 학생의 경우에는 es[1], 그리고 마지막 30번째 학생의 경우에는 es[29]와 같이 접근할 수 있다. 일반적으로 배열을 사용하기 전에 초기화하는 과정을 거치게 되는데 영어 성적의 경우에 for 문을 이용해서 다음과 같이 모든 성적을 0으로 초기화할 수 있다.

```c
int i = 0;
for (i = 0; i < 30; i++)
    es[i] = 0;
```

for 문을 통해서 변수 i의 값이 0에서부터 29까지 증가하는데, es[0] = 0, es[1] = 0, es[2] = 0, es[3] = 0, ..., es[29] = 0와 같이 차례로 배열의 요소에 0을 대입한다. 배열의 전체 원소 수가 30이기 때문에 es[30]은 사용할 수 없다.

1.3 정수형 배열

앞에서 살펴본 배열의 선언과 요소 내용을 바탕으로 다음과 같이 정수형 배열을 사용하는 코드를 만들어보자.

실습 9-1

Ch09_1.c

```c
1    #include <stdio.h>
2
3    int main(void)
4    {
5        int i, es[30];      /* 30명의 학생들의 영어 성적을 저장하기 위한 배열 선언 */
6
7        for(i = 0; i < 30; i++)   /* 30명의 학생들의 영어 성적을 부여 */
8        {
9            es[i] = i;
10       }
11
12       /* 첫 번째 학생의 영어성적 출력 */
13       printf("English Score(1st Student) : %d\n", es[0]);
14       /* 두 번째 학생의 영어성적 출력 */
15       printf("English Score(2nd Student) : %d\n", es[1]);
```

```
16          /* 세 번째 학생의 영어성적 출력 */
17          printf("English Score(3rd Student) : %d\n", es[2]);
18          /* 네 번째 학생의 영어성적 출력 */
19          printf("English Score(4th Student) : %d\n", es[3]);
20
21      //나머지 학생들의 영어 성적 출력
22      printf("\n나머지 학생들의 영어 성적도 출력합니다.\n");
23      for(i=4; i<30; i++) {
24          printf("English Score(%dth Student) : %d\n", i+1, es[i]);
25      }
26
27      return 0;
28  }
```

〈실행결과〉

```
English Score(1st Student) : 0
English Score(2nd Student) : 1
English Score(3rd Student) : 2
English Score(4th Student) : 3

나머지 학생들의 영어 성적도 출력합니다.
English Score(5th Student) : 4
English Score(6th Student) : 5
English Score(7th Student) : 6
…
// 중략
…
English Score(28th Student) : 27
English Score(29th Student) : 28

English Score(30th Student) : 29
```

먼저 int형의 배열을 선언하였다. 배열의 크기는 30이고 배열의 이름은 es이다. 앞에서와 같이 for 문을 이용해서 초기화 하였는데, 전체 값을 0으로 초기화한 것이 아니라 변수 i값이 들어갈 수 있도록 하였다. 위와 같이 배열에 입력되는 데이터로 변수를 사용할 수 있다. for 문을 통해서 변수 i의 값이 0에서부터 29까지 증가하는데, es[0] = 0, es[1] = 1, es[2] = 2, es[3] = 3, ..., es[29] = 29와 같이 배열에 값이 들어가게 된다.

아래에서 es의 인덱스 0, 1과 2를 출력할 수 있도록 하였는데 배열의 인덱스를 이용해서 배열에 설정된 값에 접근할 수 있다. 앞에 있는 실행해보면 화면에 출력되는 내용을 통해서 각 학생들의 성적을 확인할 수 있다.

이제 앞의 소스 코드를 수정해서 전체 학생들의 성적의 평균을 구하는 프로그램을 작성해보자.

실습 9-2

Ch09_2.c

```c
1    #include <stdio.h>
2
3    int main(void)
4    {
5        int i, es[30], sum;     /* 전체 성적을 합하기 위한 정수형의 sum 변수 선언 */
6        float average;              /* 평균값을 구하기 위한 실수형의 변수 선언 */
7
8        for(i = 0, sum = 0; i < 30; i++)
9        {
10           es[i] = i;
11           sum += es[i];     /* 전체 성적 더하기 sum = sum + es[i]; */
12        }
13
14       average = sum / 30;          /* 성적에 대한 평균값 구하기 */
15
16       printf("English Score(1st Student) : %d\n", es[0]);
17       printf("English Score(2nd Student) : %d\n", es[1]);
18       printf("English Score(3rd Student) : %d\n", es[2]);
19       printf("English Score(4th Student) : %d\n", es[3]);
20
21       /* 전체 성적의 합과 평균을 출력 */
22       printf("Total  : %d, Average : %f\n", sum, average);
23
24       return 0;
25    }
```

〈실행결과〉

```
English Score(1st Student) : 0
English Score(2nd Student) : 1
English Score(3rd Student) : 2
```

```
English Score(4th Student) : 3
Total : 435, Average : 14.500000
```

위의 코드를 보면 for 문에서 sum 변수를 0으로 초기화하였다. 변수를 선언할 때 초기화를 해도 되지만 for 문의 초기화 부분에서 루프 안에서 사용할 변수를 초기화할 수 있다.

성적의 총합을 구할려면 각 학생들의 성적을 모두 합하면 된다. 이때 이전의 성적과 학생의 성적을 더해서 다시 성적에 저장하면 되는데 sum = sum + es[i]라는 형태로 표현할 수 있다. 이를 간단하게 앞에서 배운 연산자를 이용해서 sum += es[i]로 표현할 수 있다.

성적에 대한 평균값은 전체 성적의 총합을 학생수로 나누면 된다. 학생 수가 30명이므로 sum을 30으로 나누면 되는데, C언어에서는 정수형 데이터와 정수형 데이터끼리 연산을 하면 정수형의 값이 나온다. 성적의 평균은 실수형으로 나오기 때문에 연산이 되는 값 하나 중 실수를 이용해야 한다. 이를 위해서 학생의 수를 30으로 해서 실수형으로 사용하였다.

위의 소스 코드를 토대로 scanf( ) 함수를 이용해 학생 4명의 영어 성적을 입력받아 총점과 평균 점수를 출력하는 예제를 보도록 하겠다.

실습 9-3

Ch09_3.c

```c
1    #include <stdio.h>
2
3    int main(void)
4    {
5        int i, es[4], sum; /* 선제 성적을 합하기 위한 정수형의 sum 변수 선언 */
6        float average;          /* 평균값을 구하기 위한 실수형의 변수 선언 */
7
8        for(i = 0, sum = 0; i < 4; i++) {
9          printf("Please, Input the English Score of %d student : ",
10              i+1);
11          scanf("%d", &es[i]);
12          sum += es[i];          /* 전체 성적 더하기 sum = sum + es[i]; */
13        }
14
15        average = sum / 4;     /* 네 명의 학생 성적에 대한 평균값 구하기 */
16        printf("***Score Report***\n");
17        printf("English Score(1st Student) : %d\n", es[0]);
18        printf("English Score(2nd Student) : %d\n", es[1]);
19        printf("English Score(3rd Student) : %d\n", es[2]);
```

```
20        printf("English Score(4th Student) : %d\n", es[3]);
21
22        /* 전체 성적의 합과 평균을 출력 */
23        printf("\nTotal  : %d, Average : %f\n", sum, average);
24
25        return 0;
26    }
```

〈실행결과〉

```
Please, Input the English Score of 1 student : 75
Please, Input the English Score of 2 student : 55
Please, Input the English Score of 3 student : 100
Please, Input the English Score of 4 student : 90

***Score Report***
English Score(1st Student) : 75
English Score(2st Student) : 55
English Score(3st Student) : 100
English Score(4st Student) : 90

Total : 320, Average : 80.000000
```

이렇게 정수형 배열에 대한 내용을 살펴보았다. 다음으로 문자형을 다루는 배열에 대한 내용들을 예제와 함께 살펴볼 것이다.

1.4 문자형 배열

이제 문자형 배열에 대해 살펴보도록 하겠다. 먼저 다음과 같이 ABCDE....Z까지 영문자 26자를 출력하는 예제를 살펴보도록 하자.

실습 9-4

Ch09_4.c

```
1    #include <stdio.h>
2
3    int main(void)
4    {
```

```c
5          int i;
6          char alphabet[26];              /* 문자형 배열 선언 */
7
8          alphabet[0] = 'A';
9          alphabet[1] = 'B';
10         alphabet[2] = 'C';
11         alphabet[3] = 'D';
12
13         /* 지면상 중간 코드 생략
14         alphabet[4] = 'E';
15         alphabet[5] = 'F';
16              ......
17         alphabet[25] = 'Z'; 까지 구현함 */
18
19         printf("Alphabet[0] : %c\n", alphabet[0]);
20         printf("Alphabet[1] : %c\n", alphabet[1]);
21         printf("Alphabet[2] : %c\n", alphabet[2]);
22         printf("Alphabet[3] : %c\n", alphabet[3]);
23
24         return 0;
25     }
```

〈실행결과〉

```
Alphabet[0] : A
Alphabet[1] : B
Alphabet[2] : C
Alphabet[3] : D
```

다음과 같이 출력된다. 위와 같이 alphabet이라는 문자열 배열을 선언하고 배열의 크기를 알파벳의 갯수인 26으로 지정하였다. 0부터 26까지 각각의 요소에 'A', 'B', 'C', 'D', 'E', 'F',...., 'Z'의 값을 대입하였다. 그리고 앞의 정수형 배열과 마찬가지로 인덱스를 이용해서 배열에 접근해보았다.

첫 번째 문자는 대문자 'A'이고 두 번째 문자는 'B'이다. 앞에서 지정한 값이 그대로 출력되는 것을 알 수 있다. 위의 코드를 조금 더 단순하게 바꿔보자.

Ch09_5.c

```c
1    #include <stdio.h>
2
3    int main(void)
4    {
5        int i;
6        char alphabet[26];                  /* 문자형 배열 선언 */
7
8        for(i = 0; i < 26; i++)
9        {
10           alphabet[i] = 'A' + i;
11       }
12
13       printf("Alphabet[0] : %c\n", alphabet[0]);
14       printf("Alphabet[1] : %c\n", alphabet[1]);
15       printf("Alphabet[2] : %c\n", alphabet[2]);
16       printf("Alphabet[3] : %c\n", alphabet[3]);
17
18       return 0;
19   }
```

〈실행결과〉

```
Alphabet[0] : A
Alphabet[1] : B
Alphabet[2] : C
Alphabet[3] : D
```

26개의 문자를 각각 대입하는 것보다 for 문을 이용하는 것이 코드를 보다 간단하게 만들 수 있다. 컴퓨터 내부적으로는 정수형과 실수형 밖에 처리하지 못한다. 일반적으로 컴퓨터의 CPU에는 숫자 계산과 관련된 두 개의 주요 로직이 들어가 있는데, 정수 계산을 위한 ALU(arithmetic-logic unit)와 부동 소숫점(실수)을 계산하기 위한 FPU(floating point unit)가 들어있다.

ALU를 이용해서 실수를 계산하는 경우, 속도가 느리며 엄청난 오버헤드가 발생한다. 이러한 점 때문에 컴퓨터에서는 숫자를 크게 정수형과 실수형으로 나누고, 정수형 중 일부를 사람이 사용하는 문자형으로 배정하여 사용하였는데, 정수의 값과 문자를 변환하기 위해서는 숫자와 문자를 매핑하기 위한 표가 필요하다. 예를 들어서 정수값 65을 대문자 A, 정수값 66을 대문자 B와 같은 식으로 1:1 매핑으로 변환하는 방법이다. 이러한 방법 중에서 가장 많이 사용되고 있는 방법이 아스키 코드나 유니코드(Unicode)와 같은 문자 코드가 있다.

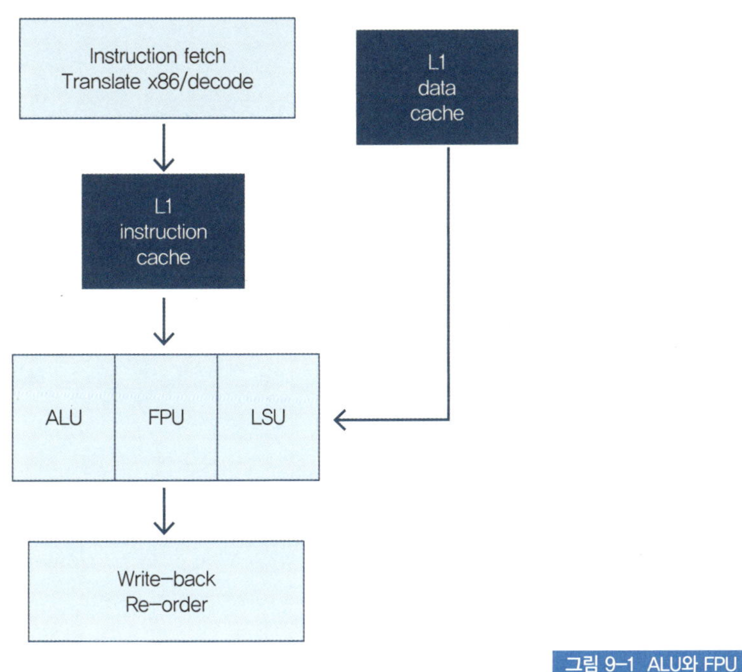

그림 9-1 ALU와 FPU

1.5 문자열(String)

일반적으로 C언어에서 문자는 80년대부터 전통적으로 사용했던 1967년에 제정된 아스키 코드를 사용하고 있다.

10진수	ArtNet	16진수	아스키 코드
0	0:0	00	NUL
1	0:1	01	SOH
2	0:2	02	STX
3	0:3	03	ETX
4	0:4	04	EOT
5	0:5	05	ENQ
6	0:6	06	ACK
7	0:7	07	BEL

8	0:8	08	BS
9	0:9	09	TAB
10	0:A	0A	LF
11	0:B	0B	VT
12	0:C	0C	FF
13	0:D	0D	CR
14	0:E	0E	SO
15	0:F	0F	SI
16	1:0	10	DLE
17	1:1	11	DC1
…	…	…	…

표 9-1 아스키 코드 차트 예시

아스키 코드의 경우 7비트를 이용해서 128(27)개의 문자를 표현할 수 있는데 33개의 출력 불가능한 제어 문자들과 공백을 비롯한 95개의 출력 가능한 문자들로 구성되어 있다. 출력 가능한 문자 :52개 영문 알파벳 + 10개 숫자 + 32개 특수 문자 + 공백(' ') 문자가 있는데 영문자만 표현이 된다.

앞의 코드에서 첫 번째의 alphabet[0]에는 'A' + 0이, 두 번째의 alphabet[1] 에는 'A' + 1이 들어가는데 'A'의 값이 65이므로 65에 1을 더하면 66이 되고 이를 아스키 코드로 전환하면 'B'가 된다. 위와 같이 'A' + i하면 i번째의 문자를 구할 수 있는데 이를 이용해서 앞의 코드를 보다 간단하게 처리할 수 있다.

앞에서 실습한 영문자를 출력하는 코드의 출력 부분을 아래와 같이 변경해보자.

실습 9-6

Ch09_6.c

```
1    #include <stdio.h>
2
3    int main(void)
4    {
5        int i;
6        char alphabet[26];              /* 문자형 배열 선언 */
7
8        for(i = 0; i < 26; i++)
9        {
10           alphabet[i] = 'A' + i;
11       }
```

```
12
13        printf("Alphabet : %s\n", alphabet);
14
15        return 0;
16    }
```

〈실행결과〉

```
Alphabet : ABCDEFGHIJKLMNOPQRSTUVWXYZ
```

일반적으로 문자형은 문자 하나만 사용하는 경우보다는 여러 문자들을 사용하는 경우가 더 많다. 여러 개의 문자들이 연결되어 있는 형태를 문자열(String)이라고 부르는데 C언어에서는 char 형의 배열을 이용해서 표현할 수 있다. 문자열은 앞에서 소개한 printf( ) 함수에서 살펴본 '%s'라는 서식 문자를 이용해서 출력할 수 있다. 소스 코드를 빌드해서 출력해보면 대문자 알파벳이 출력되는 것을 볼 수 있다.

하지만 경우에 따라서 앞의 코드는 약간의 문제를 일으킬 수 있다. 실제 문자열의 경우에는 항상 마지막이 널 문자('\0')로 끝나게 되어 있다. 그렇기 때문에 문자열을 위한 전체의 배열의 크기는 항상 「문자열의 크기 + 1」의 크기를 갖고 제일 마지막에는 널 문자가 추가된다. 위의 코드를 다음과 같이 수정해야 한다.

실습 9-7

Ch09_7.c

```
1     #include <stdio.h>
2
3     int main(void)
4     {
5         int i;
6         char alphabet[27];                /* 문자형 배열 선언 */
7
8         for(i = 0; i < 26; i++)
9         {
10            alphabet[i] = 'A' + i;
11        }
12
13        alphabet[26] = '\0';
14
15        printf("Alphabet : %s\n", alphabet);
```

```
16
17          return 0;
18      }
```



```
Alphabet : ABCDEFGHIJKLMNOPQRSTUVWXYZ
```

문자열의 마지막에 널 문자를 추가해서 다른 문자열과의 작업을 하거나 문자열의 출력하는 경우에 발생할 수 있는 문제를 수정하였다. 수정된 소스 코드를 빌드해서 실행 결과를 확인해보면 기존의 코드와 결과과 같다.

이제 위의 코드를 이용해서 문자열을 입력받아서 소문자는 대문자로, 대문자는 소문자로 변경하는 코드를 작성해보자. 먼저 문자열의 입력은 scanf( ) 함수를 이용하면 되는데 기본적으로 배열 자체가 주소이기 때문에 주소(&) 연산자를 사용할 필요가 없다.

실습 9-8

Ch09_8.c

```c
1       #include <stdio.h>
2
3       int main(void)
4       {
5           int i, gap;
6           char str[32];                /* 문자형 배열 선언 */
7
8           printf("영어 문자열을 입력하시오 : ");
9           scanf("%s", str);
10
11          gap = 'A' - 'a';
12          for(i = 0; str[i] != '\0' && i < 32; i++) {
13              if(str[i] >= 'a' && str[i] <= 'z')
14                  str[i] += gap;
15              else if(str[i] >= 'A' && str[i] <= 'Z')
16                  str[i] -= gap;
17          }
18
19          printf("Converted Text : %s\n", str);
20
```

```
21        return 0;
22    }
```

<실행결과>
```
영어 문자열을 입력하시오 : IamABoy,YouAreAGirl.
Converted Text : iAMabOY,yOUaREagIRL.
```

문자열은 기본적으로 앞에서 이야기한 것과 같이 아스키 코드를 사용한다. 대문자를 소문자로 바꾸기 위해서는 'A'–'a'의 사이값을 빼주면 되고, 소문자를 대문자로 바꾸기 위해서는 'a'– 'A' 값으로 바꿔주면 된다.

2. 다차원 배열

앞의 학생 성적에서 영어 성적만 처리했다. 영어와 수학을 동시에 처리해야 하는 경우에, 영어와 수학에 대한 1차원 배열을 각각 만들어서 사용할 수도 있지만 2차원 배열을 이용하면 보다 쉽게 처리할 수 있다. 학생의 성적과 학생의 주소 정보도 함께 처리하고 싶으면 주소록에 대한 배열을 하나 더 추가해서 3차원 배열을 만들 수 있고, 다른 요소가 추가될 때마다 배열을 추가할 수 있는데 이렇게 여러 차원으로 되어 있는 배열을 다차원 배열이라고 부른다.

2.1 2차원 배열

일반적으로 2차원 배열은 인덱스가 2개 있는 배열로 1차원 배열과 선언 방법이 비슷하지만, 배열의 이름 뒤에 2개의 대괄호를 이용해서 행과 열로 이루어진다. 간단하게 나타내보면 다음과 같이 나타낼 수 있다.

> **자료형 배열이름 [원소의_수] [원소의_수]**

예를 들어, 영어와 수학 성적을 위한 2차원 배열을 만드는 경우 다음과 같이 선언할 수 있다. 앞의 인덱스가 행의 갯수가 되고, 두 번째 인덱스가 열의 갯수가 된다.

> **int score[30][2];**

영어와 수학에 대해서 각각 30명의 학생에 대한 성적을 저정하고 있어야 하므로 첫 번째 원소의 수는 2가 되고, 두 번째 원소의 수는 학생의 수인 30이 된다. 이를 다이어그램으로 표시해 보면 다음과 같이 표시할 수 있다.

행 / 열	0	1
0	score[0][0]	score[0][1]
1	score[1][0]	score[1][1]
2	score[2][0]	score[2][1]
....	....	....
15	score[15][0]	score[15][1]
....	....	....
29	score[29][0]	score[29][1]

위와 같이 가로 2, 세로 30, 즉 30행 2열의 공간을 갖는 배열로 나타낼 수 있는데, 실제 컴퓨터의 메모리는 2차원 구조가 아니고 연속적으로 이어진 1차원 공간이기 때문에 1차원으로 표시된다.

int score[0][0]	int score[0][1]	...	int score[0][27]	...	int score[1][16]	...	int score[1][29]

C언어에서 배열은 반드시 0부터 시작한다. 0부터 시작하기 때문에 30개 요소의 배열은 0부터 29까지의 범위를 갖게된다. 위의 배열을 이용해서 다음과 같은 성적을 처리해보도록 하자.

학번	영어	수학
1	90	98
2	87	79
3	100	92
4	82	76
5	85	89
6	100	95
7	53	78

간단하게 7명의 성적만 처리할 수 있도록 하였다. 앞의 1차원 배열에서 사용한 코드를 수정해서 위의 성적을 처리하도록 코드를 작성하자.

Ch09_9.c

```c
#include <stdio.h>

int main(void)
{
    int i, score[7][2], sum[2];
                                /* 전체 성적을 합하기 위한 정수형의 sum 배열 선언 */
    float average[2];           /* 평균값을 구하기 위한 실수형의 배열 선언 */

    /* 영어 성적 */
    score[0][0] = 90;
    score[1][0] = 87;
    score[2][0] = 100;
    score[3][0] = 85;
    score[4][0] = 87;
    score[5][0] = 100;
    score[6][0] = 53;

    /* 수학 성적 */
    score[0][1] = 98;
    score[1][1] = 79;
    score[2][1] = 92;
    score[3][1] = 76;
    score[4][1] = 89;
    score[5][1] = 95;
    score[6][1] = 78;

    for(i = 0, sum[0] = 0, sum[1] = 0; i < 7; i++)
    {
        sum[0] += score[i][0];          /* 영어 성적 총합 */
        sum[1] += score[i][1];          /* 수학 성적 총합 */
    }

    average[0] = sum[0] / 7;            /* 영어 성적에 대한 평균값 구하기 */
    average[1] = sum[1] / 7;            /* 수학 성적에 대한 평균값 구하기 */

    printf("English total  : %d, Average : %f\n", sum[0],
```

```
37              average[0]);     /* 영어 성적의 합과 평균 */
38              printf("Math total  : %d, Average : %f\n", sum[1],
39                      average[1]);           /* 수학 성적의 합과 평균 */
40
41          return 0;
42      }
```

〈실행결과〉

```
English total  : 602, Average : 86.000000
Math total  : 607, Average : 86.714287
```

영어와 수학 성적을 위해서 score라는 이름을 가진 2차원 배열을 선언하고 7×2의 크기를 설정하였다. 각각의 배열 요소에 성적을 입력하고 전체의 합을 구하였는데 두 과목에 대해서 성적을 구하기 때문에 합과 평균을 위한 sum과 average를 배열로 선언하였다. 위의 애플리케이션을 실행해보면 다음과 같이 각 과목의 총합과 평균을 구할 수 있다.

앞에서와 마찬가지로 위의 코드를 scanf( ) 함수를 이용해서 변경해보자. 기본적으로 입력받는 부분만 scanf( ) 함수로 변경하면 되고 성적을 계산하는 부분은 동일하다.

실습 9-10

Ch09_10.c

```
1   #include <stdio.h>
2
3   int main(void)
4   {
5       int i, score[7][2], sum[2];/* 전체 성적을 합하기 위한 정수형의 sum 배열 선언 */
6       float average[2];                /* 평균값을 구하기 위한 실수형의 배열 선언 */
7
8       for(i = 0; i < 7; i++) {
9           printf("%d번째 학생\n", i+1);
10
11          /* 영어 성적 */
12          printf("영어 성적을 입력하시오 : ");
13          scanf("%d", &score[i][0]);
14
15          /* 수학 성적 */
16          printf("수학 성적을 입력하시오 : ");
17          scanf("%d", &score[i][1]);
```

```c
18          printf("\n");
19      }
20
21      for(i = 0, sum[0] = 0, sum[1] = 0; i < 7; i++) {
22          sum[0] += score[i][0];          /* 영어 성적 총합 */
23          sum[1] += score[i][1];          /* 수학 성적 총합 */
24      }
25
26      average[0] = sum[0] / 7;            /* 영어 성적에 대한 평균값 구하기 */
27      average[1] = sum[1] / 7;            /* 수학 성적에 대한 평균값 구하기 */
28      printf("\n");
29
30      /* 영어 성적의 합과 평균 */
31      printf("English total  : %d, Average : %f\n", sum[0], average[0]);
32
33      /* 수학 성적의 합과 평균 */
34      printf("Math total  : %d, Average : %f\n", sum[1], average[1]);
35
36      return 0;
37  }
```

<실행결과>

1번째 학생
영어 성적을 입력하시오 : 50
수학 성적을 입력하시오 : 80

2번째 학생
영어 성적을 입력하시오 : 55
수학 성적을 입력하시오 : 90

3번째 학생
영어 성적을 입력하시오 : 100
수학 성적을 입력하시오 : 80

4번째 학생
영어 성적을 입력하시오 : 90
수학 성적을 입력하시오 : 80

5번째 학생

```
영어 성적을 입력하시오 : 40
수학 성적을 입력하시오 : 100

6번째 학생
영어 성적을 입력하시오 : 75
수학 성적을 입력하시오 : 45

7번째 학생
영어 성적을 입력하시오 : 60
수학 성적을 입력하시오 : 40


English total : 470, Average : 67.142860
Math total : 515, Average : 73.571426
```

2.2 3차원 배열

3차원 배열도 2차원 배열과 거의 비슷하지만 하나의 첨자가 더 추가되어 있는 형태이다.

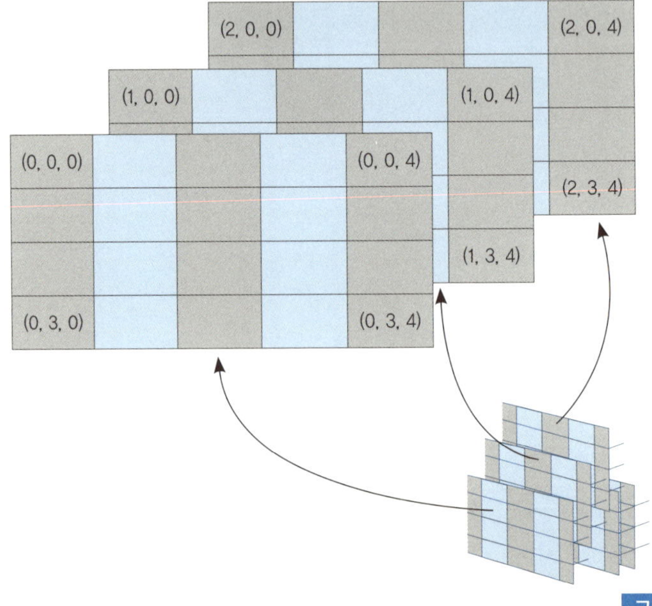

그림 9-3 3차원 배열

3차원 배열의 예제로 아파트를 생각해보자. 아파트는 여러 개의 동이 있는데, 아파트 한 동에는 여러 개의 층이 있고, 각 층에는 여러 개의 호실이 있다. 이를 배열로 나타내보면 다음과 같이 나타낼 수 있다.

int apartment[동][층][호];

위의 배열을 이용해서 아파트 단지에 있는 호실 번호를 출력하는 예제를 보도록 하겠다. 각 층이 두 개의 호실로 지어진 3층짜리 아파트 건물이 2채로 구성된 아파트 단지의 호실 번호를 출력하는 것이다.

실습 9-11

Ch09_11.c

```c
#include <stdio.h>

int main(void)
{
    int apartment[2][3][2];
    int i, j, k;

    apartment[0][0][0] = 1101;
    apartment[1][0][0] = 2101;

    apartment[0][1][0] = 1201;
    apartment[1][1][0] = 2201;

    apartment[0][2][0] = 1301;
    apartment[1][2][0] = 2301;

    apartment[0][0][1] = 1102;
    apartment[1][0][1] = 2102;

    apartment[0][1][1] = 1202;
    apartment[1][1][1] = 2202;

    apartment[0][2][1] = 1302;
    apartment[1][2][1] = 2302;

    for(i = 0; i < 2; i++) {
```

```
27          for(j = 0; j < 3; j++) {
28            for(k = 0; k < 2; k++) {
29              printf("아파트 %d동, %d층, %d호 : %d\n", i+1,
30                  j+1, k+1, apartment[i][j][k]);
31            }
32          }
33          printf("\n");
34        }
35
36        return 0;
37  }
```

〈실행결과〉

```
아파트 1동, 1층, 1호 : 1101
아파트 1동, 1층, 2호 : 1102
아파트 1동, 2층, 1호 : 1201
아파트 1동, 2층, 2호 : 1202
아파트 1동, 3층, 1호 : 1301
아파트 1동, 3층, 2호 : 1302

아파트 2동, 1층, 1호 : 2101
아파트 2동, 1층, 2호 : 2102
아파트 2동, 2층, 1호 : 2201
아파트 2동, 2층, 2호 : 2202
아파트 2동, 3층, 1호 : 2301
아파트 2동, 3층, 2호 : 2302
```

기본적으로 3차원 배열을 다루는 게 2차원 배열보다 한 차원이 늘어나서 약간 복잡하긴 하지만 기본적인 처리 과정은 2차원 배열과 비슷하다.

3. 배열의 사용

3.1 배열의 초기화

C언어에서 배열을 선언할 때 배열 크기만 선언될 뿐 내용이 초기화되지 않으므로 반드시 프로그램에서 초기화 작업을 해주어야 한다. 배열은 그 원소의 일부 또는 전부를 명시하여 초기화할 수 있다.

실습 9-12

Ch09_12.c

```c
1    #include <stdio.h>
2
3    int main(void)
4    {
5        int a[7] = {51, 311, 78, 11236, 120, -24642, 934};
6        int i;
7
8        for (i = 0; i < 7; i++)
9            printf(a[%d] = %d\n", i, a[i]);
10
11       return 0;
12   }
```

〈실행결과〉

```
a[0] = 51
a[1] = 311
a[2] = 78
a[3] = 11236
a[4] = 120
a[5] = -24642
a[6] = 934
```

위의 코드에서 6번째 줄과 같이 배열을 선언하면서 중괄호를 이용해 배열을 초기화할 수 있다. 각각의 인덱스로 초기화하는 경우에 앞에서와 같이 배열의 크기가 큰 경우에는 코드가 길어질 수 있다. 이러한 경우에 배열의 초기화를 이용할 수 있다.

정적 배열이나 외부 배열을 초기화할 경우 배열의 크기보다 적은 수가 명시되면 나머지는 자동으로 NULL값으로 할당된다. 배열의 크기를 지정하지 않으면 초기값의 갯수를 보고 컴파일러가 알아서 할당한다.

1차원 배열을 초기화할 때에는 초기값의 갯수와 배열 크기가 서로 일치되도록 해야한다. 즉, 모든 배열 요소가 초기화되도록 초기값을 모두 지정해준다.

> **Note...**
>
> **기억 부류에 따른 배열의 초기화**
> - 일반적으로 C 컴파일러에서 정적 배열, 외부 배열은 프로그래머가 특별히 초기화시키지 않더라도 모든 배열 요소가 항상 0으로 초기화된다.
> - ARM과 같은 프로세서에서는 자동 배열은 프로그래머가 전혀 초기화시키지 않은 경우, 쓰레기 값을 가지게 된다. 그러나 자동 배열의 일부분이라도 초기화했을 경우에는 초기화하지 않은 나머지 배열 요소가 모두 0의 값을 가지게 된다.

3.2 배열 크기의 생략

1차원 배열의 경우 배열의 선언과 함께 초기화를 할 수 있다. 위의 코드를 다음과 같이 변경해 보자.

실습 9-13

Ch09_13.c

```c
#include <stdio.h>

int main(void)
{
    int a[] = {51, 311, 78, 11236, 120, -24642, 934};
    int i;

    for (i = 0; i < 7; i++)
        printf("a[%d] = %d\n", i, a[i]);

    return 0;
}
```

```
a[0] = 51
a[1] = 311
a[2] = 78
a[3] = 11236
a[4] = 120
a[5] = -24642
a[6] = 934
```

1차원 배열의 경우에 배열을 선언할 때 배열의 값을 초기화할 수 있는데 이때 배열의 크기를 지정하지 않으면 초기화하는 요소의 수를 이용해서 배열의 크기가 결정되어진다.

다차원 배열의 경우에 제 첫 번째 인덱스의 크기는 생략할 수 있지만 나머지 인덱스들의 크기는 생략이 불가능하다. 만약 첫 번째 인덱스가 아닌 다른 인덱스의 크기를 생략하면 "size of structure or array not known" 에러가 발생한다. 2차원 배열의 경우에 행의 갯수는 생략할 수 있지만, 열의 갯수는 생략할 수 없다.

지금까지 한 배열 내용을 정리해보도록 하겠다. 배열은 인덱스와 번호에 대응하는 데이터들로 이루어진 자료 구조를 나타낸다. C언어에서 배열을 문자열과 같은 자료형을 위해서도 사용되지만, 2개 이상의 동일한 형의 자료들을 위해서 사용된다. 1차원 배열은 하나의 긴 자료들을 위한 공간이라고 생각하면 되고, 2차원 배열의 경우 행과 열이 있는 행렬로 생각하면 된다.

배열을 초기화하는 경우 배열의 크기를 주면 배열의 크기에 맞게 초기화가 되고 배열의 크기를 주지 않는 경우, 초기화할 때 넣어주는 원소들의 갯수를 보고 컴파일러가 배열의 크기를 자동으로 초기화해 준다.

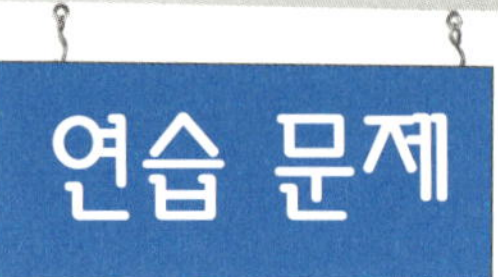

1. 1부터 100까지 저장하는 배열을 만들고 전체의 합을 출력하는 코드를 작성하시오.

2. 소문자 'a' 부터 'z'까지 출력하는 코드를 배열을 이용해서 작성해보시오.

3. 0~9까지 저장된 배열을 0으로 초기화하는 코드를 작성해보시오.

포인터 10

포인터(Pointer)를 영어 그대로 번역해보면 가리키는 사람 혹은 가리키는 것을 의미하는데, C언어에서 말하는 포인터는 메모리 공간 속의 위치를 나타낸다. 이렇듯 C언어에서의 포인터는 자료가 저장된 기억 장소의 주소 값을 저장하는 변수로 일반 변수와 달리 메모리 공간의 주소값을 저장한다. 포인터는 C언어의 가장 특징적인 기능 중의 하나이다.

연산자 '∗'를 사용해서 선언하고 C언어의 기본 자료형과 관계없이 4바이트의 크기를 가지고 있다. 연산자 '∗'는 포인터 변수가 가리키는 주소 값의 내용을 나타내는데, 이러한 포인터를 이용하면 실제 메모리 번지에 접근할 수 있으므로 보다 강력한 기능을 제공할 수 있다. 하지만 포인터는 개념이 복잡하고 사용하기가 쉽지 않기 때문에 초보자들이 C언어를 기피하는 또 다른 이유가 된다. 하지만 C언어에서 포인터는 중요한 개념이므로 반드시 이해하고 사용에 문제가 없어야 한다. 이번 Chapter에서는 이러한 포인터의 개념에 대해서 알아보도록 한다.

1. 메모리와 주소

컴퓨터는 여러 요소들로 구성되어 있는데 소프트웨어의 명령을 처리하는 CPU(Central Processing Unit)과 컴퓨터의 명령이나 데이터를 저장하고 있는 메모리(RAM과 ROM)와 디스크 드라이브(HDD나 CD) 그리고 사용자에게 처리 결과를 보여줄 수 있는 모니터와, 사용자에게서 명령을 입력받는 키보드와 마우스 등으로 이루어져 있다.

사용자가 컴퓨터에서 애플리케이션을 실행하면 하드 디스크나 CD에 있는 애플리케이션이 메모리(RAM)로 올라오고 CPU에 의해서 처리된다. 여기에서 다뤄야 할 개념이 바로 메모리와 주소다. 여기에 대해 알아보도록 하자.

1.1 주소와 메모리

C 초등학교 1학년 1반에는 철수, 영희 등의 많은 학생들이 있다. 철수네 집과 영희네 집에 우편물을 배달하기 위해서 철수네 집과 영희네 집이라고 봉투에 써서 집배원에게 건네주면 우편물을 배달하지 못한다. 실제 철수라는 학생이 현실 세계에는 수 많은 철수가 있을 수도 있으며 우체부는 철수라는 학생을 알지 못한다. 집배원이 철수네 집에 우편물을 배달할 수 있도록 대한민국 서울시 서초구… 등과 같은 주소를 사용하게 된다.

이와 같이 C언어에서도 철수와 같은 변수의 이름에 있는 값을 접근하기 위해서는 컴퓨터 내부적으로 사용하는 주소가 따로 존재하고 있다.

앞에서 설명한 것과 같이 C 프로그래밍 언어로 애플리케이션을 작성한 후 빌드해서 실행해보면 애플리케이션은 실행시 컴퓨터의 메인 메모리에 위치하게 된다.

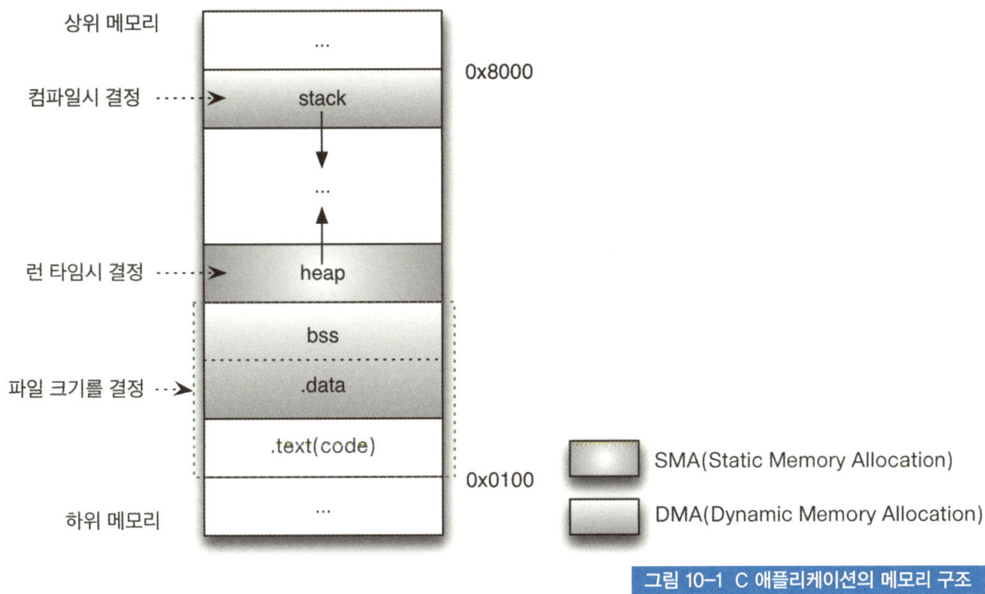

그림 10-1 C 애플리케이션의 메모리 구조

컴퓨터의 메인 메모리에 위치한 애플리케이션은 크게 4개의 부분으로 구성된다. 애플리케이션의 실행 코드(바이너리)가 올라가 있는 텍스트(text) 영역이 있고, 전역 변수, 정적 변수, 배열, 구조체 등이 저장되는 data 영역이 있다.

힙(heap) 영역은 사용자에 의해 동적으로 메모리를 할당할 때 위치하는 메모리 영역으로 동적 데이터 영역이라고 부르며, 메모리 주소 값에 의해서만 참조되고 사용되는 영역이고, 지역 변수, 매개 변수, 리턴 값 등 잠시 사용되었다가 사라지는 데이터를 저장하는 임시 메모리 영역인 스택(stack) 영역이 있다.

각각의 영역에 있는 부분을 접근하기 위해서는 메모리의 주소를 이용한다. 실제 컴퓨터의 처리를 하는 CPU(Central Processing Unit)와 메모리는 내부적으로는 크게 2개의 부분에 연결되어 있는데 메모리를 지시하는 어드레스 버스(Address Bus)와 데이터를 가져오는데 사용하는 데이터 버스(Data bus)가 있다.

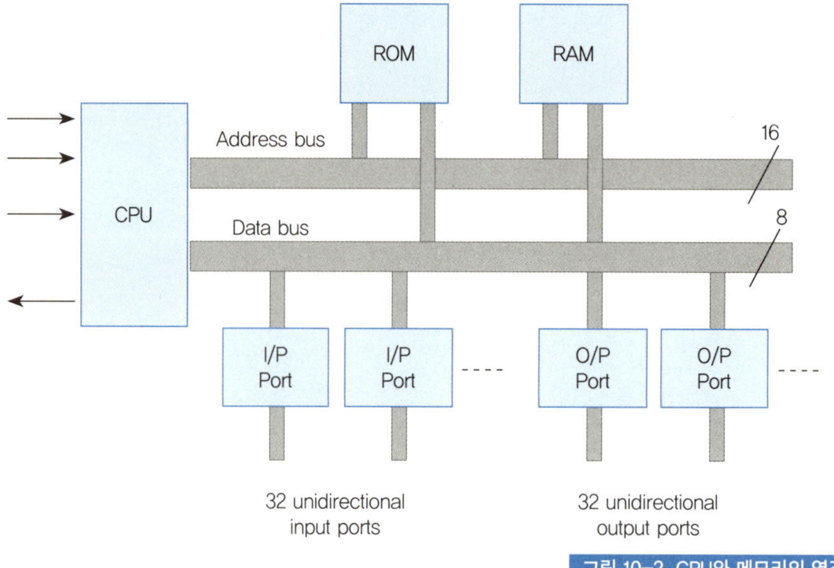

그림 10-2 CPU와 메모리의 연결 관계

버스(Bus)는 데이터가 이동하는 통로로 CPU는 메인 메모리에서 데이터를 가져오기 위해서 먼저 어드레스 버스로 위치를 지정하고 데이터 버스로 데이터를 가져올 수 있다. 이렇듯 데이터를 접근하기 위해서는 메모리의 위치를 아는 것이 중요하다.

메모리의 위치는 고정적인 것이 아니라 컴퓨터에서 애플리케이션을 실행할 때마다 바뀔 수 있다. 애플리케이션이 실행될 때 마다 CPU는 메인 메모리의 빈 공간에 하드 디스크나 CD에 있는 애플리케이션을 불러오는데 비어있는 공간의 위치는 실행할 때 마다 다를 수 있다.

이러한 메모리 주소를 보다 편리하게 사용하고자 하는 개념이 변수이다. 메모리의 주소를 사람이 이해할 수 있는 문자형으로 대체시켜 놓으면 구분하기도 편하고 사용하기도 편하다. 변수의 이름은 컴퓨터 내부적으로 메모리로 변환시켜주기 때문에 프로그래머 입장에서는 별다른 처리를 하지 않아도 된다.

```c
#include <stdio.h>

int main(void)
{
    int var = 10;

    printf("value = %d\n", var);

    return 0;
}
```

위의 애플리케이션을 실행해보면 "value = 10"이라는 메시지가 출력된다.

메모리의 주소가 변수로 사용할 수 있다는 것을 알았다. 그럼 반대로 변수로부터 메모리의 주소를 알고 싶은 경우가 있을 것이다. 이 때 변수의 앞에 '&' 기호를 사용하면 된다.

&변수명

이미 scanf( ) 함수에서 &연산자를 사용하는 방법에 대해서 살펴보았다. 다음 예제를 살펴보자.

실습 10-1

Ch10_1.c

```
1    #include <stdio.h>
2
3    int main(void)
4    {
5        int var;
6
7        scanf("%d", &var);
8        printf("value = %d\n", var);
9
10       return 0;
11   }
```

〈실행결과〉

```
10
valus = 10
```

scanf( ) 함수의 의미를 다시 살펴보면 특정 타입의 값을 입력받아서 메인 메모리의 주소의 위치에 저장하라는 의미이다.

var			&var
메모리의 주소	값		값
1000	10		1000

변수 var는 1000이라는 메모리 위치에 10이라는 값을 저장하고 있다. 변수 var의 앞에 &을

붙인 &var은 var의 주소값을 가지고 있는데 1000이라는 값을 가지고 있다. 이 '&' 기호를 이용하면 변수의 주소를 출력할 수 있다.

실습 10-2

Ch10_2.c

```c
#include <stdio.h>

int main(void)
{
    int var ;

    scanf("%d", &var);
    printf("value = %d, address = 0x%X\n", var, &var);

    return 0;
}
```

〈실행결과〉

```
10
value = 10, address = 0x1BF7F8
```

위의 소스 코드를 실행해보면 앞의 값은 입력되는 값이 그대로 출력되지만 뒤의 주소는 실행할 때마다 변경되는 것을 확인할 수 있다. 일반적으로 메모리의 주소값은 16진수로 표시된다. 16진수의 값은 앞에서 배운 printf( ) 함수의 형식 지정자 %x(%X)를 이용해서 출력할 수 있다.

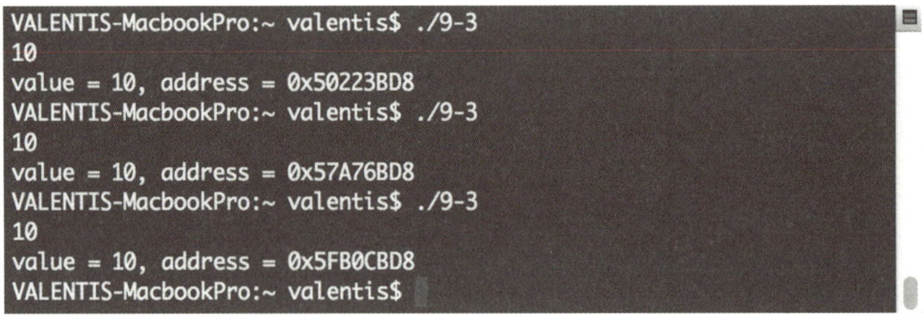

그림 10-3 변수의 값과 주소의 출력

2. 포인터

이제부터 포인터에 대해 자세하게 알아보도록 하자.

2.1 포인터 개요

포인터(Pointer)를 사전에서 찾아보면「무엇을 가르키는 것」을 의미한다. 앞에서 변수는 실제 컴퓨터 상에 메모리의 주소를 가지고 있다라고 설명했다. 메모리의 주소는 실제 컴퓨터 상의 메인 메모리에 위치하고 있는 값을 가리키고 있었다. 처음부터 주소를 가지고 있는 변수를 선언하는 것이 변수를 이용해서 주소를 구하는 것보다 편리할 경우가 있다. 이 때 포인터 변수를 이용할 수 있다.

포인터 변수는 변수의 이름 앞에 '*'를 붙여서 선언하는데, 일반적인 변수 선언과 비슷하지만 변수명 앞에 *이 있어서 포인터 변수인지를 구분할 수 있다.

변수형 *변수명;

포인터 변수는 변수명 앞에 '*' 문자를 붙여서 선언할 수도 있고 변수형 다음에 '*' 문자를 바로 붙여서 선언할 수도 있다. 둘 다 같은 의미를 갖는다.

변수형* 변수명;

① 포인터를 선언할 때에는 *연산자를 사용한다.

② 포인터에도 타입이 존재한다. 저장하고자 하는 변수의 자료형에 맞춰서 적절한 타입의 포인터를 선언해야 한다.

포인터 변수의 크기는 앞에서 설명한 변수와 같이 다양한 크기를 가질 수 있다. 변수형은 포인터 변수의 크기에 맞춰서 정수형인 경우 int를 사용하고 실수형인 경우 float를 사용하고 문자형인 경우 char을 이용해서 선언할 수 있다.

```c
#include <stdio.h>

int main(void)
```

```
{
    char ch = 'a';
    int n = 100 ;
    char str[7] = "string", *pStr = str;

    return 0;
}
```

위에 선언된 변수의 메모리 할당을 그림으로 나타내면 아래와 같다. char 변수형은 1바이트 (byte), int 변수형는 4바이트, char 배열은 위 배열에 할당된 만큼(7), 포인터는 4바이트가 아래의 표와 같이 할당된다.

주소	변수의 타입	크기	변수명	내용
0x1000	char	1	ch	'a'
0x1001	int	4	n	100
0x1002				
0x1003				
0x1004				
0x1005	char	1	str[7]	's'
0x1006	char	1		't'
0x1007	char	1		'r'
0x1008	char	1		'i'
0x1009	char	1		'n'
0x100a	char	1		'g'
0x100b	char	1		\0
0x100c	char*	4	pStr	0x1005
0x100d				
0x100e				
0x100f				

포인터 변수가 메모리 할당 받는 크기는 타입에 상관없이 4바이트가 할당된다. 여기에 저장된 주소의 값을 이용해서 실제 데이터에 접근할 때는 데이터 타입에 따라 변수에 접근해야 하므로 데이터 타입 지정은 중요하다. 예를 들어 int*는 4바이트 만큼 읽어 들이고 char*는 1바이트 만큼 포인터가 가리키고 있는 데이터를 읽어 들인다.

포인터도 변수와 마찬가지로 초기화를 해줄 수 있는 메모리의 주소를 직접 대입할 수 없고 일반적으로 NULL을 이용해서 아무것도 가리키고 있지 않다는 것을 명시해줄 수 있다.

앞의 코드를 포인터 변수를 이용해서 바꿔보자. 포인터 변수명은 '*'문자를 빼고서 사용한다.

```c
#include <stdio.h>
int main(void)
{
    int *pVar;
    scanf("&d", pVar);
    printf("value = %d, address = 0x%X\n", *pVar, pVar);

    return 0;
}
```

scanf( ) 함수에서는 변수의 주소를 이용하는데 포인터 변수 자체가 주소를 의미하기 때문에 '&' 문자 없이 변수명만 이용하면 된다. printf( ) 함수를 이용하면 포인터 변수의 값과 주소를 출력할 수 있다. 포인터 변수 자체는 주소만 가지고 있기 때문에 주소에 값을 가져오기 위해서는 포인터 변수명 앞에 '*' 문자를 붙여야 한다. *var이 가지고 있는 값의 메모리 주소를 찾아서 그 주소에 있는 값을 출력하게 된다.

var

메모리의 주소	값
0x1000	10

*pVar

값
0x1000

2.2 변수의 주소와 포인터

앞에서 포인터는 주소값을 갖는다고 설명했었다. 그럼 변수의 주소와 포인터를 함께 사용할 수 있는데 다음의 코드를 살펴보자. 연산자 '*'과 '&'는 포인터에 저장할 주소값을 구하고 저장되어 있는 정보를 읽어들일 때 사용한다.

실습 10-3

Ch10_3.c

```c
1    #include <stdio.h>
2
3    int main(void)
4    {
5        int *pVar, var = 10;
```

```
6
7        pVar = &var;
8        printf("value = %d, address = 0x%X\n", var, &var);
9        printf("pValue = %d, address = 0x%X\n", *pVar, pVar);
10
11       return 0;
12    }
```

〈실행결과〉

```
value = 10, address = 0x15FDC8
pvalue = 10, address = 0x15FDC8
```

'&'연산자는 변수의 주소 값을 참조할 때 사용된다. 위에서 &n은 변수 var의 주소 값을 나타 낸다. 그리고 포인터가 가리키고 있는 주소 값의 데이터를 참조할 때는 ' *'를 사용한다. 첫 번 째 printf( ) 함수는 변수 var의 값과 주소 값을 출력하고 두 번째 printf( ) 함수는 *pVar 의 데이터와 주소를 출력한다.

int형의 포인터 변수 pVar과 int형의 변수 var를 선언하고 10의 초기값을 대입하였다. pVar 는 주소를 가지고 있는데 var의 주소를 '&' 문자를 이용하여 pVar에 대입하였다. 위와 같이 대입하면 pVar과 var은 같은 주소를 공유하게 된다.

var		*pVar
메모리의 주소	값	값
0x1000	10	0x1000

위의 값을 출력해보면 값은 메모리의 위치와 같은 값을 출력하는 것을 확인할 수 있다.

위의 코드를 조금 더 수정해서 두 개념을 살펴보도록 하겠다. 다음과 같이 변수 var의 값을 중 간에서 수정해보자.

실습 10-4

Ch10_4.c

```
1    #include <stdio.h>
2
3    int main(void)
4    {
5        int *pVar, var = 10;
```

```
 6
 7          pVar = &var;
 8          printf("value = %d, address = 0x%X\n", var, &var);
 9          printf("pValue = %d, address = 0x%X\n", *pVar, pVar);
10
11          var = 20;
12          printf("value = %d, address = 0x%X\n", var, &var);
13          printf("pValue = %d, address = 0x%X\n", *pVar, pVar);
14
15          return 0;
16     }
```

〈실행결과〉

```
Value = 10, address = 0x2DFC0C
pValue = 10, address = 0x2DFC0C
value = 20, address = 0x2DFC0C
pValue = 20, address = 0X2DFC0C
```

처음에 초기화를 하면 다음과 같은 값을 갖는다.

var		*pVar
메모리의 주소	값	값
0x1000	10	0x1000

var의 값을 20으로 바꾸면 아래와 같이 pVar의 값은 바뀌지 않고 var의 값만 바뀐다.

var		*pVar
메모리의 주소	값	값
0x1000	20	0x1000

포인터 변수는 단지 메모리 위치의 값만 가져오기 때문에 메모리 번지 0x1000의 위치에 있는 값인 20을 그대로 출력하게 된다.

앞에서는 변수의 값을 변경해보았다. 이번에는 반대로 포인터 변수의 값을 변경해보도록 하자. 포인터 변수에서 값을 출력할 때 '*' 문자를 이용했던 것과 같이 값을 입력할 때도 '*' 문자를 포인터 변수의 앞에 붙여서 사용할 수 있다.

실습 10-5

Ch10_5.c

```c
1    #include <stdio.h>
2
3    int main(void)
4    {
5        int *pVar, var = 10;
6
7        pVar = &var;
8        printf("value = %d, address = 0x%X\n", var, &var);
9        printf("pValue = %d, address = 0x%X\n", *pVar, pVar);
10
11       *pVar = 20;
12       printf("value = %d, address = 0x%X\n", var, &var);
13       printf("pValue = %d, address = 0x%X\n", *pVar, pVar);
14
15       return 0;
16   }
```

〈실행결과〉

```
Value = 10, address = 0x26F88C
pValue = 10, address = 0x26F88C
value = 20, address = 0x26F88C
pValue = 20, address = 0X26F88C
```

위의 코드를 다시 살펴보자. 앞에서와 같이 처음에 초기화를 하면 다음과 같은 값을 갖는다.

var		*pVar
메모리의 주소	값	값
0x1000	10	0x1000

*pVar의 값을 20으로 바꾸면 아래와 같이 pVar의 값은 바뀌지 않고 pVar이 가리키고 있는 주소의 값인 var의 값이 바뀐다.

var		*pVar
메모리의 주소	값	값
0x1000	20	0x1000

위의 소스 코드를 실행해보면 앞에서와 같은 값을 얻을 수 있다.

위와 같이 포인터 변수가 다른 변수의 주소를 갖고 있는 경우 역참조 연산을 사용해서 그 변수의 값을 변경하거나 가져올 수 있다.

3. 포인터와 배열

이번에는 포인터와 배열에 대한 내용을 살펴보도록 하겠다.

3.1 1차원 배열과 포인터

앞 Chapter에서 배열은 동일한 자료형으로 된 여러 개의 항목들을 저장하기 위해서 사용된다는 것을 배웠다. 배열은 아래와 같이 대괄호를 이용해서 선언할 수 있었는데 앞에 있는 배열이름은 실제 배열의 시작 주소를 가리키고 있다.

> 자료형 배열이름[원소의 수];

이는 포인터와 같은데 앞의 변수와 포인터에서처럼 배열도 포인터로 연결해서 나타낼 수 있다. 다음 예제를 살펴보자.

실습 10-6

Ch10_6.c

```
1    #include <stdio.h>
2
3    int main(void)
4    {
5        int array[7] = {51, 311, 78, 11236, 120, -24642, 934};
6        int *pArray, i;
7        pArray = array;
8
9        for (i = 0; i < 7; i++)
10           printf("a[%d] = %d, %d\n", i, array[i], *(pArray + i));
11
```

```
12        return 0;
13    }
```

<실행결과>
```
a[0] = 51, 51
a[1] = 311, 311
a[2] = 78, 78
a[3] = 11236, 11236
a[4] = 120, 120
a[5] = -24642, -24642
a[6] = 934, 934
```

앞에서 배열에서 사용한 코드를 포인터를 이용해서 변환하였다. 배열명은 주소가 되기 때문에 변수에서와 같이 '&' 문자를 이용해서 포인터 변수에 대입하지 않고 직접 배열명을 사용해서 포인터 변수에 대입하였다.

포인터에서 주소가 아닌 값을 출력하기 위해서 * 연산자를 이용하면 되지만 배열과 같이 1차원으로 여러 메모리를 사용하는 경우에는 메모리의 위치를 다시 계산해야 한다. 이때 위와 같이 기존의 주소에 값을 더하면 된다.

array			*pArray	
메모리의 주소	값			값
0x1000	51	*(pArray + 0)	0x1000	
0x1001	311	*(pArray + 1)		
0x1002	78	*(pArray + 2)		
0x1003	11236	*(pArray + 3)		
0x1004	120	*(pArray + 4)		
0x1005	−24642	*(pArray + 5)		
0x1006	934	*(pArray + 6)		

배열의 첫 번째 주소는 1000이다. 그 다음 주소는 1001이다. pArray에 뒤의 주소의 값을 더해주고 * 연산자를 이용하면 해당 주소에 저장되어 있는 값을 가져와서 출력할 수 있다.

3.2 2차원 배열과 포인터

앞에서 살펴본 것과 같이 배열은 2차원 이상의 배열을 가질 수 있다.

> **변수형 배열명[배열의 수][배열의 수];**

앞에서와 마찬가지로 2차원 배열도 포인터로 연결할 수 있다. 다음 예제를 살펴보도록 하자.

실습 10-7

Ch10_7.c

```c
#include <stdio.h>

int main(void)
{
    int array[2][5] = {
        {1, 2, 3, 4, 5},
        {-1, -2, -3, -4, -5},
    };

    int *pArray;
    int i, j;
    pArray = array;

    for(i = 0; i < 2; i++)
        for(j = 0; j < 5; j++)
            printf("a[%d][%d] = %d, %d\n", i, j, array[i][j],
                    *(pArray + i*5 + j));

    return 0;
}
```

〈실행결과〉

```
a[0][0] = 1, 1
a[0][1] = 2, 2
a[0][2] = 3, 3
a[0][3] = 4, 4
a[0][4] = 5, 5
a[1][0] = -1, -1
```

```
a[1][1] = -2, -2
a[1][2] = -3, -3
a[1][3] = -4, -4
a[1][4] = -5, -5
```

포인터에서 주소의 위치를 계산하기 위해서 앞에서 보다는 조금 복잡한 공식을 이용하였지만 기본적으로 배열의 위치를 찾아가는 방법은 비슷하다. 실제 2차원 배열은 컴퓨터의 메인 메모리에서는 1차원으로 표현된다.

array			*pArray
메모리의 주소	값		값
0x1000	1	*(pArray + 0)	0x1000
0x1001	2	*(pArray + 1)	
0x1002	3	*(pArray + 2)	
0x1003	4	*(pArray + 3)	
0x1004	5	*(pArray + 4)	
0x1005	−1	*(pArray + 5)	
0x1006	−2	*(pArray + 6)	
0x1007	−3	*(pArray + 7)	
0x1008	−4	*(pArray + 8)	
0x1009	−5	*(pArray + 9)	

위의 코드를 실행해보면 앞에서와 같이 포인터와 배열의 값이 출력된다.

4. 포인터의 할당과 다차원 포인터

이번에는 포인터의 할당과 다차원 포인터에 관한 내용에 대해 살펴보도록 하겠다.

4.1 포인터의 할당

변수를 사용하기 위해서는 변수의 타입을 이용해서 미리 선언한다. 이렇게 변수명을 미리 선언하게 되면 컴퓨터에서는 변수를 사용하기 위해서 컴퓨터의 메인 메모리 상에 변수를 위한 공간을 확보하게 된다.

포인터는 앞에서 설명한 것과 같이 메인 메모리상의 주소의 위치를 가리키고 있다. 포인터를 사용하기 위해서는 메인 메모리상에 변수와 마찬가지로 사용할 수 있는 공간을 잡아야 한다. 이를 위해서 C언어에서는 malloc( )과 같은 함수를 사용할 수 있다.

실습 10-8

Ch10_8.c

```c
#include <stdio.h>
#include <stdlib.h>

int main(void)
{
    int *pArray, i;

    pArray = (int *)malloc(sizeof(int)*10);

    for(i = 0; i < 10; i++)
        *(pArray+i) = i;

    for(i = 0; i < 10; i++)
        printf("%d : %d\n", i, *(pArray + i));

    free(pArray);

    return 0;
}
```

〈실행결과〉

```
0 : 0
1 : 1
2 : 2
3 : 3
4 : 4
5 : 5
6 : 6
7 : 7
8 : 8
9 : 9
```

malloc( ) 함수는 메모리의 공간을 확보하는 함수로 printf( ) 함수와 같이 별도의 헤더 파일이
필요한데, #include 〈stdlib.h〉와 같이 Standard Library를 사용하고 있다. malloc( ) 함수
는 사용자가 지정한 크기 만큼 메인 메모리의 메모리 공간을 확보한 후 반환하는데 이때 형변
환(Cast) 연산자를 사용해서 포인터 형으로 변환해주면 된다. 포인터를 위한 메모리가 확보된
후 앞의 * 연산자를 통해서 포인터에 값을 대입하고 가져올 수 있다.

사용이 끝난 포인터의 메모리는 다시 시스템의 메인 메모리로 반환해야 하는데 반환하지 않고
계속 메모리를 사용하고 있으면 시스템의 메인 메모리의 양이 계속 적어지게 되고 나중에는 사
용 가능한 메모리가 없어질 수 있다. 사용했던 메모리는 free( ) 함수를 이용해서 다시 메인 메
모리로 반환할 수 있다.

> **Note...** 일반적으로 애플리케이션을 종료하면 운영체제(OS : Operating System)에서 사용했던 메모리를 모두
> 시스템으로 반환한다.

이와 같이 포인터를 사용하기 위해서는 메모리 공간을 미리 확보해야 한다. 포인터는 배열과
비슷하지만 배열의 경우 사용하기 전에 미리 크기를 정해놔야 하기 때문에 사용할 크기를 미리
알고 있어야 한다. 하지만 사용할 크기를 미리 알 수 없거나 크기가 애플리케이션을 실행하는
도중에 변경이 되는 경우라면 배열을 사용할 수 없다. 이때 포인터를 사용할 수 있는데 동적으
로 변화하는 크기에 맞춰서 메모리 공간을 확보할 수 있기 때문에 배열에 비해서 보다 유동적
으로 사용할 수 있는 장점을 제공하고 있다.

4.2 다중 포인터

문자열을 위한 배열을 사용하는 경우 2차원 배열을 이용할 수 있다. 하지만 문자열의 경우 길
이가 각각 다르기 때문에 배열을 이용하는 경우에 가장 긴 문자열의 크기로 배열을 생성할 수
밖에 없기 때문에 메모리 공간의 낭비가 발생할 수 있다. 이러한 경우 포인터를 이용해서 메모
리 공간의 낭비를 줄일 수 있다. 2차원 배열과 마찬가지로 이중 포인터를 만들 수 있는데 변수
명 앞에 * 연산자를 2개 붙여서 선언할 수 있다.

```
변수형  **변수명;
```

다중 포인터를 선언할 때에는 간접 참조하는 수만큼 *연산자를 사용한다. 예를 들면 이중 포
인터는 「**포인터이름」, 삼중 포인터는 「***포인터이름」으로 사용할 수 있다. 하지만 이중
포인터 이상은 프로그램의 복잡성을 높이고 사용하기 어려워서 잘 이용되지 않는다.

포인터 변수도 일반 변수와 마찬가지로 일단 선언이 되면 메모리를 할당받게 됨으로 그 포인터 변수를 위한 주소가 할당된다. 포인터 변수가 가지는 값이 다른 포인터 변수가 저장된 주소인 경우 이 포인터 변수를 「포인터의 포인터」라 부른다.

실습 10-9

Ch10_9.c

```
1    #include <stdio.h>
2
3    int main(void)
4    {
5        int var, *pVar, **ppVar;
6        var = 100;
7        pVar = &var;
8        ppVar = &pVar;
9
10       printf("var : %d, pVar : %d, ppVar : %d\n", var, *pVar, **ppVar);
11
12       return 0;
13   }
```

〈실행결과〉

```
Var : 100,  pVar : 100,  ppVar : 100
```

위의 코드와 같이 변수는 포인터 변수에 할당할 수 있고 포인터 변수는 이중 포인터 변수에 할당할 수 있다. 위의 변수 값을 그림으로 나타내면 아래와 같다.

var		*pVar		**ppVar
메모리의 주소	값	메모리의 주소	값	값
0x1000	100	0x1100	0x1000	0x1100

변수 var은 100의 값과 0x1000 의 주소값을 가지고 있고 포인터 변수 pVar은 0x1000의 값과 0x1100 의 주소값을 가지고 있다. 이중 포인터 변수 ppVar는 포인터 변수의 주소값인 0x1100을 값으로 가지고 있다. 위의 메모리 할당을 그림으로 나타내면 〈그림 10-4〉와 같다.

결국 *ppVar은 pVar을 가리키고 **ppVar은 pVar이 가리키는 값 var(*pVar)을 의미하는데, 위의 소스 코드를 실행해보면 다음과 같이 모두 동일한 값이 출력되는 것을 확인할 수 있다.

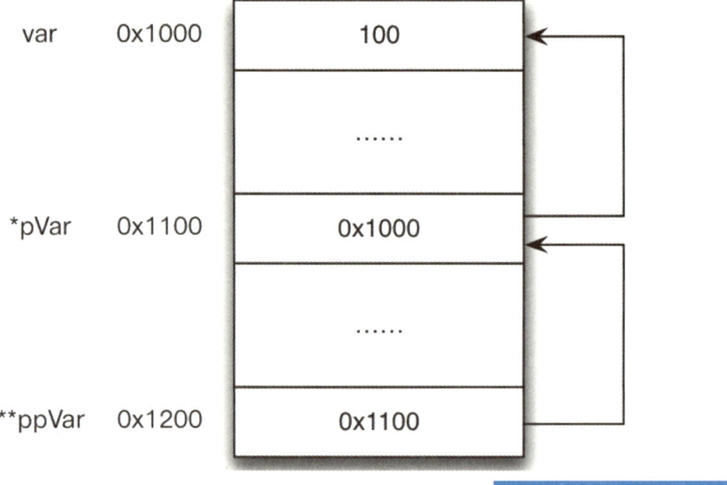

그림 10-4 이중 포인터의 연결 관계

4.3 다차원 포인터와 다차원 배열

다중 포인터를 조금 더 편리하게 이용하기 위해서 포인터와 배열을 혼합해서 사용할 수 있다.
다음 예제를 살펴보자.

실습 10-10

Ch10_10.c

```
1    #include <stdio.h>
2
3    int main(void)
4    {
5        char *pStr[] = {"abc", "def", "ghi"};
6        char **ppStr;
7        int i, j;
8
9        ppStr = pStr;
10
11       for(i = 0; i < 3; i++)
12           printf("%d : %s %s\n", i, pStr[i], *(ppStr + i));
13
14       for(i = 0; i < 3; i++)
15       {
16           for(j = 0; j < 3; j++)
```

```
17          printf("%c", ppStr[i][j]);
18          printf("\n");
19      }
20
21      return 0;
22  }
```

〈실행결과〉

```
0 : abc abc
1 : def def
2 : ghi ghi
abc
def
ghi
```

다중 포인터는 다차원 배열 접근에 용이하게 사용된다. *pStr[ ]을 다중 포인터 ppStr에 대입하여 ppStr[1], ppStr[0][1] 등으로 각각의 데이터에 접근이 가능하다.

지금까지 배웠던 포인터에 관한 내용을 정리해보자. 포인터는 C언어가 다른 언어에 비해서 보다 갖는 강력한 기능이다. 포인터는 C언어가 다른 언어와 다르게 메모리에 직접 접근할 수 있도록 하는 중요한 개념이다. 하지만 이러한 포인터의 개념은 초보자들이 사용하기에 복잡하므로 뒤에 나온 고급 언어인 JAVA와 같은 언어에서는 사용되지 않지만 오히려 이러한 점 때문에 C언어가 다른 고급 언어에 비해서 널리 사용되는 이점이 되기도 한다.

포인터는 동적인 메모리의 개념으로 배열의 경우 컴파일 과정에서 메모리의 크기를 고정해놓지만 포인터는 메모리의 크기가 고정되지 않는다. 메모리의 크기가 정해져 있지않기 때문에 포인터를 사용하기 위해서 사용할 메모리만큼 메모리를 할당받는 과정이 필요하다. 사용이 끝난 메모리는 해제해야 메모리가 낭비되는 것을 막을 수 있다. 메모리의 할당은 alloc( )이나 malloc( )과 같은 함수를 이용해서 할당받을 수 있고, 할당받은 메모리는 free( )를 이용해서 해제할 수 있다.

포인터는 1차원 배열과 같이 1차원 포인터로 이용될 수 있지만 다차원 배열과 같이 다차원 포인터로 이용할 수 있다. 일반적인 개념은 배열과 같지만 메모리의 크기가 가변적으로 변할 수 있어서 메모리 낭비를 막을 수 있다.

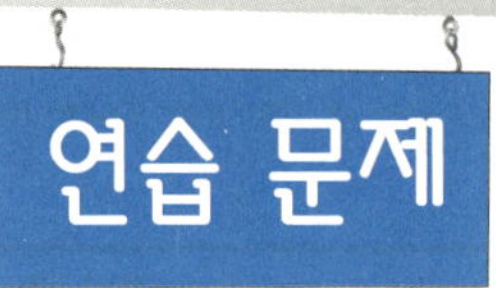

1. C언어에서 주소에 대한 개념을 설명하고 변수의 주소를 출력할 수 있는 코드를 작성하시오.

2. 배열과 포인터의 차이점과 배열을 이용하는 것보다 포인터를 이용하는 것이 좋은 이유에 대해서 자세히 설명하시오.

3. "Cupcake", "Donut", "Eclair", "Froyo", "Ginger Bread", "Honeycomb", "Icecream Sandwich", "Jelly Bean", "KitKat"을 2중 포인터로 프린트하는 프로그램을 작성하시오.

4. char (*name)[10] 과 char *(name[10]) 의 차이점에 대해서 설명하시오.

함수

11

함수(Function)는 소프트웨어에서 특정 일을 수행하는 부분을 의미하는데, 특정 기능을 수행하는 명령어들을 묶어 필요할 때 호출하는 방식이다. C언어는 하나 이상의 함수로 구성된 함수형 언어인데, 프로그램은 일반적으로 하나 이상의 함수로 구성되어 있으며 함수를 단위로 프로그램을 작성함으로써 전체 프로그램을 논리적으로 구조화시킬 수 있다.

모든 함수가 독립적으로 호출 운용되며 함수 내에서 다른 함수를 호출하여 사용할 수도 있다. 이는 반복되는 기능을 하나로 묶어 프로그램의 모듈화를 가능하게 할 수 있고 크기를 줄일 수 있어 유지 보수에도 편리한 장점이 있다.

C언어에서도 마찬가지로 프로그램을 모듈화할 수 있는 함수를 제공하고 있는데, 함수를 호출할 때 함수로 값을 넘기기 위해서 매개 변수를 사용한다. 함수의 사용이 끝난 경우 함수에서의 처리 결과를 함수를 호출한 부분으로 넘기기 위해서 리턴값(Return value)를 사용하기도 하는데, 이번 장에서는 C언어에서 제공하고 있는 함수에 대해서 알아보고 사용하는 방법에 대해서 알아보도록 하겠다.

1. 함수의 형식

1.1 함수

함수를 간단하게 생각해보면 어떤 기능을 가진 하나의 모듈로 생각해볼 수 있다. 예를 들어서 자전거를 생각해보면 자전거가 앞으로 나아가게 하는 바퀴, 방향을 조정하는 핸들, 동력장치인 체인과 페달로 구성되어 있는데 이러한 하나하나의 구성 단위를 함수로 생각할 수 있다.

바퀴의 경우 지면 위에서 회전하면서 자전거를 앞으로 나아가게 하는데, 어떤 식으로 바퀴가 구성되어 있는지와 관계없이 같은 일을 한다. 이는 오토바이, 손수레나 자동차에서도 바퀴가 있으며 같은 모양은 아니지만 동일한 작용을 한다.

그림 11-1 모터사이클, 손수래, 자동차의 바퀴

이렇게 하나의 모듈은 수정을 하지 않거나 약간의 수정을 통해서 다른 애플리케이션에서 사용할 수 있기 때문에 함수를 이용하게 되면 코드의 재사용률을 높일 수 있다.

또한 함수는 내부 구조를 알지 않더라도 사용할 수 있는데, 예를 들어서 자전거의 바퀴의 경우에는 휠과 바퀴살, 타이어 등으로 구성되어 있지만 어떤 식으로 구성되는지 관계없이 땅을 굴러서 앞으로 나아간다는 성질만 알고 있으면 사용하는데 문제가 없다.

애플리케이션의 함수도 동일하다. 앞에서 사용한 화면에 무언가를 출력하는 printf( ) 함수나 무언가를 입력받는 scanf( )와 같은 표준(Standard) 함수의 경우에 이러한 함수들이 어떤 식으로 구현되는지 알 수 없지만, 이러한 함수들을 무언가 값을 전달하면 내부적으로 정해진 일을 처리하거나, 정해진 일을 처리해서 원하는 결과를 넘겨주는 블랙 박스(Block box)와 같다고 생각해볼 수 있다.

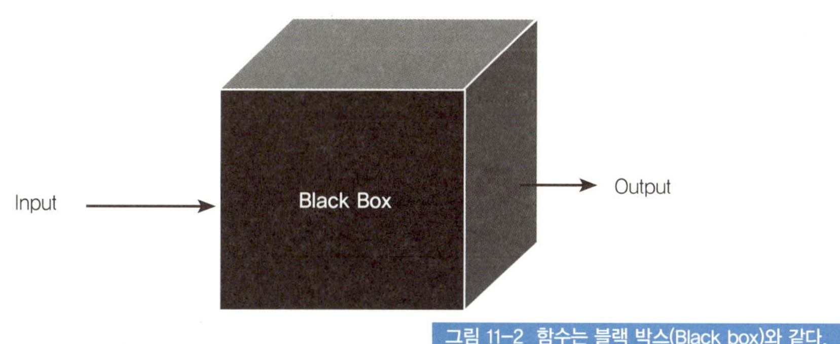

그림 11-2 함수는 블랙 박스(Black box)와 같다.

이렇듯 함수는 일련의 규격화된 서브루틴(Subroutine)으로 생각할 수 있다.

1.2 함수의 정의

함수는 다음과 같이 정의될 수 있다. 일반적으로 함수는 for문이나 while문과 같은 하나의 프로그램 단위로 생각될 수 있는데 중괄호를 이용해서 함수의 내부 코드를 블록화한다.

```
반환되는_데이터의_형    함수의_이름 (인자의_목록)
{
    /* 함수의 내부 변수의 선언 */
    /* 함수의 구현 내용 */

    /* return 반환값; */
}
```

반환되는 데이터 형

함수는 함수 내에서 실행한 결과를 함수를 호출한 부분에 돌려줄 수 있다. 이 데이터형은 함수의 반환 값을 명시한다. 함수는 배열을 제외한 어떠한 형의 자료형도 반환할 수 있다. 만약 반환 값의 형이 명시되지 않으면 C컴파일러는 자동적으로 함수가 정수를 반환하는 것으로 가정한다. 값을 반환하지 않는 함수는 void로 선언할 수 있다.

```
int main( )
{
    return 0;
}
```

위와 같이 main( ) 함수의 경우 int형의 값을 반환하는데, 값을 반환할 때는 return 키워드를 사용해야 한다.

- **함수의 이름**

  함수의 이름은 변수의 이름과 같이 함수를 구분하기 위해서 사용된다.

- **인자의 목록**

  함수에게 넘기고 싶은 값이나 변수를 사용할 수 있다. 여러 개의 인자를 동시에 사용해서 여러 개의 값을 동시에 넘겨줄 수 있다.

- **함수의 블록**

  블록 내부가 바로 문장의 함수의 실제 구현 부분이다. 수행되어야 하는 기능을 문장으로 나열한다. 보통

C언어에서는 함수 내에서 사용하는 변수의 목록을 함수의 시작 부분에서 정의해서 사용한다. 물론 for문이나 while문과 같이 별도의 블록에서만 변수가 사용되는 경우 블록문의 시작 부분에서 변수를 정의하면 된다. 함수에서 반환되는 값이 있는 경우에는 return문을 이용해서 해당 값을 반환하면 된다.

1.3 함수의 사용

함수를 사용하는 방법을 살펴보기 위해서 간단하게 사칙연산을 수행하는 계산기를 만들어보자. 먼저 사칙연산을 하는 부분을 함수로 구현해보자.

```c
#include <stdio.h>

float doCalculate(char op, float operandA, float operandB)
{
    float result = 0;

    switch(operator) {
        case '+': result = operandA + operandB; break;
        case '-': result = operandA - operandB; break;
        case '*': result = operandA * operandB; break;
        case '/': result = operandA / operandB; break;
    };

    return result;
}
```

사칙연산을 수행하기 위해서 doCalculate( )라는 함수를 만들었다. 사칙연산에서 계산되는 결과는 나눗셈 때문에 실수값이 발생할 수 있어서 float형으로 값을 반환할 수 있도록 하였다. 계산 결과를 저장하기 위해서 함수의 첫 부분에 float형의 변수를 하나 선언하였다.

사칙연산을 하기 위해서는 A ⓧ B와 같이 3가지의 인자가 필요한데, 첫 번째 피연산자와, 두 번째 피연산자, 그리고 사칙연산을 위한 '+', '−', '*', '/'와 같은 문자가 필요하다. 곱하기의 경우 수학 기호로 'x'를 사용하지만 컴퓨터에서는 '*'를 사용한다. 이를 위해서 사칙연산 기호를 위한 문자형의 인자와 2개의 숫자를 넘기기 위해서 float형의 변수를 인자로 사용했다.

내부적인 계산은 switch문을 이용해서 처리하면 되는데 문자형의 인자를 '+', '−', '*', '/'로 분리해서 계산 기능을 수행할 수 있다. 계산된 결과는 return문을 이용해서 앞에서 지정한 float형으로 반환할 수 있다.

이제 doCalculate( ) 함수를 호출하는 부분을 살펴보자.

```c
int main( )
{
    float result = 0;

    result = doCalculate('+', 10.0, 20);
    printf("10 + 20 = %f\n", result);

    result = doCalculate('-', 35, 19);
    printf("35 - 19 = %f\n", result);

    printf("12.3 x 4.5 = %f\n", doCalculate('*', 12.3, 4.5));

    printf("100 / 2.5 = %f\n", doCalculate('/', 100, 2.5));

    return 0;
}
```

C언어에서는 프로그램은 항상 main( ) 함수로 부터 시작한다. main( ) 함수의 시작 부분에 doCalculate( ) 함수와 같이 사칙연산의 결과를 저장하기 위해서 float형의 변수를 선언하였다.

main( ) 함수의 첫 번째 연산은 덧셈이다. doCalculate( ) 함수의 결과를 float 형의 변수로 반환받아서 printf( ) 함수를 이용해서 출력하였다. main( ) 함수의 두 번째 연산은 뺄셈인데, 앞 부분의 덧셈과 같이 doCalculate( ) 함수의 결과를 반환받아서 출력하였다.

main( ) 함수의 세 번째와 네 번째 연산은 곱하기와 나누기이다. 앞에서와 같이 함수의 반환 결과를 변수에 따로 저장하지 않고 printf( ) 함수에서 바로 사용해 출력하였다. 이를 바탕으로 구현한 전체 소스는 다음과 같다.

Ch11_1.c

```c
1    #include <stdio.h>
2
3    float doCalculate(char op, float operandA, float operandB)
4    {
5        float result = 0;
6
7        switch(operator) {
```

```
8          case '+': result = operandA + operandB; break;
9          case '-': result = operandA - operandB; break;
10         case '*': result = operandA * operandB; break;
11         case '/': result = operandA / operandB; break;
12     };
13
14     return result;
15  }
16
17  int main( )
18  {
19     float result = 0;
20
21     result = doCalculate('+', 10.0, 20);
22     printf("10 + 20 = %f\n", result);
23
24     result = doCalculate('-', 35, 19);
25     printf("35 - 19 = %f\n", result);
26
27     printf("12.3 x 4.5 = %f\n", doCalculate('*', 12.3, 4.5));
28
29     printf("100 / 2.5 = %f\n", doCalculate('/', 100, 2.5));
30
31     return 0;
32  }
```

〈실행결과〉

```
10 + 20 = 30.000000
35 ? 19 = 16.000000
12.3 x 4.5 = 55.35000
100 / 2.5 = 40.000000
```

1.4 함수의 선언

C언어에서 함수를 사용하기 위해서는 함수를 사용하기 전에 미리 정의가 되어있거나 함수가

선언이 되어있어야 한다. 위의 소스 코드에서는 doCalculate( ) 함수를 미리 정의하고 아래에
서 함수를 사용하였다. 그런데 다음과 같이 하면 결과는 어떻게 될까?

```c
#include <stdio.h>

int main( )
{
    float result = 0;

    result = doCalculate('+', 10.0, 20);
    printf("10 + 20 = %f\n", result);

    result = doCalculate('-', 35, 19);
    printf("35 - 19 = %f\n", result);

    printf("12.3 x 4.5 = %f\n", doCalculate('*', 12.3, 4.5));

    printf("100 / 2.5 = %f\n", doCalculate('/', 100, 2.5));

    return 0;
}

float doCalculate(char operator, float operandA, float operandB)
{
    float result = 0;

    switch(operator) {
      case '+': result = operandA + operandB; break;
      case '-': result = operandA - operandB; break;
      case '*': result = operandA * operandB; break;
      case '/': result = operandA / operandB; break;
    };

    return result;
}
```

위의 코드와 같이 main( ) 함수와 doCalculate( ) 함수의 순서를 바꿔서 컴파일해보면 다음과
같은 에러 코드를 확인할 수 있다.

```
VALENTIS-MacbookPro:~ valentis$ gcc -o 10-2 10-2.c
10-2.c:7:13: warning: implicit declaration of function 'doCalculate' is invalid in C99
      [-Wimplicit-function-declaration]
   result = doCalculate('+', 10.0, 20);
                        ^
10-2.c:13:32: warning: format specifies type 'double' but the argument has type 'int'
      [-Wformat]
   printf("12.3 x 4.5 = %f\n", doCalculate('*', 12.3, 4.5));
                        ~~      ^~~~~~~~~~~~~~~~~~~~~~~~~~~
                        %d
10-2.c:15:31: warning: format specifies type 'double' but the argument has type 'int'
      [-Wformat]
   printf("100 / 2.5 = %f\n", doCalculate('/', 100, 2.5));
                       ~~      ^~~~~~~~~~~~~~~~~~~~~~~~~~~
                       %d
10-2.c:20:7: error: conflicting types for 'doCalculate'
float doCalculate(char operator, float operandA, float operandB)
      ^
10-2.c:7:13: note: previous implicit declaration is here
   result = doCalculate('+', 10.0, 20);
                        ^
3 warnings and 1 error generated.
```

그림 11-3 함수 선언이 되어있지 않은 경우의 에러 코드

함수를 사용하기 이전에 함수가 선언 되어 있지 않는 경우에 함수의 반환값을 묵시적으로 int 형으로 간주한다. 이러한 경우 컴파일시 에러가 발생할 수 있는데 이를 해결하기 위해서는 함수를 미리 선언해두어야 한다.

함수의 선언은 함수를 정의하는 것과 비슷하지만 함수의 구현 부분은 사용하지 않는다.

반환되는_데이터의_형   함수의_이름(인자의_목록) ;

위의 코드에서 main( ) 함수 앞에 doCalculate( ) 함수를 선언하면 컴파일할 때 에러가 발생하지 않는다.

```c
#include <stdio.h>

float doCalculate(char operator, float operandA, float operandB);

int main( )
{
   float result = 0;

   result = doCalculate('+', 10.0, 20);
   printf("10 + 20 = %f\n", result);
```

<< 코드 생략 >>

2. 매개 변수

2.1 매개 변수의 전달

앞에서 함수에 값을 전달하기 위해서 매개 변수(parameter, 파라미터)를 사용했다. 일반적으로 앞에서와 같이 함수에 값만 전달하는 경우가 있는 반면에 값을 다시 가져와서 사용해야 하는 경우가 있다. 함수에서 계산된 결과를 가져오는 경우에 함수의 반환값을 이용할 수 있지만 반환값을 경우에는 하나의 형태의 값만 반환할 수 있기 때문에 여러 개의 값을 동시에 사용하는 경우에는 이용하기 힘들다. 예를 들어서 int형의 두 변수의 값을 서로 바꾸는 swap( ) 함수를 구현하는 경우에 다음과 같이 함수를 선언할 수 있다.

```c
void swap(int var1, int var2);
```

2개의 변수를 인자로 사용하는데 선언하는 방법에 따라서 값만 전달할 수도 있고, 변환된 값을 다시 가져올수도 있다. 함수에 값만 전달하는 것을 값에 의한 호출(Call by value)라고 부르고 값을 다시 가져오는 것을 참조에 의한 호출(Call by Reference)라고 부른다.

2.2 값에 의한 호출(Call by Value)

앞의 계산기 애플리케이션과 같이 간단하게 값을 넘기는 경우에는 값에 의한 호출을 이용할 수 있다. 함수의 인자를 이용하면 되는데 참조에 의한 호출에 비해서 아주 간단하게 사용할 수 있다.

하지만 두 개의 값을 바꾸는 swap( ) 함수와 같은 경우에는 값에 의한 호출은 사용할 수 없다. swap( ) 함수를 값에 의한 호출로 구현해보자.

실습 11-2

Ch11_2.c

```c
1    #include <stdio.h>
2
3    void swap(int var1, int var2);
4
5    int main( )
```

```
6      {
7          int a = 10, b = 20;
8
9          swap(a, b);
10
11         printf("a = %d, b = %d\n", a, b);
12
13         return 0;
14     }
15
16  void swap(int var1, int var2)
17  {
18      int temp;
19
20      temp = var1;
21      var1 = var2;
22      var2 = temp;
23
24      printf("var1 = %d, var2 = %d\n", var1, var2);
25  }
```

〈실행결과〉

```
var1 = 20,  var2 = 10
a = 10,  b = 20
```

일반적인 함수를 선언하는 것과 같이 함수를 선언하고 매개 변수를 정의하였다. 하지만 위의
코드를 컴파일해서 실행시키면 swap( ) 함수 내의 변수는 값이 바뀌지만 swap( ) 함수 종료
후 main( ) 함수에서 swap( ) 함수에 넘겨준 매개 변수(a, b)를 확인해보면 값이 바뀌지 않은
것을 확인할 수 있다.

값에 의한 호출을 이용해서 매개 변수를 전달하면 새로운 함수에서 변수에 대한 새로운 메모리
를 할당하여 값을 복사한다. 그러므로 호출한 함수의 변수의 값에는 영향이 없다. 이를 해결하
기 위해서는 참조에 의한 호출(Call by Reference)을 이용해야 한다.

2.3 참조에 의한 호출(Call by Reference)

참조에 의한 호출은 값을 전달하는 것이 아니라 매개 변수의 주소값을 이용해서 전달하는 것을 말한다. 정확하게 말하면 앞장에서 배운 포인터와 주소(&) 연산자를 사용하는 매개 변수의 전달 방법이다. 위의 swap( ) 함수를 참조에 의한 호출로 수정해보자.

실습 11-3

Ch11_3.c

```c
#include <stdio.h>

void swap(int *var1, int *var2);

int main( )
{
  int a = 10, b = 20;

  swap(&a, &b);

  printf("a = %d, b = %d\n", a, b);

  return 0;
}

void swap(int *var1, int *var2)
{
  int temp;

  temp = *var1;
  *var1 = *var2;
  *var2 = temp;

  printf("var1 = %d, var2 = %d\n", *var1, *var2);
}
```

〈실행결과〉

```
var1 = 20,  var2 = 10
a = 10,  b = 20
```

swap( ) 함수의 매개 변수를 포인터를 이용해서 값을 전달하였다. 변수의 값을 전달하기 위해서 main( ) 함수에서는 주소(&) 연산자를 사용하였는데, 포인터가 값이 있는 주소를 가르키기 때문에 위와 같이 사용할 수 있다.

포인터와 주소 연산자

int 형의 변수와 포인터를 선언한 경우에 a의 값은 &b의 값(주소)과 같고 *a의 값은 b와 같다.

```c
#include <stdio.h>

int main( )
{
    int a = 10;
    int *b = &a;

    printf("%d / %d\n", a, *b);
    printf("%x / %x\n", &a, b);
    return 0;
}
```

위의 코드를 실행하면 다음과 같은 결과를 확인할 수 있다.

```
10 / 10
553b0bd8 / 553b0bd8
```

그림 11-4 포인터와 주소 연산자

위의 코드를 컴파일해서 실행시켜 보면 swap( ) 함수 내의 변수의 값도 바뀌고 main( ) 함수에서 swap( ) 함수로 전달한 매개 변수(a, b)도 값에 의한 호출과는 다르게 값이 바뀐 것을 알 수 있다.

참조에 의한 호출은 호출 받은 함수가 매개 변수를 건내 받을 때 값에 의한 호출과는 다르게 새로운 메모리를 만들지 않고 매개 변수로 넘어오는 메모리 영역의 포인터를 이용하기 때문에 넘겨받은 인자의 값의 수정이 가능하다.

3. 재귀 호출

재귀 호출(recursion call)이란 자기가 자기 자신을 부르는 것을 말한다. 이번에는 재귀 호출 부분에서 단골로 나오는 팩토리얼 계산과 관련된 내용을 가지고 재귀에 대한 내용을 알아보도록 하자.

3.1 팩토리얼 개요

함수를 사용하다보면 자기 자신을 호출해야 프로그래밍이 더 쉬운 경우가 있다. 예를 들어, 팩토리얼(Factorial)을 계산하는 프로그램을 생각해보자. 팩토리얼을 1부터 현재의 값까지 자연수를 곱하는 수학적인 공식으로 다음과 같이 정의할 수 있다.

```
n! = n×(n-1)×(n-2)×. . .?×3×2×1
```

팩토리얼 계산 공식은 다음과 같은 코드로 나타낼 수 있다. for문을 이용해서 n부터 1까지 숫자 1씩 감소하면서 곱해주면 된다.

Ch11_4.c

```c
1    #include <stdio.h>
2
3    int main(void)
4    {
5        int result = 1, n, i;
6        printf("input the factorial number : ");
7        scanf("%d", &n);
8
9        for(i = n; i > 0; i--)
10       {
11           result *= i;
12       }
13
14       printf("%d! = %d\n", n, result);
15       return 0;
16   }
```

<실행결과>

```
input the factorial number : 5
5! = 120
```

자, 이제 팩토리얼 계산을 재귀를 사용하지 않았을 때와 사용했을 때의 경우를 한번 보도록
하자.

3.2 재귀 호출을 이용하지 않는 팩토리얼

for문을 사용하는 함수를 이용해서 재귀 호출을 이용하지 않는 팩토리얼 계산 프로그램을 구
현해보자. for문을 함수를 이용해서 분리하면 된다. 예제를 살펴보도록 하자.

실습 11-5

Ch11_5.c

```c
1    #include <stdio.h>
2
3    int doFactorial(int n);
4
5    int main(void)
6    {
7        int n, result;
8        printf("input the factorial number : ");
9        scanf("%d", &n);
10       result = doFactorial(n);
11       printf("%d! = %d\n", n, result);
12       return 0;
13   }
14
15   int doFactorial(int n)
16   {
17       int ret = 1, i;
18
19       for(i = n; i > 0; i--)
20       {
21           ret *= i;
22       }
23
```

```
24        return ret;
25    }
```

〈실행결과〉

```
input the factorial number : 5
5! = 120
```

3.3 재귀 호출을 이용하는 팩토리얼

이제 앞에서 구현한 팩토리얼 계산 프로그램을 재귀 함수를 이용하도록 수정해보자. 재귀 호출을 이용하면 함수를 보다 단순화시키고 간단하게 수정할 수 있다.

실습 11-6

Ch11_6.c

```
1     #include <stdio.h>
2
3     int doFactorial(int n);
4
5     int main(void)
6     {
7         int n, result;
8         printf("input the factorial number : ");
9         scanf("%d", &n);
10        result = doFactorial(n);
11        printf("%d! = %d\n", n, result);
12        return 0;
13    }
14
15    int doFactorial(int n)
16    {
17        return (n <=1) ? 1 : n*doFactorial(n-1);
18    }
```

〈실행결과〉

```
input the factorial number : 5
5! = 120
```

위의 코드를 보면 doFactorial( ) 함수에서 자기 자신을 호출해서 함수를 보다 단순화시킬 수 있다. 재귀 호출을 사용할 때 주의해야할 점은 함수의 탈출 조건을 명시해야하는 점이다. 함수에서 자기 자신을 호출하다 보면 잘못하면 무한루프에 빠져서 프로그램이 종료되지 않을 수 있다.

재귀 호출을 이용하는 것이 for문과 같은 반복문을 이용하는 것보다 함수를 이용해 동일한 코드를 여러 군데에서 사용할 수 있고 반복문이 복잡한 경우 소스 코드를 보다 단순화시킬 수 있는 장점을 제공한다.

3.4 함수를 위한 스택

함수 호출을 하는 경우에 함수 호출을 완료한 후에 이전 상태로 돌아오기 위해서, 함수를 호출하기 전의 현재 실행과 관련된 상태들 메모리의 일부 영역에 지장해야 한다.

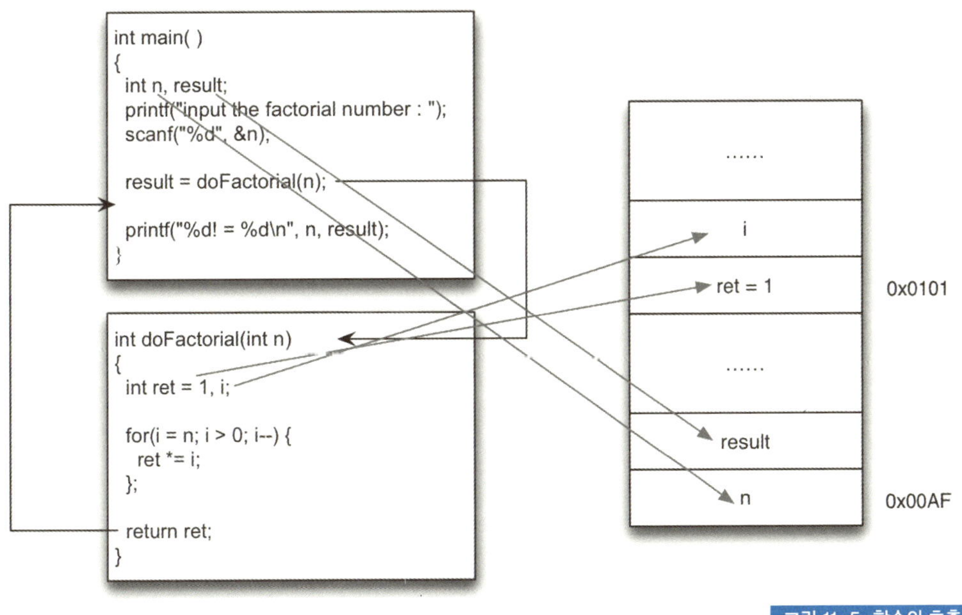

그림 11-5 함수의 호출

함수마다 변수를 선언하게 되는데 이 변수는 함수나 순환문과 같은 블록 내에서만 사용할 수 있으며 블록을 벗어나는 경우에는 변수를 사용할 수 없다. 함수를 호출하는 경우에는 현재의 함수에서 사용하는 변수의 값이나 상태들을 메모리 공간에 저장해두는데 이러한 메모리 공간을 스택(Stack)이라고 부른다.

재귀 호출과 같이 자신의 함수를 연속해서 호출하는 경우에는 처리해야 할 값들을 스택에 유지

되어야 하므로 메모리를 낭비하는 경우가 발생하고 이러한 이유로 순환문에 비해서 효율이 떨어질 수 있다.

4. main( ) 함수

4.1 main( ) 함수와 반환값

C언어에서는 항상 main( ) 함수로 부터 시작한다. main( ) 함수도 애플리케이션을 위한 하나의 함수로 생각할 수 있는데 반환값과 매개 변수를 가지고 있다. main( ) 함수가 void 형으로 선언될 수 있는데 이는 반환값을 가지지 않는다는 의미이다. 하지만 일반적인 경우에 void 형보다 int 형을 더 많이 사용하고 있다.

main( ) 함수에서 반환형으로 int 형을 사용하는 것이 ANSIC 표준이며, 애플리케이션이 정상적으로 종료하는 경우에는 0을 반환하고, 비정상적으로 종료하는 경우에 0이 아닌 숫자를 반환하도록 되어있다.

4.2 명령행 인수(Command–Line Argument)

애플리케이션을 실행하는 경우에 애플리케이션의 인자를 입력할 수 있는데 이를 명령행 인수라고 부르고 main( ) 함수를 이용해서 구현할 수 있다. 명령행 인수의 예를 보면 gcc와 같은 컴파일러에서 소스 코드의 이름과 만들어지는 실행 파일의 이름과 같은 것들을 실행 파일의 이름 뒤에 옵션으로 나열해서 사용할 수 있다.

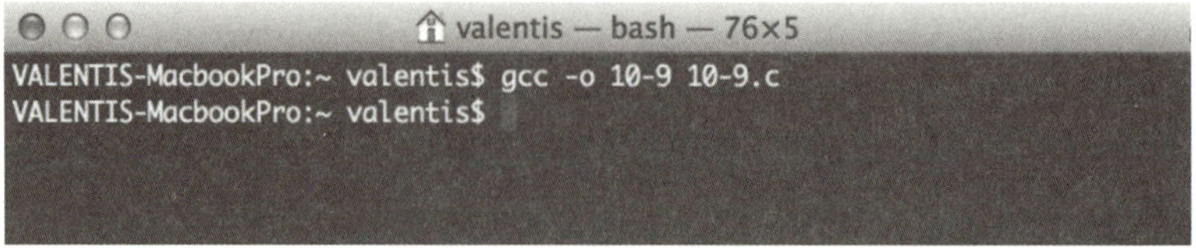

그림 11-6 gcc의 명령행 인수

main( ) 함수는 다음과 같은 2개의 매개 변수를 갖고 있는데 이는 생략될 수 있다.

```
int main(int argc, char **argv)
```

첫 번째 매개 변수인 argc는 명령행 인수의 전체 갯수를 의미하는데 애플리케이션 이름까지 포함되므로「명령행 인수의 전체 수 + 1」의 값을 가지고 있다. 두 번째의 argv는 명령행 인자의 내용을 가지고 있다. argv의 이중 포인터는 ∗argv[ ]와 같이 포인터와 배열로 변경할 수 있다.

```c
#include <stdio.h>

int main(int argc, char* argv[])
{
  int i;
  for(i = 0; i < argc; i++)
  {
    printf("%d : %s\n", i, argv[i]);
  };
  return 0;
}
```

위의 코드는 명령행 인수를 입력받아서 출력하는 프로그램이다. 위의 코드를 컴파일해서 다음과 같은 옵션을 줘서 실행해보면 인수의 값이 출력되는 것을 확인할 수 있다. 명령행 인수의 제일 첫 번째는 애플리케이션의 이름이므로 옵션을 사용하는 경우에는 1번부터 사용해야 하는 것을 명심하기 바란다.

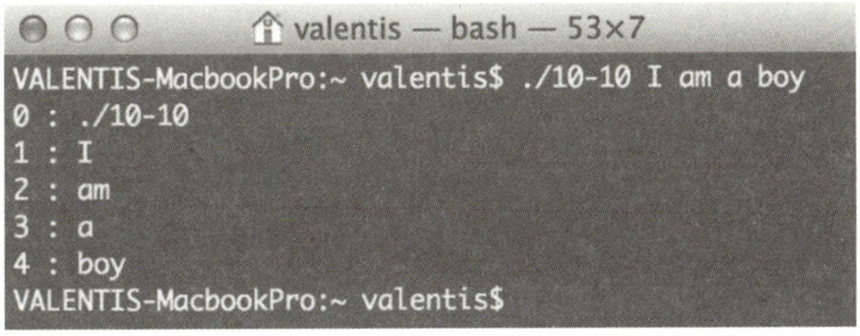

그림 11-7 명령행 인수(Command-line Argument)

5. 함수 포인터

앞 Chapter에서 설명한 것과 같이 포인터는 변수의 주소에 있는 값을 참조하는 방법이다. 애플리케이션을 실행하면 프로그램의 모든 부분이 메인 메모리 상에서 위치하게 된다. 변수도 특정한 메모리의 주소를 가지고 있는 공간에 위치하고 있고 마찬가지로 함수도 특정 메모리의 주소를 가지고 있는 공간에 위치하고 있다.

함수를 메모리의 주소로 접근하게 하면 변수에서 포인터를 이용할 때와 마찬가지로 장점이 있지 않을까? 이러한 개념이 바로 함수 포인터이다.

5.1 함수와 포인터

함수 포인터에서 함수명은 메모리의 함수 실행 영역에서 시작 주소를 의미한다. 함수에 대한 포인터는 바로 함수의 실행 영역의 시작 주소 값을 갖는 포인터이다. 이 포인터는 매개 변수로 사용될 수도 있고 배열의 원소로 사용될 수도 있는 등 여러 가지 방법으로 조작이 가능하다.

5.2 함수 포인터의 선언과 초기화

함수 포인터도 변수의 포인터와 마찬가지로 '*'을 이용해서 선언한다.

```
반환되는_데이터의_형    (*함수의_이름)(인자의_목록);
```

일반적으로 함수 포인터는 함수명 앞에 *만을 사용하지 않는다. 그 이유는 *만 사용하게 되면 함수 포인터인지 아니면 포인터형의 값을 반환하는 함수인지 구분하기가 어렵기 때문이다. 그래서 (*함수명) 와 같은 방법으로 함수 포인터를 구분하고 있다.

함수 포인터도 함수와 마찬가지로 사용하기 전에 미리 선언이나 구현이 되어있어야 한다. 함수 포인터는 함수에 대한 주소이므로 함수를 만들고 함수를 연결할 수 있는데, 이때 연결하는 함수의 타입과 함수 포인터의 타입이 일치해야 한다.

```
float function(int n);                /* 일반 함수 */
float (*pointer_function)(int n);     /* 함수 포인터 */

pointer_function = function;
```

함수의 연결은 함수의 이름 자체가 함수 코드의 시작 주소이므로 pointer_function = function; 과 같이 함수와 함수 포인터를 연결할 수도 있고, 주소 연산자(&)를 이용해서 pointer_function = &function;와 같이 연결할 수도 있다. 위의 사칙연산 프로그램을 함수 포인터를 이용해서 변경해보자.

실습 11-7

Ch11_7.c

```c
1    #include <stdio.h>
2
3    float doCalculate(char operator, float operandA, float operandB);
4    float doAdd(float operandA, float operandB);
5    float doSub(float operandA, float operandB);
6    float doMul(float operandA, float operandB);
7    float doDiv(float operandA, float operandB);
8
9    int main( )
10   {
11      float result = 0;
12
13      result = doCalculate('+', 10.0, 20);
14      printf("10 + 20 = %f\n", result);
15
16      result = doCalculate('-', 35, 19);
17      printf("35 - 19 = %f\n", result);
18
19      printf("12.3 x 4.5 = %f\n", doCalculate('*', 12.3, 4.5));
20
21      printf("100 / 2.5 = %f\n", doCalculate('/', 100, 2.5));
22
23      return 0;
24   }
25
26   float doCalculate(char op, float operandA, float operandB)
27   {
28      float (*pCalculate)(float operandA, float operandB);
29
30      switch(op) {
31        case '+': pCalculate = doAdd; break;
```

```
32            case '-': pCalculate = doSub; break;
33            case '*': pCalculate = doMul; break;
34            case '/': pCalculate = doDiv; break;
35        };
36
37        return pCalculate(operandA, operandB);
38    }
39
40    float doAdd(float operandA, float operandB)
41    {
42        return operandA + operandB;
43    }
44
45    float doSub(float operandA, float operandB)
46    {
47        return operandA - operandB;
48    }
49
50    float doMul(float operandA, float operandB)
51    {
52        return operandA * operandB;
53    }
54
55    float doDiv(float operandA, float operandB)
56    {
57        return operandA / operandB;
58    }
```

사칙연산에서 연산 부분의 코드를 따로 분리하였는데, float형의 값을 반환하고 2개의 float형의 매개 변수를 갖는 함수를 정의하였다. 위와 같이 같은 형의 함수들을 미리 정의해두고 함수 포인터를 이용해서 조건에 따라서 수행되어야할 함수들을 변경해서 사용할 수 있다. 또한함수 포인터는 변수와 마찬가지로 배열로 관리할 수 있다.

이러한 방법을 이용하면 실행하는 함수를 고정해두는게 아니라 실행 시 함수를 프로그래머가 마음대로 변경할 수 있기 때문에 코드의 유연성이 증가되게 된다. 또한 함수는 이미 메모리에 선언이 되어 있기 때문에 변수와는 다르게 메모리를 새로 잡거나 해제해야 하는 번거로움도 필요없다.

마지막으로 이번 Chapter의 내용을 정리해보자. C언어에는 프로그램을 수행하기 위해서 하나 이상의 함수로 이루어져 있다. 기본 함수가 main( ) 함수이며 프로그래머가 원하는 경우 함수들을 새로 추가할 수 있다. C언어에서 수행되는 작업들을 모두 함수 내에서 정의되어 있으며 이러한 함수들 간의 호출로 프로그 램이 수행되게 된다. 함수는 프로그램에서 특정 기능을 수행하는 명령어를 묶는 방법으로 하나의 프로그램은 여러 함수들로 구성될 수 있다.

함수의 선언은 프로그램의 실행과는 무관하게 컴파일러에게 해당 함수가 존재한다는 것을 알려주는 역할을 한다. 컴파일은 위에서 아래로 진행되므로 어떤 함수가 실행되는 시점을 기준으로 그 함수의 선언이나 정의가 없다면 에러 메시지를 발생한다.

함수에 값만 전달하는 경우와 함수 내에서 수행된 값을 다시 가져올 우 있는지에 따라서 함수에 값을 전달할 때에는 여러가지 방법이 있다. 값에 의한 호출은 매개 변수를 이용해서 값만 전달하는 방식이고, 참조에 의한 호출(call by reference)은 주소 값을 전달하는 함수 호출이다. 참조에 의한 호출(call by reference)은 호출될 함수에 변수를 전달할 때 포인터를 이용할 수 있는데, 함수에서 포인터를 인자로 전달하기 위해서는 변수의 앞에 & 기호를 붙여서 넘겨준다.

함수에서 자신을 호출해서 순환문처럼 사용하는 것을 재귀 호출이라고 한다. 이러한 재귀 호출을 이용해서 반복 구조를 만들 수 있지만 순환문에 비해서 개념이 복잡하고 효율성이 떨어진다는 단점이 있다.

일반적으로 자료형에만 포인터를 사용하지만 함수를 가변적으로 바꿔서 사용하는 경우에는 함수 포인터를 사용할 수 있다. 함수 포인터는 일반 포인터 자료형에 비해서 복잡하기 때문에 개념에 대해서 천천히 이해할 수 있도록 여러 소스 코드를 참고해보는 것이 좋다.

연습 문제

1. 함수의 반환값에서 void가 뜻하는 것은 무엇인가?

2. 매개 변수에서 값에 의한 호출(call by value)과 참조에 의한 호출(call by reference)에 대해서 설명
하시오.

3. 1부터 10까지 구하는 프로그램을 재귀 호출을 사용해서 작성하시오.

12 구조체와 공용체

1. 구조체

한 사람이나 사물이 갖는 정보는 다양하다. 예로 한 학생이 갖는 정보는 학번, 학과, 수강과목, 학점, 성별, 나이 등 종류가 다양하다. 학생의 정보는 개수도 여럿이지만 데이터 타입도 문자열, 정수 등 다양하다. 이렇게 다양한 정보를 저장하기 위해서 앞 부분에서는 주로 배열을 사용했었다. 그런데, 배열은 한 종류의 데이터 타입 값을 여러 개 저장할 수 있기 때문에, 이런 경우에는 프로그램의 복잡도가 높아진다. 다음의 예제를 살펴보자.

실습 12-1

ch12_1.c

```c
#include <stdio.h>

int main(void)
{
    char name[3][20];          //세 사람의 이름 저장할 배열
    int jumsu[3][4];           //세 사람의 국, 영, 수, 총점을 저장할 배열
    float avg[3];              //세 사람의 평균을 저장할 배열
    int i;
    for (i = 0; i < 3; i++)
    {
        //학생 정보(이름과 국어,영어,수학 점수)를 입력받음
        printf("이름을 입력하라\n");
        scanf("%s", name[i]);
        printf("국어 점수를 입력하라\n");
        scanf("%d", &jumsu[i][0]);
        printf("영어 점수를 입력하라\n");
        scanf("%d", &jumsu[i][1]);
        printf("수학 점수를 입력하라\n");
        scanf("%d", &jumsu[i][2]);

        //총점 계산
        jumsu[i][3] = jumsu[i][0] + jumsu[i][1] + jumsu[i][2];

        //평균 계산
        avg[i] = (float)jumsu[i][3] / 3;
    }
```

```
28          //성적 처리 결과 출력
29          printf("이름\t국어\t영어\t수학\t총점\t평균\n");
30          for (i = 0; i < 3; i++)
31          {
32              printf("%s\t%d\t%d\t%d\t%d\t%f\n", name[i], jumsu[i][0],
33                  jumsu[i][1], jumsu[i][2], jumsu[i][3], avg[i]);
34          }
35          return 0;
36      }
```

〈실행결과〉

```
이름을 입력하라
aaa
국어 점수를 입력하라
1
영어 점수를 입력하라
2
수학 점수를 입력하라
3
이름을 입력하라
bbb
국어 점수를 입력하라
4
영어 점수를 입력하라
5
수학 점수를 입력하라
6
이름을 입력하라
ccc
국어 점수를 입력하라
7
영어 점수를 입력하라
8
수학 점수를 입력하라
9
이름    국어    영어    수학    총점    평균
aaa     1       2       3       6       2.000000
bbb     4       5       6       15      5.000000
ccc     7       8       9       24      8.000000
```

5번 줄은 세 사람의 이름을 저장할 char형 배열을 선언한다.

6번 줄은 세 사람의 국, 영, 수, 총점을 저장할 int형 배열을 선언한다.

8번 줄은 세 사람의 평균을 저장할 float형 배열을 선언한다.

9~26번 줄은 세 사람의 이름, 국, 영, 수 점수를 입력 받아 총점과 평균을 계산한다. 10~17번 줄이 이름, 국, 영, 수 점수를 입력 받고, 20번 줄이 국, 영, 수 점수를 더해 총점을 계산하고, 23번 줄에서 총점을 과목수(3)로 나누어 평균을 계산한다.

30~34번 줄은 세 사람의 이름, 국, 영, 수 점수, 총점, 평균을 출력한다.

〈실습 12-1〉은 학생 3명의 성적을 처리하는 프로그램으로 데이터는 배열에 저장한다. 데이터 중 이름은 문자열이므로 char형 배열에, 각 과목의 점수와 총점은 정수이므로 int형 배열에, 평균은 소숫점까지 저장하도록 float형 배열에 저장하였다. 이 프로그램에서 볼 수 있듯이 배열을 사용할 경우에는 한 사람의 데이터가 타입 별로 다른 배열에 저장되므로 하나로 묶어서 처리할 수 없다. 이러한 불편한 점을 덜어 줄 수 있는 것이 구조체이다. 배열은 동일한 타입의 값을 여러 개 저장할 수 있지만 구조체는 타입이 다른 여러 개의 값을 하나로 묶어서 저장할 수 있다.

구조체 정의 방법	구조체 정의 예

``
struct 태그명{
    멤버 변수 선언;
    멤버 변수 선언;
    ...
};
``
	``
	struct Test{
	    int a;
	    char b;
	    float c;
	};
	``

표 12-1 구조체 정의

구조체 정의 방법은 〈표 12-1〉과 같이 먼저 태그명을 정의한다. 태그명은 사용자가 정의하는 데이터 타입명이다. 컴파일러가 기본으로 제공하는 타입을 기본 타입이라고 하는데, int, float, char 등 앞서 사용했던 타입들이 이에 속한다. 이러한 기본 타입으로만 프로그램을 개발하는 것에 한계를 느껴 사용자가 직접 데이터 타입을 정의하여 사용하도록 제공하는 것이 구조체이다. 즉 사람이나 사물이 하나의 타입이 되며 그 사람이나 사물이 갖는 데이터들을 구조체로 묶어서 정의한다.

이렇게 구조체로 만든 데이터 타입명이 태그명이며, 이름 생성 규칙은 변수 명명 규칙과 동일하지만 보통 첫 글자는 대문자로 표현한다. 첫 글자를 대문자로 하지 않는다고 해서 컴파일할 때 에러가 발생하는 것은 아니지만 프로그래머들의 약속이다. 구조체의 태그명 앞에는 항상 struct 키워드를 함께 작성한다. 구조체 태그명을 정의했으면 이 구조체는 어떤 값들을 하나로 묶는지 정의한다. 구조체에 포함되는 변수들을 멤버 변수라고 하며 멤버 변수의 데이터 타입이나 개수에는 제한이 없다. 〈표 12-1〉에서 보듯이 구조체의 멤버 변수 선언은 일반 변수 선언과 동일하다. 그리고 구조체 정의가 끝나면 세미콜론을 찍는다. 표의 오른쪽은 구조체 정의 예로 태그명, 즉 사용자 정의 타입명은 Test이다. 그리고 Test 타입에 포함되는 멤버 변수는 int형 a, char형 b, float형 c로 구성된다. 이렇게 구조체를 정의했으면 기본 타입과 마찬가지로 Test 타입의 변수를 선언하여 값을 저장하거나 읽을 수 있다.

```
struct Test x;     //Test 타입의 변수 x선언
```

위의 코드는 Test 타입의 변수 x를 선언하는 문장이다. 구조체 타입명 앞에는 꼭 struct 키워드를 써야 한다. 구조체 변수를 선언하면 구조체에 정의한 멤버 변수들을 포함하는 메모리를 할당 받는다.

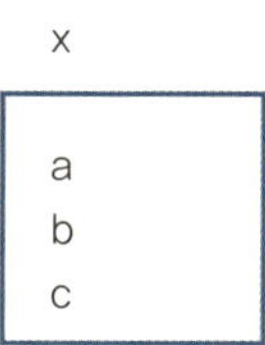

그림 12-1 구조체 변수

구조체 변수의 각 멤버 변수에 접근하려면 도트 연산자(.)를 사용한다.

```
x.a = 10;          //구조체 변수 x의 int 타입 멤버 a에 값 10 할당
x.b = 'a';         //구조체 변수 x의 char 타입 멤버 b에 값 'a' 할당
x.c = 3.4f;        //구조체 변수 x의 float 타입 멤버 c에 값 3.4f 할당
```

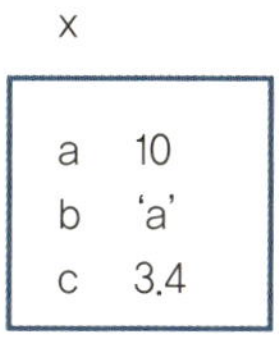

그림 12-2 구조체 변수에 값 할당

도트 연산자(.)로 구조체 변수의 멤버를 개별적으로 다룰 수 있다. 위의 코드와 같이 각 멤버에 값을 할당하면 〈그림 12-2〉처럼 각 멤버에 값이 저장된다.

ch12_2.c

```c
1    #include <stdio.h>
2
3    //구조체 정의
4    struct Test {
5        int a;
6        char b;
7        float c;
8    };
9
10   int main(void)
11   {
12       struct Test x, y;      //구조체 변수 x, y 선언
13
14       //구조체 변수 x의 멤버 변수에 값 할당
15       x.a = 1;
16       x.b = 'a';
17       x.c = 1.2f;
18
19       //구조체 변수 x의 멤버 변수의 값 출력
20       printf("x.a=%d, x.b=%c, x.c=%f\n", x.a, x.b, x.c);
21
22       //구조체 변수 y의 멤버 변수에 값 할당
23       y.a = 2;
24       y.b = 'b';
25       y.c = 2.3f;
26
27       //구조체 변수 y의 멤버 변수에 값 출력
28       printf("y.a=%d, y.b=%c, y.c=%f\n", y.a, y.b, y.c);
29       return 0;
30   }
```

〈실행결과〉

```
x.a=1, x.b=a, x.c=1.200000
y.a=2, y.b=b, y.c=2.300000
```

4~8번 줄은 구조체 Test를 정의한다.

12번 줄은 구조체 변수 x, y를 선언한다.

15~17번 줄은 구조체 변수 x의 멤버 변수들에 값을 할당한다.

20번 줄은 구조체 변수 x의 멤버 변수들의 값을 출력한다.

23~25번 줄은 구조체 변수 y의 멤버 변수들에 값을 할당한다.

28번 줄은 구조체 변수 y의 멤버 변수들의 값을 출력한다.

구조체 변수는 다음과 같이 정의문에서 바로 선언할 수도 있다.

```
struct Point {
    int x;
    int y;
} p1;    //struct Point p1;
```

위의 코드는 구조체 타입 Point를 정의한다. 멤버 변수를 선언하는 것은 앞에서 나온 내용과 동일하나 끝에 p1이 더 추가되었다. 이는 「struct Point p1;」와 동일한 의미로 구조체 정의와 동시에 변수 p1을 선언한다. 또, 다음과 같이 구조체 변수를 초기화할 수도 있다.

```
struct Point {
    int x;
    int y;
} p1 = {1, 2};    //p1의 멤버 변수 초기화
```

이 코드는 구조체 정의와 구조체 변수 선언, 초기화를 동시에 하는 예로 {1, 2}는 멤버 변수의 초기값을 정의한다. 즉, 아래 내용과 동일하다.

```
p1.x = 1;
p1.y = 2;
```

구조체 변수 초기화는 다음과 같이 할 수도 있다.

```
struct Point p2 = {3, 4};
```

다음은 구조체 변수 선언 및 초기화와 관련된 실습 코드이다.

실습 12-3

ch12_3.c

```c
1    #include <stdio.h>
2
3    struct Point {
4        int x;
5        int y;
6    } p1, p2 = { 1, 2 };
7
8    int main(void)
9    {
10       struct Point p3={100, 200};
11
12       p1.x = 10;
13       p1.y = 20;
14
15       printf("p1.x=%d, p1.y=%d\n", p1.x, p1.y);
16       printf("p2.x=%d, p2.y=%d\n", p2.x, p2.y);
17       printf("p3.x=%d, p3.y=%d\n", p3.x, p3.y);
18       return 0;
19   }
```

〈실행결과〉

```
p1.x=10, p1.y=20
p2.x=1, p2.y=2
p3.x=100, p3.y=200
```

〈코드분석〉

3~6번 줄은 구조체 Point를 정의한다. 6번 줄의 p1, p2는 구조체 Point의 변수를 선언한 것이고 p2 = {1, 2}는 p2의 멤버 변수 x, y를 1, 2로 초기화한다. 이 코드는 p2.x = 1; p2.y = 2와 동일하다.

10번 줄은 구조체 Point의 변수 p3를 선언하고 p3.x를 100으로 p3.y를 200으로 초기화한다.

12~13번 줄은 p1의 멤버 변수 x, y에 10, 20을 할당한다.

15~17번 줄은 p1, p2, p3의 멤버 변수들을 출력한다.

그런데 구조체 변수를 선언할 때마다 struct 키워드를 사용하는 것이 불편하다. 이 키워드를 생략하고 싶다면 typedef를 사용할 수 있다. typedef는 타입 정의 키워드로 주로 unsigned int와 같이 길이가 긴 타입명에 새 타입명을 추가 정의할 때 사용한다.

```
typedef unsigned int u_int;
u_int score;
```

이 코드는 unsigned int에 새 타입명 u_int을 정의한다. 우리가 알고 있는 unsigned int 타입을 u_int로 부를 수 있도록 정의한 것이다. 새 타입을 정의했다고 원래의 타입인 unsigned int를 사용하지 못하는 것은 아니며 두 타입명 모두 사용할 수 있다. 위에서 선언한 score는 unsigned int 타입이다.

구조체 정의 방법	구조체 정의 예
```typedef struct { 멤버 변수 선언; 멤버 변수 선언; ... } 태그명; 태그명 변수명;```	```typedef struct { int x; int y; } Point2; int main(void) { Point2 p1; p1.x = 7; p1.y = 8; printf("p1.x=%d, p1.y=%d\n", p1.x, p1.y); }```

표 12-2 typedef를 이용한 구조체 정의

typedef를 이용해 구조체를 정의할 때에는 태그명이 맨 뒤로 이동한다. 구조체 정의문에 대한 타입을 정의하는 것이다. 이렇게 정의한 구조체는 변수 선언 시 struct 키워드를 사용하지 않는다. 그 이외의 사용 방법은 typedef 없이 정의한 구조체와 동일하다.

구조체는 기본 타입뿐만 아니라 구조체 변수도 멤버로 가질 수 있다. 다음은 구조체 변수를 멤버로 갖는 구조체 정의를 예로 보여준다.

```
struct Point{
    int x;
    int y;
```

```
    };

struct Test{
    char shape[20];
    struct Point p1;
};
```

구조체 Test는 char형 배열 shape와 구조체 Point 변수 p1을 멤버로 갖는다. 구조체 Test의 변수를 선언하면 구조체 Point를 포함한 메모리를 할당 받는다.

```
                        struct Test t1;
```

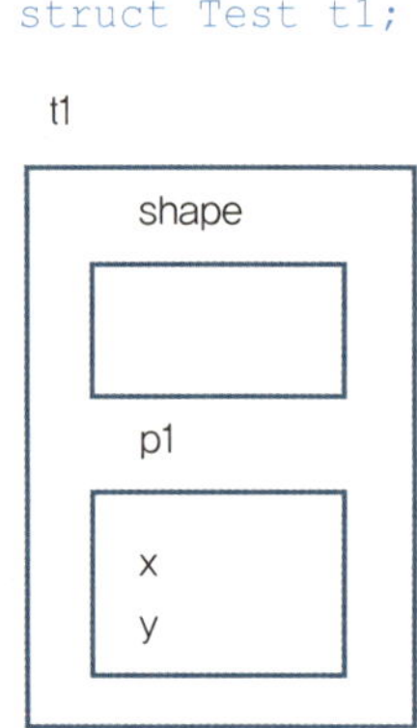

그림 12-3 구조체를 멤버로 갖는 구조체

구조체 Test의 각 멤버 변수에 접근하는 방법은 다음과 같다.

```
strcpy(t1.shape, "hello");
t1.p1.x = 10;
t1.p1.y = 20;
```

구조체를 멤버로 갖는 구조체 실습 예제를 살펴보겠다.

실습 12-4

ch12_4.c

```
1    #include <stdio.h>
2    #include <string.h>
3
4    struct Point {
5        int x;
6        int y;
```

```c
7       };
8
9       struct Test {
10          char shape[20];
11          struct Point p1;
12      };
13
14      int main(void)
15      {
16          struct Test t1, t2;
17
18          strcpy(t1.shape, "circle");
19          t1.p1.x = 10;
20          t1.p1.y = 20;
21
22          strcpy(t2.shape, "rectangle");
23          t2.p1.x = 100;
24          t2.p1.y = 200;
25
26          printf("shape:%s, x:%d, y:%d\n", t1.shape, t1.p1.x, t1.p1.y);
27          printf("shape:%s, x:%d, y:%d", t2.shape, t2.p1.x, t2.p1.y);
28          return 0;
29      }
```

〈실행결과〉

```
shape:circle, x:10, y:20
shape:rectangle, x:100, y:200
```

〈코드분석〉

4~7번 줄은 구조체 Point를 정의한다.

9~12번 줄은 구조체 Test를 정의하는데 위에서 정의한 Point 변수를 멤버로 갖는다.

16번 줄은 Test의 변수 t1, t2를 선언한다.

18번 줄은 t1.shape에 "circle"을 할당한다.

19~20번 줄은 t1의 멤버 변수 p1의 x, y 멤버에 10, 20을 할당한다.

22번 줄은 t2.shape에 "rectangle"을 할당한다.

23~24번 줄은 t2의 멤버 변수 p1의 x, y 멤버에 100, 200을 할당한다.

26~27번 줄은 t1, t2의 멤버 변수를 출력한다.

구조체도 데이터 타입이기 때문에 배열을 생성하여 사용할 수 있다.

```
struct Person {
    char name[20];
    int age;
} data[3];
```

이 코드처럼 정의와 동시에 배열을 선언할 수 있다. 이렇게 선언하면 name, age를 갖는 방을 3개 할당 받는다.

data[0]	data[1]	data[2]
name age	name age	name age

그림 12-4 구조체 배열

구조체 배열은 구조체 정의 이후에 선언할 수도 있다.

```
struct Person arr[2];
```

그리고 구조체 배열 선언 시 배열을 초기화할 수 있다.

```
struct Person {
    char name[20];
    int age;
} data[3] = { { "aaa", 12 }, { "bbb", 22 }, { "ccc", 32 } };
```

data[0]	data[1]	data[2]
"aaa" 12	"bbb" 22	"ccc" 32

그림 12-5 구조체 배열 초기화

이 코드에서 보듯이 구조체 배열 각 방의 초기값을 중괄호로 묶어서 초기화한다. 다음은 구조체 배열을 사용하는 실습이다.

실습 12-5

ch12_5.c

```c
#include <stdio.h>
#include <string.h>

struct Person {
    char name[20];
    int age;
} data[3] = {{"aaa", 12}, {"bbb", 22}, {"ccc", 32}};

int main(void)
{
    struct Person arr[2];
    int i;

    strcpy(arr[0].name, "ddd");
    arr[0].age = 42;

    strcpy(arr[1].name, "eee");
    arr[1].age = 52;

    //data 배열 출력
    for (i = 0; i < 3; i++) {
        printf("name:%s, age:%d\n", data[i].name, data[i].age);
    }

    //arr 배열 출력
    for (i = 0; i < 2; i++) {
        printf("name:%s, age:%d\n", arr[i].name, arr[i].age);
    }
    return 0;
}
```

```
name:aaa, age:12
name:bbb, age:22
name:ccc, age:32
name:ddd, age:42
name:eee, age:52
```


4~7번 줄은 구조체 Person을 정의하고 Person 타입의 배열 data를 선언한다. 이 배열은 크기가 30이고 각 방은 모두 name, age를 포함한다. 그리고 배열을 { "aaa", 12 }, { "bbb", 22 }, { "ccc", 32 }로 초기화한다

11번 줄은 크기가 2인 Person 타입의 배열 arr을 선언한다.

14~15번 줄은 arr[0]의 멤버 name, age에 값을 할당한다.

17~18번 줄은 arr[1]의 멤버 name, age에 값을 할당한다.

21~23번 줄은 배열 data의 각 요소를 출력한다.

26~28번 줄은 배열 arr의 각 요소를 출력한다.

다음 실습은 〈실습 12-1〉을 구조체 배열을 사용하는 형태로 바꾼 것으로 배열을 사용했을 때에는 한 학생의 정보가 여러 배열로 흩어졌지만, 구조체를 사용하면 학생 단위로 묶어서 처리할 수 있음을 확인할 수 있다.

실습 12-6

ch12_6.c

```c
#include <stdio.h>
#include <string.h>

struct Student {
    char name[20];
    int jumsu[4];
    float avg;
} data[3];

int main(void)
{
    int i;
    for (i = 0; i < 3; i++) {
        //학생 정보(이름과 국어, 영어, 수학 점수)를 입력받음
        printf("이름을 입력하라\n");
```

```c
16          scanf("%s", data[i].name);
17          printf("국어 점수를 입력하라\n");
18          scanf("%d", &data[i].jumsu[0]);
19          printf("영어 점수를 입력하라\n");
20          scanf("%d", &data[i].jumsu[1]);
21          printf("수학 점수를 입력하라\n");
22          scanf("%d", &data[i].jumsu[2]);
23
24          //총점 계산
25          data[i].jumsu[3] = data[i].jumsu[0] + data[i].jumsu[1]
26                  + data[i].jumsu[2];
27
28          //평균 계산
29          data[i].avg = (float)data[i].jumsu[3] / 3;
30      }
31
32      //성적 처리 결과 출력
33      printf("이름\t국어\t영어\t수학\t총점\t평균\n");
34      for (i = 0; i < 3; i++) {
35          printf("%s\t%d\t%d\t%d\t%d\t%f\n", data[i].name,
36              data[i].jumsu[0], data[i].jumsu[1], data[i].jumsu[2],
37              data[i].jumsu[3],data[i].avg);
38      }
39      return 0;
40  }
```

〈실행결과〉

```
이름을 입력하라
aaa
국어 점수를 입력하라
12
영어 점수를 입력하라
23
수학 점수를 입력하라
34
이름을 입력하라
bbb
국어 점수를 입력하라
```

```
45
영어 점수를 입력하라
56
수학 점수를 입력하라
67
이름을 입력하라
ccc
국어 점수를 입력하라
78
영어 점수를 입력하라
98
수학 점수를 입력하라
76
이름    국어    영어    수학    총점    평균
aaa     12      23      34      69      23.000000
bbb     45      56      67      168     56.000000
ccc     78      98      76      252     84.000000
```

<코드분석>

4~8번 줄은 한 학생 데이터를 담을 구조체 Student를 정의한다. 그리고 8번 줄에서 Student 타입의 배열 data를 선언한다.

13~30번 줄은 세 학생의 성적을 처리하는 코드로 14~22번 줄에서 이름과 국어, 영어, 수학 점수를 입력받아 배열의 각 멤버 변수에 저장한다.

24~29번 줄은 총점과 평균을 계산한다.

34~38번 줄은 배열의 요소를 출력한다.

구조체 타입의 메모리 주소를 포인터로 다룰 수 있다. 다음 예시 코드를 보도록 하자.

```c
struct Person {
    char name[20];
    int age;
};

struct Person *p1, p2;
p1 = &p2;
```

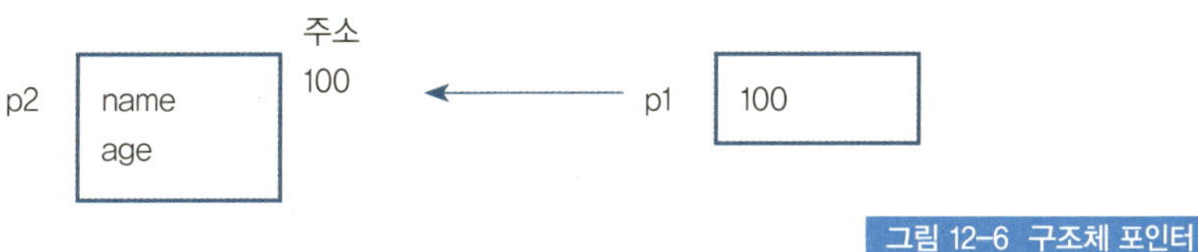

그림 12-6 구조체 포인터

p1은 포인터 변수로 struct Person 변수의 주소가 저장된다. 〈그림 12-6〉은 이를 설명하는 것으로 구조체 변수 p2가 할당받은 메모리가 100번지라고 한다면 p1에 p2의 주소를 할당하므로 p1에는 100이 저장된다. 이 주소로 구조체의 멤버 변수에 접근할 수도 있다.

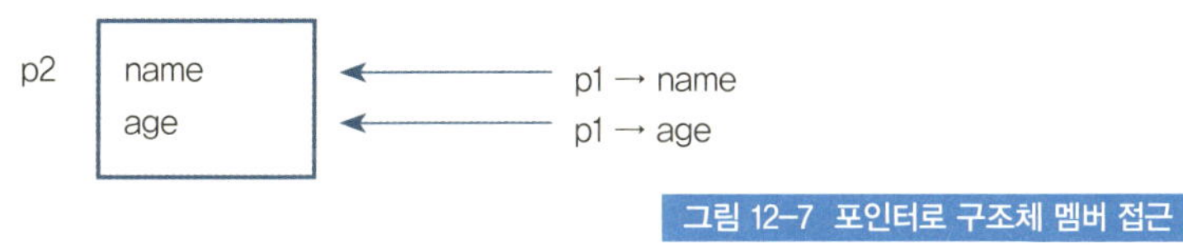

그림 12-7 포인터로 구조체 멤버 접근

포인터로 멤버에 접근할 때에는 간접 접근 연산자(-))를 사용하여 아래와 같이 작성한다.

```
p1->name
p1->age
```

멤버에 접근하는 방식을 다시 한번 정리하면 변수로 접근할 때에는 직접 접근 연산자(.)를 사용하고, 포인터나 주소로 접근할 때에는 간접 접근 연산자를 사용한다. 이와 관련된 실습을 하나 살펴보자.

실습 12-7

ch12_7.c

```c
1   #include <stdio.h>
2   #include <string.h>
3   #include <stdlib.h>
4
5   struct Person {
6       char name[20];
7       int age;
8   };
9
10  int main(void)
11  {
12      struct Person *p1, *p2, p3;
```

```c
13
14          strcpy(p3.name, "aaa");
15          p3.age = 10;
16
17          p1 = &p3;
18          printf("p3.name:%s, p3.age:%d\n", p1->name, p1->age);
19
20          p2 = (struct Person*) malloc(sizeof(struct Person));
21          strcpy(p2->name, "bbb");
22          p2->age = 20;
23          printf("p2->name:%s, p2->age:%d\n", p2->name, p2->age);
24          free(p2);
25          return 0;
26      }
```

〈실행결과〉

```
p3.name:aaa, p3.age:10
p2->name:bbb, p2->age:20
```

〈코드분석〉

5~8번 줄은 구조체 Person을 정의한다.

12번 줄은 구조체 포인터 p1, p2와 구조체 변수 p3를 선언한다.

14~15번 줄은 구조체 변수 p3의 멤버 변수에 값을 할당한다.

17번 줄은 p3의 주소를 구조체 포인터 p1에 할당한다. 이제 p1은 p3를 가리킨다.

18번 줄은 포인터 p1으로 p3에 접근하여 멤버 변수의 값을 출력한다.

20번 줄은 malloc()을 이용해 힙에 구조체 Person 타입의 메모리를 할당받는다. 할당받은 메모리의 주소를 p2에 저장한다.

21~22번 줄은 할당 받은 메모리의 멤버 변수에 값을 할당한다.

23번 줄은 p2의 멤버 변수들을 출력한다.

24번 줄은 malloc()으로 할당 받은 메모리를 free() 함수로 해제한다.

2. 공용체

공용체는 구조체와 비슷하지만 멤버 변수들이 메모리를 공유하는 점이 구조체와 다르다. 그리고 공용체 정의할 때는 struct 대신 union 키워드를 사용한다.

```
union Test {
    int x;
    char y[10];
};
```

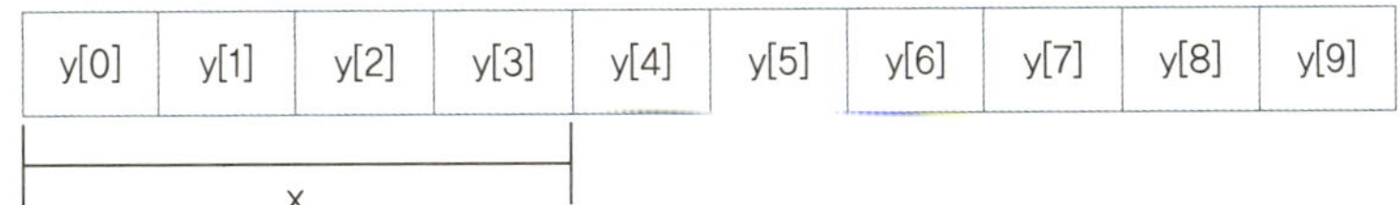

그림 12-8 공용체

공용체는 멤버 변수들 중 메모리 크기가 가장 큰 변수 한 개 만큼 메모리를 할당받아 모든 멤버들이 이 메모리를 공용으로 사용한다. 이 말은 한 멤버에 값을 저장해도 다른 멤버에 값을 쓰면 이전 값은 손상된다는 의미이다.

〈그림 12-8〉은 공용체 Test 멤버 변수의 메모리 할당 모습을 보여준다. 멤버 x와 y가 메모리를 함께 사용하므로 x에 정수 값을 저장한 뒤 y에 문자열을 저장하면 x에 저장한 값이 변경된다. 다음 실습을 통해 이를 확인해보자.

실습 12-8

ch12_8.c

```
1    #include <stdio.h>
2    #include <string.h>
3
4    union Test {
5        int x;
6        char y[10];
7    };
8
9    int main(void)
10   {
11       union Test t1;
```

```
12          t1.x = 10;
13          strcpy(t1.y, "abcdefghij");
14
15          printf("x:%d, y:%s\n", t1.x, t1.y);
16          return 0;
17      }
```

〈실행결과〉

```
x:1684234849, y:abcdefghij
```

〈코드분석〉

4~7번 줄은 공용체 Test를 정의한다. 멤버 x, y 중 메모리가 큰 것은 y이므로 y의 크기인 10바이트를 할당 받아 x와 y가 공용으로 사용한다.

11번 줄은 공용체 Test 변수 t1을 선언한다.

12~13번 줄은 t1의 멤버에 값을 할당한다.

15번 줄은 t1의 멤버 변수의 값을 출력하는데, x에 값을 쓴 뒤 y값을 덮어쓰므로 x의 값이 손상된다.

이렇게 멤버에 저장한 값을 유지하지 못하는 공용체는 왜 필요할까? 공용체는 사용 빈도가 아주 적은 문법 중 하나로 주로 데이터를 바이트 단위로 분리할 때 사용한다. 다음의 예제를 살펴보자.

실습 12-9

ch12_9.c

```
1   #include <stdio.h>
2
3   union Test {
4       int x;
5       char y[4];
6   };
7
8   int main(void)
9   {
10      union Test t1;
11      int i;
12
13      t1.x = 12345678;
```

```
14
15        for (i = 0; i < 4; i++) {
16            printf("t1.y[%d]:%d\n", i, t1.y[i]);
17        }
18        return 0;
19    }
```

〈실행결과〉

```
t1.y[0]:78
t1.y[1]:97
t1.y[2]:-68
t1.y[3]:0
```

〈코드분석〉

3~6번 줄은 공용체 Test를 정의한다.

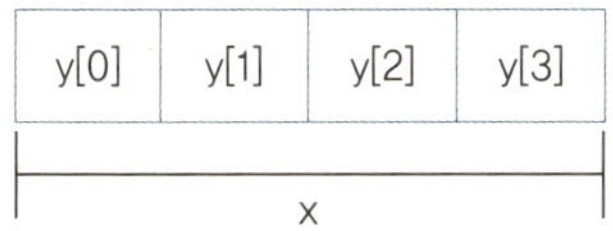

10번 줄은 공용체 Test 변수 t1을 선언한다.

13번 줄은 t1의 멤버 x에 정수를 할당한다.

15~1/번 줄은 x를 y를 이용해 한 비이트씩 잘라서 읽는다.

이처럼 공용체는 데이터를 여러 형태로 접근하는 용도로 사용된다.

3. 열거형

열거형은「Chapter 4. 자료형」에서도 잠깐 소개되었는데, '열거'라는 말 그대로 프로그램에서
사용할 값들을 나열하는 타입으로 정수형 상수의 나열이다.

```
enum{a, b, c} test;
```

위의 코드처럼 먼저 enum 키워드를 작성하고 중괄호 안에 필요한 범위의 값을 정의한다. 지금 코드에는 a, b, c가 나열되었는데 이는 상수로 정의되며 초깃값은 자동으로 0부터 1씩 증가시킨 값을 차례대로 할당한다. 즉 a=0, b=1, c=2가 된다. 이들은 모두 상수이므로 선언 이후에 값을 할당하면 에러가 발생한다. 하지만 test는 변수이므로 다른 값을 할당할 수 있다.

실습 12-10

ch12_10.c

```c
#include <stdio.h>

int main(void)
{
    enum {
        a, b, c
    } test;

    printf("a : %d\n", a);
    printf("b : %d\n", b);
    printf("c : %d\n", c);

    return 0;
}
```

〈실행결과〉

```
a : 0
b : 1
c : 2
```

위 예제를 보면 5~7번 줄에서 열거형 상수를 정의한다. 5번 줄의 a, b, c는 상수로 0, 1, 2가 자동으로 할당된다.

이 타입으로 변수를 선언해서 사용하면 그 변수가 가질 수 있는 값의 범위를 상수로 지정하여 쓰므로 데이터를 범위 안에서 비교하는 용도로 편리하다. 또한 값 대신에 상수 이름을 사용하므로 가독성도 높일 수 있다. 다음 예제를 살펴보자.

ch12_11.c

```c
#include <stdio.h>

int main(void)
{
    enum {
        mon, tue, wed, thu, fri, sat, sun
    } day;

    puts("0~6사이의 숫자를 입력하시오.");
    scanf("%d", &day);

    switch(day) {
    case mon:
        puts("월요일");
        break;
    case tue:
        puts("화요일");
        break;
    case wed:
        puts("수요일");
        break;
    case thu:
        puts("목요일");
        break;
    case fri:
        puts("금요일");
        break;
    case sat:
        puts("토요일");
        break;
    case sun:
        puts("일요일");
        break;
    default:
        puts("잘못입력하셨습니다.");
    }
```

```
37
38          return 0;
39      }
```



```
0~6사이의 숫자를 입력하시오.
3
목요일
```


5~7번 줄은 열거형 상수를 정의한다. 6번 줄은 요일 이름을 나열하였으며 mon=0, tue=1 ...으로 상수가 정의된다.

7번 줄의 day는 변수로 이 변수가 가질 수 있는 값들을 6번 줄에서 정의한 것이다.

10번 줄에서 정수를 하나 입력 받아 변수 day에 저장한다.

12~36번 줄에서 switch문으로 day의 값이 무엇인지 비교한다. 이때 비교 값을 숫자 대신에 정의한 상수로 비교하므로 각 값이 무슨 요일인지 해독하기가 편하다.

열거형 상수의 시작 값을 0이 아닌 다른 값으로 할당할 수도 있다. 만약 시작 값을 10으로 지정하면 그 다음 상수들은 자동으로 11, 12 … 가 할당된다.

실습 12-12

ch12_12.c

```
1       #include <stdio.h>
2
3       int main(void)
4       {
5           enum {
6               a = 10, b, c = 20, d, e
7           } test;
8
9           printf("a:%d\n", a);
10          printf("b:%d\n", b);
11          printf("c:%d\n", c);
12          printf("d:%d\n", d);
13          printf("e:%d\n", e);
14
```

```
15          return 0;
16     }
```

〈실행결과〉

```
a:10
b:11
c:20
d:21
e:22
```

5~7번 줄은 열거형 상수를 정의하였다. 그리고 6번 줄에서 a의 값을 10으로 할당했으므로 그 다음 상수는 자동으로 11, 12…로 할당된다. 그런데 c는 20으로 할당해서 12가 아니라 20을 할당받는다. 그리고 그 뒤는 21, 22가 할당된다. 이처럼 중간에 값을 지정하면 그 뒤부터는 할당한 값보다 1씩 증가된 값이 할당된다.

이 Chapter에서는 구조체의 필요성과 정의 방법, 구조체 선언 및 멤버 사용, 구조체를 멤버로 포함하는 구조체, 구조체 배열과 포인터, 공용체, 열거형 등에 대해서 살펴보았다.

연습 문제

1. int, char, float 형 멤버를 하나씩 갖고 태그명이 Test인 구조체를 정의하시오.

2. 1번의 구조체 변수 x를 선언하시오.

3. 2번에서 선언한 변수 x의 멤버에 20, 'k', 3.45f를 각각 대입하시오.

4. 1번에서 정의한 구조체 Test 타입이고 사이즈가 3인 배열 arr을 선언하시오.

5. 4번에서 선언한 배열의 0번째 요소에 100, 'r'. 2.5f를 저장하시오.

C 프로그램의 입출력과 파일 입출력

13

프로그램에서 사용하는 데이터는 프로그램 내부의 데이터뿐만 아니라 프로그램 외부의 데이터도 사용할 수 있다. 프로그램 외부의 데이터란 프로그램 외부 장치가 보내는 데이터로 외부 장치는 모니터, 키보드, 파일, 마우스 등이 포함된다.

프로그램은 이러한 외부 장치로부터 데이터를 받을 수도 있고, 외부 장치로 데이터를 보낼 수도 있는데, 프로그램에서 데이터를 밖으로 보내는 것을 출력, 외부에서 프로그램 쪽으로 데이터를 받는 것을 입력이라 한다. 그래서 외부 장치는 출력 장치와 입력 장치로 나뉘는데, 키보드나 마우스 등은 입력 장치에 속하고 모니터, 프린터 등은 출력 장치에 속한다.

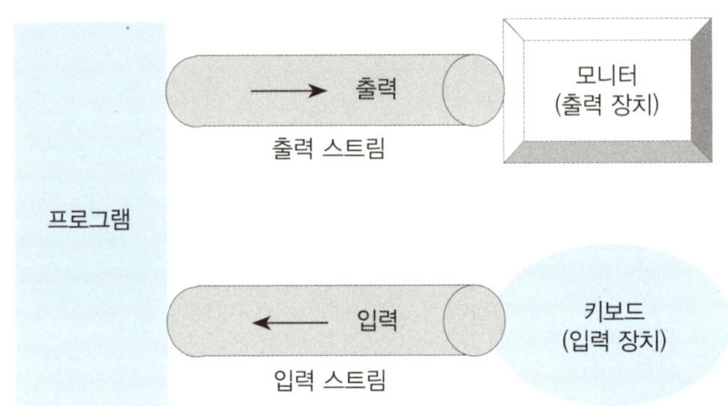

그림 13-1 프로그램의 입출력

〈그림 13-1〉을 보면 프로그램에서 모니터(출력 장치) 방향으로 데이터를 출력하는데, 이때 출력 스트림이라는 통로를 통해서 데이터가 이동된다. 스트림(stream)이란 데이터의 흐름을 소프트웨어로 구현한 것을 말하며, 방향은 단방향이다. 그러므로 출력 스트림은 프로그램에서 외부로 나가는 방향으로 데이터가 이동하고, 역방향으로의 이동은 불가능하다. 키보드는 입력 장치이므로 입력 스트림을 통해 외부에서 프로그램쪽으로 데이터가 전달되며 이를 입력이라 한다.

C 프로그램은 세 개의 표준 스트림을 제공하는데, 사용자가 생성하지 않아도 모든 프로그램에 기본적으로 제공된다. 다음 표는 표준 스트림을 보여준다.

	스트림	설명
표준 입력 스트림	stdin	표준 입력 장치인 키보드로부터 읽는 스트림
표준 출력 스트림	stdout	표준 출력 장치인 콘솔에 출력하는 스트림
표준 에러 스트림	stderr	표준 출력 장치인 콘솔에 에러를 출력하는 스트림

표 13-1 표준 스트림

C 라이브러리에는 스트림을 사용하여 입출력을 처리하는 많은 함수들이 정의되어 있는데 이 함수들에 대해 살펴보고 입출력 기능을 사용하는 프로그램을 구현하는 방법도 살펴보도록 하자.

1. 표준 입출력 함수들

이번에는 C언어에서 사용하는 여러 표준 입출력 함수들을 살펴보기로 하겠다.

1.1 문자 단위 입출력 함수

여기서는 문자 단위로 입출력 기능을 수행하는 함수들에 대해서 살펴볼 것이다. 여기서 소개하는 함수는 getchar( ), getc( ), fgetc( ), putchar( ), putc( ), 그리고 fputc( ) 함수다. 함수명에 'f'가 붙은 함수들은 파일 입출력 함수라 하여 키보드나 모니터 뿐만 아니라 파일에서도 데이터를 입출력할 수 있다. 이제부터 하나씩 살펴보도록 하겠다.

getchar( ) 함수

- 헤더 파일 : stdio.h
- 함수 프로토타입 : int getchar ( );

키보드로 문자 하나를 읽어서 반환한다. 에러가 발생하면 EOF(−1)를 반환한다. 사용하는 방법은 다음과 같다.

실습 13-1

Ch13_1.c

```
1    #include <stdio.h>
2
3    int main(void)
4    {
5        int a;
6        while ((a = getchar()) != '\n')
7        {
8            printf("%c", a);
9        }
10       return 0;
11   }
```

〈실행결과〉

```
asdffqwer
asdffqwer
```

6~9번 줄은 getchar( ) 함수로 표준 입력으로부터 문자를 하나씩 읽어서 변수 a에 저장하고
8번 줄에서 출력한다. 이 동작을 표준 입력으로 읽은 값이 '\n'이 아닐 동안 반복한다.

getc( ) 함수

- 헤더 파일 : stdio.h

- 함수 프로토타입 : int getc (FILE *fp);

getc( ) 함수는 파라메타인 스트림(fp)으로부터 문자 하나를 읽어서 반환한다. 에러가 발생하
면 EOF(−1)를 반환한다.

실습 13-2

Ch13_2.c

```
1    #include <stdio.h>
2
3    int main(void)
4    {
5        int a;
6        while ((a = getc(stdin)) != 'z')
7        {
8            printf("%c", a);
9        }
10       return 0;
11   }
```

〈실행결과〉

```
asdf
asdf
z
```

6~9번 줄은 getc( ) 함수로 stdin(표준 입력)으로부터 문자 하나씩 읽어 변수 a에 저장하고
8번 줄에서 그 값을 출력한다. 이 동작은 입력 값이 'z'가 아닐 동안 반복된다.

fgetc( ) 함수

- 헤더 파일 : stdio.h

- 함수 프로토타입 : int fgetc (FILE *fp);

매개 변수인 스트림(fp)으로부터 문자 하나를 읽어서 반환한다. 에러가 발생하면 EOF(−1)를
반환한다.

실습 13-3

Ch13_3.c

```c
1    #include <stdio.h>
2
3    int main(void)
4    {
5        int a;
6        while ((a = fgetc(stdin)) != '\n')
7        {
8            printf("%c", a);
9        }
10       return 0;
11   }
```

〈실행결과〉

```
asdf
asdf
```

6~9번 줄은 fgetc( ) 함수로 stdin(표준 입력)으로부터 문자 하나씩 읽어 변수 a에 저장하고
8번 줄에서 그 값을 출력한다. 이 동작은 입력 값이 '\n'가 아닐 동안 반복된다.

putchar( ) 함수

- 헤더 파일 : stdio.h

- 함수 프로토타입 : int putchar (int c);

putchar( ) 함수는 콘솔에 문자 하나를 출력하고, 그 문자 하나를 반환한다. 에러가 발생하면
EOF(−1)를 반환한다. 사용 방법은 다음과 같다.

실습 13-4

Ch13_4.c

```c
1    #include <stdio.h>
2
3    int main(void)
4    {
```

```
5          int a[] = { 'a', 'b', 'c', 'd', 'e' };
6          int i;
7          for (i = 0; i < 5; i++)
8          {
9              putchar(a[i]);
10         }
11         return 0;
12     }
```

〈실행결과〉

```
abcde
```

7~10번 줄은 a배열의 길이만큼 반복하면서 a배열의 요소를 하나씩 표준 출력 장치인 모니터
에 출력한다.

putc( ) 함수

– 헤더 파일 : stdio.h

– 함수 프로토타입 : int putc (int c, FILE *fp);

putc( ) 함수는 매개 변수인 스트림(fp)으로 문자 하나를 출력한다. 출력하는 문자 역시 매개
변수로 받은 값이다. 그리고 출력한 문자를 반환한다. 사용 방법은 다음과 같다.

실습 13-5

Ch13_5.c

```
1      #include <stdio.h>
2
3      int main(void)
4      {
5          int a[] = { 'a', 'b', 'c', 'd', 'e' };
6          int i;
7          for (i = 0; i < 5; i++)
8          {
9              putc(a[i], stdout);
10         }
11         return 0;
12     }
```

〈실행결과〉

abcde

7~10번 줄은 a 배열의 길이만큼 반복하면서 a 배열의 요소를 하나씩 표준 출력 장치인 모니터에 출력한다.

fputc( ) 함수

– 헤더 파일 : stdio.h

– 함수 프로토타입 : int fputc (int c, FILE *fp);

fputc( ) 함수는 매개 변수인 스트림(fp)으로 문자 하나를 출력한다. 출력하는 문자 역시 매개 변수로 받은 값이다. 그리고 출력한 문자를 반환한다. 에러가 발생하면 EOF(−1)를 반환한다. 사용 방법은 다음과 같다.

실습 13–6

Ch13_6.c

```
1    #include <stdio.h>
2
3    int main(void)
4    {
5        int a[] = { 'a', 'b', 'c', 'd', 'e' };
6        int i;
7        for (i = 0; i < 5; i++)
8        {
9            fputc(a[i], stdout);
10       }
11       return 0;
12   }
```

〈실행결과〉

abcde

7~10번 줄은 a 배열의 크기만큼 반복하면서 a 배열의 요소를 하나씩 표준 출력 장치인 모니터에 출력한다.

1.2 줄 단위 입출력 함수

이번에는 줄 단위, 즉 문자열 단위로 입출력을 하는 함수들을 소개하겠다.

gets( ) 함수

– 헤더 파일 : stdio.h

– 함수 프로토타입 : char* gets (char *str);

gets( ) 함수는 표준 입력 장치에서 한 줄을 읽고 매개 변수로 받은 버퍼(str)에 저장한다. 버퍼(buffer)는 데이터를 주고받는 임시 기억장소를 말한다. 여기서 한 줄이란 엔터키를 누를 때까지를 말한다. 정상적으로 처리되면 버퍼(str)의 주소를 반환하고, 비정상적으로 처리되면 NULL을 반환한다. 사용 방법은 다음과 같다.

실습 13-7

Ch13_7.c

```c
1    #include <stdio.h>
2
3    int main(void)
4    {
5        char a[10];
6        char *buf;
7        buf = gets(a);
8        printf("%s\n", buf);
9        return 0;
10   }
```

〈실행결과〉

```
hello
hello
```

7번 줄은 gets( ) 함수로 키보드로부터 한 줄의 문자열을 입력 받아 a 배열에 저장한다. 이 함수가 정상적으로 처리되면 방금 입력 받은 한 줄을 저장한 버퍼의 주소를 반환하므로 buf에는 a 배열의 주소가 저장된다. 그래서 8번 줄의 출력문에서는 a 배열에 저장된 값이 출력된다.

fgets( ) 함수

- 헤더 파일 : stdio.h

- 함수 프로토타입 : char* fgets (char *str, int n, FILE *fp);

매개 변수인 스트림(fp)으로부터 한 줄을 읽어서 매개 변수로 받은 버퍼(str)에 저장한다. 한번에 한 줄을 모두 읽거나 두 번째 매개 변수인 n-1개 만큼 읽는다. 여기서 한 줄이란 '\n'까지를 말한다. 정상적으로 처리되면 버퍼(str)의 주소를 반환하고, 파일의 끝을 만나면 EOF(-1)을 반환한다.

실습 13-8

Ch13_8.c

```
1    #include <stdio.h>
2
3    int main(void)
4    {
5        char a[10];
6        char *buf;
7        buf = fgets(a, 10, stdin);
8        printf("%s\n", buf);
9
10       buf = fgets(a, 5, stdin);
11       printf("%s\n", buf);
12       return 0;
13   }
```

〈실행결과〉

```
abcd
abcd
efghijklmn
efgh
```

7번 줄은 fgets( ) 함수로 표준 입력에서 문자 9개를 읽어 a 배열에 저장하고 입력 값을 저장한 버퍼의 주소 즉 이 소스에서는 a 배열의 주소를 반환한다. 그리고 8번 줄은 입력 값이 저장된 a 배열의 값을 출력한다.

10번 줄도 fgets( ) 함수로 표준 입력에서 문자 4개를 읽어 a 배열에 저장하고 입력 값을 저장한 버퍼의 주소인 a 배열의 주소를 반환한다. 실행결과를 보면 4개보다 더 길게 입력했지만 지정한 개수만 읽는 것을 확인할 수 있다. 11번 줄은 입력 값이 저장된 a 배열의 값을 출력한다.

puts( ) 함수

- 헤더 파일 : stdio.h

- 함수 프로토타입 : int puts (const char *str);

puts( ) 함수는 콘솔에 문자열(str)을 출력하는데, 끝에 개행 문자가 자동 추가된다. 정상적으로 처리되면 0을, 비정상적으로 처리되면 −1을 반환한다. 사용 방법은 다음과 같다.

실습 13-9

Ch13_9.c

```
1    #include <stdio.h>
2
3    int main(void)
4    {
5        puts("hello");
6        printf("world");
7        puts("hahaha");
8        return 0;
9    }
```

〈실행결과〉

```
hello
worldhahaha
```

표준 출력 함수들을 이용해서 콘솔에 문자열을 출력하는 예제로 puts( )는 끝에 자동으로 개행 문자가 추가되고, printf( )는 개행 문자가 자동으로 추가되지 않음을 실행 결과를 통해 확인할 수 있다.

fputs( ) 함수

- 헤더 파일 : stdio.h

- 함수 프로토타입 : int fputs (const char *str, FILE *fp);

fputs( ) 함수는 매개 변수인 스트림(fp)으로 버퍼(str)에 저장된 한 줄을 출력한다. 정상적으로 처리되면 출력된 마지막 문자를 반환하고, 비정상적으로 처리되면 EOF(−1)을 반환한다.

사용 방법은 다음과 같다.

실습 13-10

Ch13_10.c

```c
1    #include <stdio.h>
2
3    int main(void)
4    {
5        char a[] = "hello";
6        fputs(a, stdout);
7        puts(a);
8        fputs(a, stdout);
9        return 0;
10   }
```

〈실행결과〉

```
hellohello
hello
```

6번 줄은 fputs( ) 함수로 출력하는 예를 보여주는데, 출력할 값은 a 배열의 내용이고, 출력 위치는 stdout(표준출력)이다. 8번 줄도 동일하다.

1.3 이진 단위 입출력 함수

여기서는 이진 단위 입출력 함수에 대해 간략하게 소개하겠다. 이 함수들은 파일 입출력에서 사용하며 이진 파일(바이너리 파일)에 대해 입출력을 수행한다. 이 부분은 뒤에 나오는 파일 입출력 단원에서 자세하게 다루도록 할 것이며 지금은 이런 함수들이 있다는 것만 알아두면 좋을 것이다. 이진 단위 입출력 함수에는 fread( ) 함수와 fwrite( ) 함수가 있다.

fread( ) 함수

- 헤더 파일 : stdio.h
- 함수 프로토타입 : size_t fread(void *p, size_t size, size_t n, FILE *fp);

fread( ) 함수는 네 번째 매개 변수 fp 스트림으로부터 크기가 size(두 번째 매개 변수)인 데이터 n(세 번째 매개 변수)개를 읽어 p(첫 번째 매개 변수)에 저장한다. 읽은 데이터 개수를 반환한다.

실습 13-11

Ch13_11.c

```c
1    #include <stdio.h>
2
3    int main(void)
4    {
5        char str[25];
6        fread(str, 1, 5, stdin);
7        str[5] = '\0';
8        printf("%s\n", str);
9        return 0;
10   }
```

〈실행결과〉

```
abcdefg
abcde
```

6번 줄은 표준 입력에서 크기가 1인 데이터를 5개 읽어 str에 저장한다. 7번 줄은 위에서 문자 5개를 저장했으므로 끝에 문자열의 끝을 나타내는 NULL 문자를 추가한다. 그리고 8번 줄에서 str에 저장된 문자열을 출력한다.

fwrite( ) 함수

- 헤더 파일 : stdio.h

- 함수 프로토타입 : size_t fwrite(const void *p, size_t size, size_t n, FILE *fp);

fwrite( ) 함수는 p(첫 번째 매개 변수) 메모리의 값을 size(두 번째 매개 변수) 크기의 데이터 n(세 번째 매개 변수)개를 네 번째 매개 변수 fp 스트림에 출력한다. 출력한 데이터 개수를 반환한다.

실습 13-12

Ch13_12.c

```c
1    #include <stdio.h>
2
3    int main(void)
4    {
5        char str[] = "hello world";
```

```
6        fwrite(str, 1, 5, stdout);
7        fwrite(str+5, 1, 5, stdout);
8        return 0;
9    }
```

〈실행결과〉

```
hello worl
```

6번 줄은 표준출력에 str에 저장된 크기가 1인 데이터 즉 문자를 5개 출력한다. 그래서 hello 까지 출력된다. 그리고 7번 줄은 표준출력에 str+5에서부터 읽은 데이터이므로 hello와 world 사이의 공백부터 문자를 5개 출력한다. 그래서 공백까지 포함된 문자 5개이므로 worl 까지만 출력된다.

1.4 형식화된 입출력 함수

형식화된 입출력 함수에는 앞에서 다뤄왔던 printf( ) 함수, 그리고 scanf( ) 함수가 있다. 그리고 파일 입출력 때 사용하는 fprintf( ) 함수와 fscanf( ) 함수도 있다.

scanf( ) 함수

- 헤더 파일 : stdio.h
- 함수 프로토타입 : int scanf(const char *format, ...);

표준 입력 장치로부터 형식화된 값을 입력 받아 매개 변수로 명시한 주소에 저장한다. 첫 번째 매개 변수인 format은 입력 서식을 문자열 형태로 표현한다. %d, %f, %s, %c와 같은 서식 문 자를 작성해 입력받을 값의 데이터 타입과 개수를 지정한다. 두 번째 매개 변수인 ...은 가변인 자(개수가 유동적인 인자)로 입력 받은 데이터들이 저장될 주소를 지정한다. 입력 받을 값이 3 개면 세 개의 주소를 작성하고, 입력 받을 값이 5개면 5개의 주소를 작성한다. 그리고 정상적 으로 읽은 데이터의 개수를 반환한다.

실습 13-13

Ch13_13.c

```
1    #include <stdio.h>
2
3    int main(void)
```

```
4      {
5          int a;
6          float b;
7          char c[5];
8
9          scanf("%d%f%s", &a, &b, &c);
10         printf("a=%d, b=%f, c=%s\n", a, b, c);
11         return 0;
12     }
```

<실행결과>

```
5
1.2
abc
a=5, b=1.200000, c=abc
```

9번 줄은 입력 서식에 의해 정수 하나, 실수 하나, 문자열 하나를 표준 입력에서 읽어 변수 a, b, c에 순서대로 저장한다. 그리고 10번 줄은 입력 받은 값들을 출력한다.

fscanf( ) 함수

- 헤더 파일 : stdio.h
- 함수 프로토타입 : int fscanf(FILE *fp, const char *format, ...);

fscanf( ) 함수는 파일로부터 형식화된 값을 읽는다. 첫 번째 매개 변수인 스트림(fp)으로부터 형식화된 값을 파일에서 입력받아 매개 변수로 명시한 주소에 저장한다. 두 번째 매개 변수인 format은 입력 서식을 문자열 형태로 표현한다. %d, %, %s, %c와 같은 서식 문자를 작성해 입력 받을 값의 데이터 타입과 개수를 지정한다. 세 번째 매개 변수인 ...은 가변인자(개수가 유동적인 인자)로 입력 받은 데이터들이 저장될 주소를 지정한다. 입력 받을 값이 3개면 세 개의 주소를 작성하고, 입력 받을 값이 5개면 5개의 주소를 작성한다. 그리고 정상적으로 읽은 데이터의 개수를 반환한다.

Ch13_14.c

```
1      #include <stdio.h>
2
3      int main(void)
```

```
4    {
5        int a;
6        float b;
7        char c[5];
8
9        fscanf(stdin, "%d%f%s", &a, &b, &c);
10       printf("a=%d, b=%f, c=%s\n", a, b, c);
11       return 0;
12   }
```

〈실행결과〉

```
3
2.5
def
a=3, b=2.500000, c=def
```

9번 줄은 입력 서식에 의해 정수 하나, 실수 하나, 문자열 하나를 표준 입력 장치(또는 파일)에
서 읽어 변수 a, b, c에 순서대로 저장한다. 그리고 10번 줄은 입력받은 값들을 출력한다.

printf( ) 함수

- 헤더 파일 : stdio.h
- 함수 프로토타입 : int printf(const char *format, ...);

표준 출력 장치에 형식화된 출력을 수행한다. 첫 번째 매개 변수는 출력 서식을 나타내는 문자
열 값으로 출력 서식은 %d, %s, %c %f등 출력하는 값의 개수와 형식을 지정한다. 두 번째 매
개 변수는 가변인자로 출력할 값이 저장된 메모리들을 나열한다. 반환 값은 정상 출력된 값의
개수이다. 이 함수는 앞에서 계속 사용되었기 때문에 자세한 사용 방법 설명은 생략하도록 하
겠다.

fprintf( ) 함수

- 헤더 파일 : stdio.h
- 함수 프로토타입 : int fprintf(FILE *fp, const char *format, ...);

fprintf( ) 함수는 파일에 형식화된 출력을 수행한다. 첫 번째 매개 변수인 스트림(fp)에 형식
화된 출력을 한다. 두 번째 매개 변수는 출력 서식을 나타내는 문자열 값으로 출력 서식은 %d,

%s, %c, %f등 출력하는 값의 개수와 형식을 지정한다. 세 번째 매개 변수는 가변인자로 출력할 값이 저장된 메모리들을 나열한다. 반환 값은 정상 출력된 값의 개수이다.

실습 13-15

Ch13_15.c

```
1    #include <stdio.h>
2
3    int main(void)
4    {
5        int a;
6        float b;
7        char c[5];
8
9        fscanf(stdin, "%d%f%s", &a, &b, &c);
10       fprintf(stdout, "a=%d, b=%f, c=%s\n", a, b, c);
11       return 0;
12   }
```

〈실행결과〉

```
7
23.6
ghi
a=7, b=23.600000, c=ghi
```

9번 줄은 입력 서식에 의해 정수 하나, 실수 하나, 문자열 하나를 표준 입력에서 읽어 변수 a, b, c에 순서대로 저장한다. 그리고 10번 줄은 입력 받은 값들을 표준출력에 출력한다.

2. 파일 입출력

프로그램에서 변수나 배열을 선언하거나 동적 메모리를 할당받으면 이는 램(RAM) 메모리에 할당받는 것이다. 이처럼 프로그램에서 값을 저장하는 용도로 램을 편하게 사용하지만, 이 메모리는 프로그램이 종료하기 전까지만 유효하다는 단점이 있다. 프로그램이 종료하면 사용했던 메모리는 다른 프로그램을 위해 반환되기 때문에 종료되기 전에 메모리에 저장한 값들은 더이상 의미가 없어진다. 프로그램이 종료된 뒤에도 데이터를 영구적으로 남기려면 파일에 저장하거나 데이터베이스 시스템 또는 네트워크 서버에 저장하는 방법들을 사용할 수 있다. 그래서 여기서는 파일을 이용하여 데이터를 영구적으로 보관하고 이를 다시 읽는 방법에 대해서 살펴보도록 하겠다.

파일에 데이터를 읽고 쓰려면 현재 처리하는 파일의 경로나 읽고 쓰는 위치, 버퍼 등 스트림의 현재 상태를 보관해야 하는데, C 프로그램에서는 FILE 구조체에 이러한 정보를 저장한다. 다음은 stdio.h 파일에 정의된 FILE 구조체를 나타낸다.

```c
typedef struct _iobuf
{
    char*  _ptr;            //현재 위치
    int _cnt;              //버퍼에 남아 있는 데이터 수
    char*  _base;           //파일 주소
    int _flag;             //파일 플래그
    int _file;             //파일 식별자
    int _charbuf;          //문자열 버퍼
    int _bufsiz;           //버퍼 크기
    char*  _tmpfname;       //임시 파일명
} FILE;
```

위의 코드에서 보듯이 파일의 위치와 파일에서 데이터를 읽고 쓴 위치, 버퍼, 버퍼의 크기 등의 정보를 저장한다. C 프로그램에서 파일을 읽거나 쓰려면 먼저 파일을 오픈(open)하고 방금 오픈한 이 파일의 정보가 담긴 FILE 구조체를 생성해야 한다. 하지만 파일만 오픈하면 그 파일의 FILE 구조체는 자동 생성되어 그 주소를 반환하므로 사용자는 파일 오픈만 수행하면 된다.

2.1 파일 열기/닫기

파일 열기 함수는 fopen( )으로 함수의 프로토타입은 다음과 같다.

> FILE* fopen(const char *fileName, const char *mode);

fopen( )의 첫 번째 매개 변수는 오픈하려는 파일의 경로를 문자열 값으로 넣어준다. 두 번째 매개 변수는 파일 오픈 모드를 지정하는 문자열 값을 넣어준다. 파일 오픈 모드는 다음과 같다.

모드	설명
r	읽기 모드로 파일을 오픈한다. 만약 파일 경로로 지정한 파일이 없다면 에러가 발생한다.
w	쓰기 모드로 파일을 오픈한다. 만약 파일 경로로 지정한 파일이 없다면 새로 생성하여 오픈하고 파일이 있다면 기존의 파일을 오픈하는데 파일 안에 데이터가 있다면 모두 삭제한다.
a	이어쓰기 모드로 파일을 오픈한다. w와 동일하고 오픈한 파일에 데이터가 있다면 삭제하지 않고 이어쓴다는 것만 다르다.
r+	읽고 쓰기 모드로 파일을 오픈한다. 만약 파일 경로로 지정한 파일이 없다면 에러가 발생한다.
w+	읽고 쓰기 모드로 파일을 오픈한다. 만약 파일 경로로 지정한 파일이 없다면 새로 생성하여 오픈한다.
a+	읽고 이어쓰기 모드로 파일을 오픈한다. 만약 파일 경로로 지정한 파일이 없다면 새로 생성하여 오픈한다.

표 13-1 파일 오픈 모드

〈표 13-1〉의 모드는 텍스트 형태로 읽고 쓰는 모드이고 이진(binary) 형태로 읽고 쓰려면 위의 모드 이름 뒤에 b를 붙여준다. 예를 들어 바이너리 형식으로 읽으려면 "rb", 바이너리 파일로 쓰려면 "wb"로 모드를 지정한다.

fopen( ) 함수는 두 매개 변수(파일명, 모드)의 정보로 파일을 오픈하는데, 정상 오픈되면 그 파일의 정보를 갖는 FILE 구조체의 주소를 반환하고 오픈이 처리되지 않으면 NULL을 반환한다.

```
FILE *fp;
fp = fopen("a.txt", "r");
```

위 코드의 첫 번째 줄은 오픈한 파일의 정보를 담을 FILE 구조체의 포인터 변수를 선언하는 코드이고, 두 번째 줄은 fopen( ) 함수로 파일을 오픈한다. 오픈할 파일은 실행 파일과 동일한 디렉토리에 있는 a.txt 파일이고 모드는 읽기 모드이다. 정상적으로 파일이 오픈되면 FILE 구조체 포인터가 반환될 것이고 오픈되지 않았다면 NULL이 반환될 것이다. 파일이 정상적으로 오픈되었으면 오픈한 모드로 사용할 수 있다. 즉, 읽기 모드로 오픈했다면 읽기가 가능하고 쓰기 모드로 오픈했다면 쓰기가 가능하다. 파일을 다 사용하고 나면 파일을 닫아주어야 하는데 다음과 같이 fclose( ) 함수를 사용한다.

```
int fclose(FILE *fp);
```

이제 실습 예제를 살펴보자. 소스 파일이 있는 위치에 a.txt 파일을 생성한 후 실행해 보자.

실습 13-16

Ch13_16.c

```c
1    #include <stdio.h>
2
3    int main(void)
4    {
5        FILE *fp1, *fp2;
6        fp1 = fopen("a.txt", "r");
7        if (fp1 != NULL ) {
8            printf("읽기 모드 파일오픈 성공\n");
9        } else {
10           printf("읽기 모드 파일오픈 실패\n");
11       }
12
13       fp2 = fopen("a.txt", "w");
14       if (fp2 != NULL ) {
15           printf("쓰기 모드 파일오픈 성공\n");
16       } else {
17           printf("쓰기 모드 파일오픈 실패\n");
18       }
19
20       fclose(fp1);
21       fclose(fp2);
22       return 0;
23   }
```

〈실행결과〉

읽기 모드 파일오픈 성공
쓰기 모드 파일오픈 성공

〈코드분석〉

6번 줄은 a.txt 파일을 읽기 모드로 오픈하고 파일의 상태를 저장할 파일 구조체의 변수를 주소를 fp1에 저장한다.

7~11번 줄은 fp1이 널인가를 확인하는데 만약 널이 아니면 파일이 정상 오픈된 것이므로 성공 메시지를 출력하고, 그렇지 않으면 실패 메시지를 출력한다.

13번 줄은 a.txt 파일을 쓰기 모드로 오픈하고 fopen()의 반환 값인 파일 구조체의 주소를 fp2에 저장한다.

14~18번 줄은 fp2가 널인지 확인하여 널이 아니면 파일이 정상 오픈된 것이므로 성공 메시지를 출력하고, 그렇지 않으면 실패 메시지를 출력한다.

20~21번 줄은 fclose( ) 함수를 이용하여 다 사용한 파일을 닫는다.

2.2 파일 읽기/쓰기

정상적으로 파일이 열렸으면 이제 파일에 값을 쓰거나 읽는 것이 가능하다. 파일에 읽고 쓰는 동작은 입출력 함수를 사용하여 구현한다. 앞에서 살펴본 표준 입출력 함수 중에서 입출력 스트림을 지정할 수 있는 함수들을 사용할 수 있다.

파일에 문자 단위로 읽고 쓰기

이번에는 앞에서 잠깐 소개되었던 fputc( ) 함수와 fgetc( ) 함수를 사용해 파일에 문자 단위로 읽고 쓰는 방법을 예제를 통해 알아보자.

실습 13-17

Ch13_17.c

```c
#include <stdio.h>
#include <stdlib.h>

int main(void)
{
    FILE *fp1, *fp2;
    int a;
    fp1 = fopen("a.txt", "w");
    if (fp1 == NULL ) {
        printf("쓰기 모드 파일오픈 실패\n");
        exit(0);
    }

    puts("문자 하나를 입력하라");
    a = getchar();
    fputc(a, fp1);
    fclose(fp1);

    fp2 = fopen("a.txt", "r");
    if (fp2 == NULL ) {
```

```
21            printf("읽기 모드 파일오픈 실패\n");
22            exit(0);
23        }
24
25        a = fgetc(fp2);
26        printf("파일내용:%c\n", (char) a);
27        fclose(fp2);
28        return 0;
29    }
```

〈실행결과〉

문자 하나를 입력하라
y
파일내용:g

〈코드분석〉

6번 줄은 파일 a.txt를 쓰기 모드로 오픈한다.

9~12번 줄은 파일이 정상 오픈되지 않으면 에러 메시지를 출력하고 프로그램을 종료한다.

14번 줄은 키보드로 문자 하나를 입력 받아 변수 a에 저장한다.

15번 줄은 a에 저장된 값을 7번 줄에서 오픈한 a.txt에 쓴다.

17번 줄은 8번 줄에서 오픈한 파일을 닫는다.

19번 줄에서 a.txt를 읽기 모드로 오픈한다.

20~23번 줄은 17번 줄에서 정상 오픈되지 않았으면 에러 메시지를 출력하고 프로그램을 종료한다.

25번 줄은 오픈한 파일에서 문자 하나를 읽어 변수 a에 저장한다.

26번 줄은 읽은 문자를 출력한다.

27번 줄은 오픈했던 파일을 닫는다.

a.txt 파일을 열어보면 다음과 같이 콘솔 입력창에서 입력한 문자가 출력되어 있을 것이다.

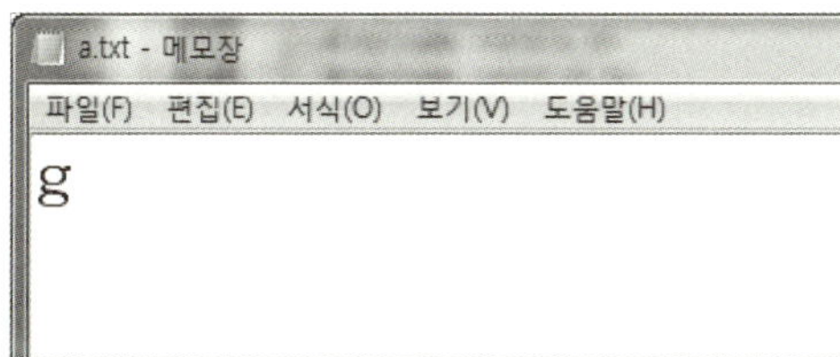

그림 13-1 a.txt 파일에 문자가 출력된 모습

이번에는 문자 단위로 파일을 복사하는 방법을 알아보도록 하겠다. 먼저 '연습장' 프로그램을 실행해 임의로 텍스트를 작성해서 "a.txt"라고 입력한다. 그리고 소스 파일이 있는 위치(폴더)에 저장한다. 만약 소스 파일이 있는 곳에 저장하지 않으면 컴파일할 때 파일을 찾아 읽어들일 수 없다. a.txt 파일에 필자는 다음과 같이 입력했다.

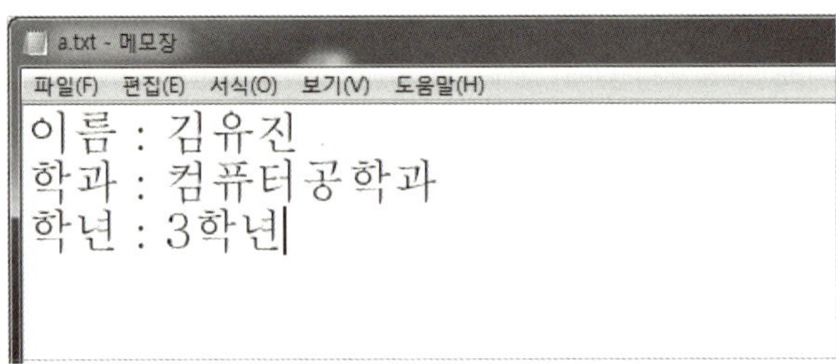

그림 13-2 파일 복사를 위해 입력한 텍스트 예시

이제 다음 소스를 코딩해 컴파일하고 실행해보자.

실습 13-18

Ch13_18.c

```c
#include <stdio.h>
#include <stdlib.h>

int main(void)
{
    FILE *fp1, *fp2;
    int data = 0;
    fp1 = fopen("a.txt", "r");
    if (fp1 == NULL ) {
        printf("읽기 모드 파일오픈 실패\n");
        exit(0);
    }

    fp2 = fopen("b.txt", "w");
    if (fp2 == NULL ) {
        printf("쓰기 모드 파일오픈 실패\n");
        exit(0);
    }

    while ((data = fgetc(fp1)) != -1) {
        fputc(data, fp2);
```

```
22          }
23
24          fclose(fp1);
25          fclose(fp2);
26          return 0;
27      }
```


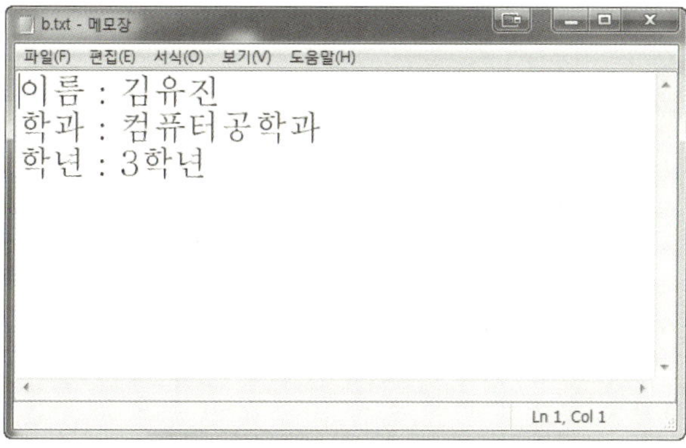

8번 줄은 파일 a.txt를 읽기 모드로 오픈한다.

9~12번 줄은 a.txt 파일이 정상 오픈되지 않으면 에러 메시지를 출력하고 프로그램을 종료한다.

14번 줄은 파일 b.txt를 쓰기 모드로 오픈한다.

15~18번 줄은 b.txt 파일이 정상 오픈되지 않으면 에러 메시지를 출력하고 프로그램을 종료한다.

20~22번 줄은 a.txt에서 문자 하나씩 읽어서 b.txt에 쓴다. 이 동작을 파일의 끝을 만날 때까지 반복한다.

24~25번 줄은 오픈했던 파일을 닫는다.

이것은 읽기 모드를 사용해 a.txt에 있는 내용을 읽어서 b.txt로 복사하는 프로그램이다. 그래서 프로그램을 실행해도 콘솔에는 아무것도 출력되지 않는다. 만약「읽기 모드 파일오픈 실패」라는 메시지가 출력됐다면 파일이 없거나 소스 파일과 같은 폴더 내에 없을 수도 있으니 확인하도록 한다. 파일 b.txt를 열어보면 a.txt와 동일한 내용이 복사되어 있을 것이다.

파일에 줄 단위로 읽고 쓰기

이번에는 문자열 단위로 입출력을 하는 fputs( ) 함수와 fgets( ) 함수를 이용하는 방법을 예제를 통해 알아보자.

Ch13_19.c

```c
#include <stdio.h>
#include <stdlib.h>

int main(void)
{
    FILE *fp1, *fp2;
    char name[20];
    fp1 = fopen("a.txt", "w");
    if (fp1 == NULL ) {
        printf("쓰기 모드 파일오픈 실패\n");
        exit(0);
    }

    puts("이름을 입력하라");
    gets(name);
    fputs(name, fp1);
    fclose(fp1);

    fp2 = fopen("a.txt", "r");
    if (fp2 == NULL ) {
        printf("읽기 모드 파일오픈 실패\n");
        exit(0);
    }

    fgets(name, 10, fp2);
    printf("입력한 이름:%s\n", name);
    fclose(fp2);
    return 0;
}
```

<실행결과>

이름을 입력하라
김유진
입력한 이름:김유진

〈코드분석〉

8번 줄은 파일 a.txt를 쓰기 모드로 오픈한다.

9~12번 줄은 파일이 정상 오픈되지 않으면 에러 메시지를 출력하고 프로그램을 종료한다.

15번 줄은 키보드로 문자열을 입력 받아 배열 name에 저장한다.

16번 줄은 쓰기 모드로 오픈한 a.txt에 name 값을 출력한다.

17번 줄은 오픈했던 파일을 닫는다.

19번 줄은 파일 a.txt를 읽기 모드로 오픈한다.

20~23번 줄은 a.txt 파일이 정상 오픈되지 않으면 에러 메시지를 출력하고 프로그램을 종료한다.

25번 줄은 오픈한 파일에서 문자열을 읽어 배열 name에 저장한다.

26번 줄은 파일로부터 읽은 데이터 name을 출력한다.

27번 줄은 오픈했던 파일을 닫는다.

다음은 줄 단위로 파일을 복사하는 실습이다. 앞에서 했던 실습과 유사하게 a.txt 파일을 소스 파일이 있는 곳에 저장한 후 실습하면 되겠다.

실습 13-20

Ch13_20.c

```
1    #include <stdio.h>
2    #include <stdlib.h>
3
4    int main(void)
5    {
6        FILE *fp1, *fp2;
7        char data[250];
8        fp1 = fopen("a.txt", "r");
9        if (fp1 == NULL ) {
10           printf("읽기 모드 파일오픈 실패\n");
11           exit(0);
12       }
13
14       fp2 = fopen("b.txt", "w");
15       if (fp2 == NULL ) {
16           printf("쓰기 모드 파일오픈 실패\n");
17           exit(0);
18       }
19
20       while (fgets(data, 250, fp1) != NULL ) {
```

```
21              fputs(data, fp2);
22          }
23
24      fclose(fp1);
25      fclose(fp2);
26      return 0;
27  }
```


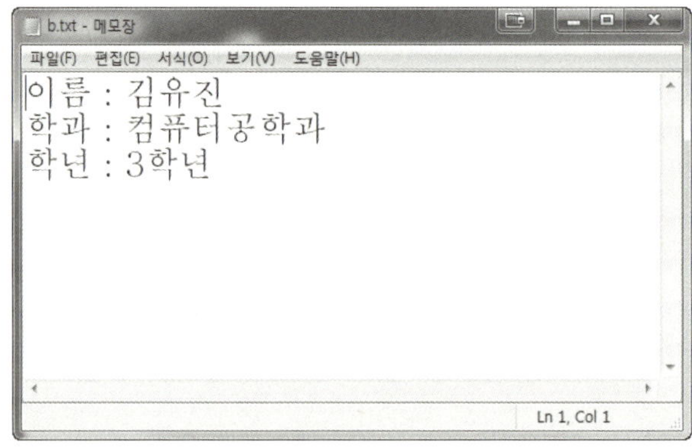

8번 줄은 파일 a.txt를 읽기 모드로 오픈한다.

9~12번 줄은 a.txt 파일이 정상 오픈되지 않으면 에러 메시지를 출력하고 프로그램을 종료한다.

14번 줄은 파일 b.txt를 쓰기 모드로 오픈한다.

15~18번 줄은 b.txt 파일이 정상 오픈되지 않으면 에러 메시지를 출력하고 프로그램을 종료한다.

20~22번 줄은 a.txt에서 한 줄씩 읽어 이를 b.txt에 쓴다. 이 동작을 파일의 끝을 만날 때까지 반복한다.

24~25번 줄은 오픈했던 파일을 닫는다.

fprintf( )와 fscanf( )를 이용한 파일 입출력

이번에는 fprintf( ) 함수와 fscanf( ) 함수를 이용해 파일 입출력을 하는 방법을 예제를 통해 알아보도록 하겠다. 먼저 sample.txt 파일을 생성해 임의의 텍스트를 입력한다. 여기서는 단순하게 정수와 소수, 그리고 영문 문자열을 공백(스페이스)으로 구분해 입력하였다.

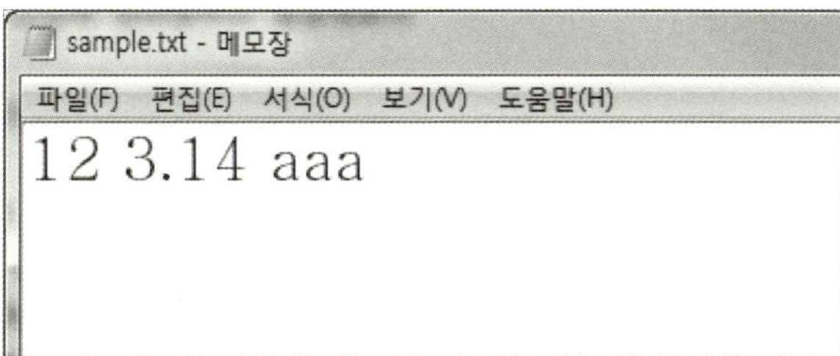

그림 13-3 txt 파일에 임의의 텍스트를 지정

이 sample.txt 파일 역시 소스 코드 파일이 있는 위치에 저장한다.

fprintf( ) 함수로 sample.txt에 있는 내용들을 읽어들여 output.txt라는 텍스트 파일을 생성해서 출력할 것이다. 이제 다음의 소스 코드를 코딩한 후 컴파일해 실행해보자.

실습 13-21

Ch13_21.c

```c
1    #include <stdio.h>
2    #include <stdlib.h>
3
4    int main(void)
5    {
6        FILE *fp1, *fp2;
7        int a;
8        float b;
9        char str[10];
10       fp1 = fopen("sample.txt", "r");
11       if (fp1 == NULL ) {
12           printf("읽기 모드 파일오픈 실패\n");
13           exit(0);
14       }
15
16       fscanf(fp1, "%d %f %s", &a, &b, &str);
17       printf("a=%d, b=%f, str=%s\n", a, b, str);
18
19       fp2 = fopen("output.txt", "w");
20       if (fp2 == NULL ) {
21           printf("쓰기 모드 파일오픈 실패\n");
22           exit(0);
23       }
24
```

```
25          fprintf(fp2, "a=%d, b=%f, str=%s\n", a, b, str);
26
27          fclose(fp1);
28          fclose(fp2);
29          return 0;
30      }
```

〈실행결과〉

```
a=12, b=3.140000, str=aaa
```

output.txt - 메모장

파일(F) 편집(E) 서식(O) 보기(V) 도움말(H)

a=12, b=3.140000, str=aaa

〈코드분석〉

10번 줄은 sample.txt 파일을 읽기 모드로 오픈한다.

11~14번 줄에서 sample.txt 파일이 정상적으로 열리지 않았다면 "읽기 모드 파일오픈 실패"라는메시지를 출력하고 프로그램을 종료한다.

16번 줄은 fscanf( ) 함수를 통해 sample.txt 파일에 있는 내용을 읽어들여 각각 변수 a, b, str에 저장한다. 텍스트 파일에서 공백이나 탭으로 데이터를 구분했으면 fscanf( ) 함수에서 쓰이는 서식 문자 역시 구분해서 입력한다.

17번 줄에서 printf( ) 함수를 통해 sample.txt 파일에서 읽은 데이터를 콘솔창(모니터)에 출력한다.

19번 줄에서 output.txt 파일을 쓰기 모드로 오픈한다.

20~23번 줄은 output.txt 파일이 정상적으로 열리지 않았다면 "쓰기 모드 파일오픈 실패"라는 메시지를 출력하고 프로그램을 종료한다.

25번 줄에서 fprintf( ) 함수를 이용해서 output.txt 파일에 a, b, str 내용을 출력한다.

27~28번 줄에서 오픈했던 파일들을 닫는다.

파일에 지정한 크기 단위로 읽고 쓰기

이번에는 지정한 크기 단위로 파일에 읽고 쓰는 방법을 알아보도록 하겠다. 다음 실습을 통해 자세히 알아보자.

실습 13-22

Ch13_22.c

```c
1    #include <stdio.h>
2    #include <stdlib.h>
3    #include <string.h>
4
5    struct Student {
6        int number;
7        char name[20];
8        char dept[50];
9    };
10
11   int main(void)
12   {
13       FILE *fp1, *fp2;
14       struct Student data1, data2;
15
16       data1.number = 1;
17       strcpy(data1.name, "홍길동");
18       strcpy(data1.dept, "컴퓨터공학과");
19
20       fp1 = fopen("a.txt", "w");
21       if (fp1 == NULL ) {
22           printf("쓰기 모드 파일오픈 실패\n");
23           exit(0);
24       }
25
26       fwrite(&data1, sizeof(struct Student), 1, fp1);
27
28       fclose(fp1);
29
30       fp2 = fopen("a.txt", "r");
31       if (fp2 == NULL ) {
32           printf("읽기 모드 파일오픈 실패\n");
33           exit(0);
34       }
35
36       fread(&data2, sizeof(struct Student), 1, fp2);
```

```
37        printf("data2.number=%d, data2.name=%s, data2.dept=%s\n",
38                data2.number, data2.name, data2.dept);
39
40        fclose(fp2);
41        return 0;
42    }
```


data2.number=1, data2.name=홍길동, data2.dept=컴퓨터공학과
계속하려면 아무 키나 누르십시오 . . .

5~9번 줄은 Student 구조체를 정의한다.

14번 줄은 Student 타입의 변수 data1, data2를 선언한다.

16~18번 줄은 구조체 변수 data1에 값을 할당한다.

20번 줄은 a.txt를 쓰기 모드로 오픈한다.

21~24번 줄은 파일이 정상오픈되지 않으면 프로그램을 종료한다.

26번 줄은 구조체 변수 data1을 파일에 작성한다. 이 때 fwrite()는 바이너리로 쓰기 때문에 파일을 오픈하여 내용을 보면 깨진 글자처럼 보일 것이다.

28번 줄은 오픈한 파일을 닫는다.

30번 줄은 a.txt를 읽기 모드로 오픈한다.

31~34번 줄은 파일이 정상오픈되지 않으면 프로그램을 종료한다.

36번 줄은 오픈한 파일에서 Student 구조체 값 하나를 읽어 변수 data2에 저장한다.

37~38번 줄은 data2의 멤버 변수 값들을 출력한다.

40번 줄은 오픈한 파일을 닫는다.

2.3 임의의 위치에 접근

파일을 오픈하면 파일의 맨 앞에서부터 순차적으로 데이터를 읽고 쓴다. 하지만 파일의 끝에서부터 역순으로 읽거나 임의의 위치에서부터 데이터를 처리해야 하는 경우에 fseek( ) 함수를 사용한다. 이 함수의 프로토타입은 다음과 같다.

> int fseek(FILE *fp, long offset, int whence);

첫 번째 매개 변수는 파일 스트림, 두 번째 매개 변수는 기준점으로부터 떨어진 거리, 세 번째 매개 변수는 기준점 값이다. 기준점이란 파일의 접근 위치를 처음, 현재 위치, 끝으로 표현한 값이다. 이 값들은 다음과 같다.

whence	의미
SEEK_SET	파일의 시작
SEEK_CUR	파일에 읽거나 쓰고 있는 현재 위치
SEEK_END	파일의 끝

표 13-2 whence의 종류

만약 whence를 SEEK_END로 하고 offset을 −5로 하면 파일의 끝에서 앞으로 5만큼 떨어진 위치로 이동한다. 이처럼 offset은 양수만 사용할 수 있는 것이 아니라 음수도 가능한데, 양수는 whence의 뒤쪽 방향으로 음수는 whence의 앞쪽 방향으로 이동하라는 의미가 된다. 그러므로 whence가 SEEK_SET이라면 처음보다 앞은 없으므로 음수를 offset으로 지정할 수 없고, whence가 SEEK_END라면 양수를 offset으로 지정할 수 없다. 이 함수는 지정한 위치로 정상 이동하면 0을 반환하고 그렇지 않으면 0이 아닌 값을 반환한다.

다음 예제를 살펴보자. 먼저 a.txt 파일에 영어 소문자로 a~z까지 입력한 후 저장한다.

실습 13-23

Ch13_23.c

```c
#include <stdio.h>
#include <stdlib.h>

int main(void)
{
    FILE *fp;
    int data;
    fp = fopen("a.txt", "r");
    if (fp == NULL ) {
        printf("읽기 모드 파일오픈 실패\n");
        exit(0);
    }

```

```
14          fseek(fp, -10, SEEK_END);
15          data = fgetc(fp);
16          printf("%c\n", data);
17
18          fseek(fp, 3, SEEK_CUR);
19          data = fgetc(fp);
20          printf("%c\n", data);
21
22          fclose(fp);
23          return 0;
24      }
```

〈실행결과〉

```
q
u
```

〈코드분석〉

8번 줄은 a.txt를 읽기 모드로 오픈한다.

9~12번 줄은 파일이 정상오픈되지 않으면 프로그램을 종료한다.

14번 줄은 오픈한 파일에서 읽을 위치를 끝에서 앞으로 10위치로 이동한다.

15번 줄은 이동한 위치에서 문자 하나를 읽어 변수에 저장하고 16번 줄에서 이를 콘솔창에 출력한다.

18번 줄은 파일의 읽을 위치를 현재 위치에서 뒤로 3만큼 이동한다.

19번 줄은 이동한 위치에서 문자 하나를 읽고 20번 줄에서 콘솔창에 출력한다.

22번 줄은 오픈한 파일을 닫는다.

파일의 현재 위치를 알아내는 ftell( )이나 커서 위치를 파일의 맨 앞으로 이동시키는 rewind( ) 함수도 유용하다. ftell( ) 함수와 rewind( ) 함수를 사용하는 방법을 예제를 통해 살펴보자.

실습 13-24

Ch13_24.c

```
1   #include <stdio.h>
2   #include <stdlib.h>
3
4   int main(void)
5   {
```

```c
6        FILE *fp;
7        int data, off;
8        fp = fopen("a.txt", "r");
9        if (fp == NULL ) {
10           printf("읽기 모드 파일오픈 실패\n");
11           exit(0);
12       }
13
14       fseek(fp, 10, SEEK_SET);
15       data = fgetc(fp);
16       printf("%c\n", data);
17
18       off = ftell(fp);
19       printf("현재위치 : %d\n", off);
20
21       rewind(fp);
22       data = fgetc(fp);
23       printf("%c\n", data);
24
25       fclose(fp);
26       return 0;
27   }
```

〈실행결과〉

```
k
현재위치 : 11
a
```

〈코드분석〉

8번 줄은 파일 a.txt를 읽기 모드로 오픈한다.

9~12번 줄은 a.txt 파일이 정상 오픈되지 않으면 에러 메시지를 출력하고 프로그램을 종료한다.

14번 줄은 파일의 읽을 위치를 맨 앞에서 뒤로 10만큼 이동한다.

15번 줄은 파일의 이동한 위치에서 문자 하나를 읽어 변수 data에 저장한다.

16번 줄은 읽은 data를 콘솔창에 출력한다.

18번 줄은 파일의 현재 위치를 읽어 변수 off에 저장하고, 19번 줄에서 이를 콘솔창에 출력한다.

21번 줄은 파일 읽을 위치를 맨 앞으로 이동한다.

22번 줄은 이동한 위치에서 문자 하나를 읽어 23번 줄에서 이를 콘솔창에 출력한다.

25번 줄은 오픈한 파일을 닫는다.

3. 문자열 처리 함수

헤더 파일 "string.h"에는 문자열을 연결하거나, 복사하고, 비교하는 등 문자열을 조작하는 함수들이 선언되어 있다. 이 함수들을 잘 익히면 프로그램을 개발하는 데 유용하게 써먹을 수 있을 것이다. 이렇게 문자열을 처리하는 함수는 다음과 같은 것들이 있다.

이제부터 예제와 함께 문자열 처리 함수에 대해 살펴보자.

strcpy( ) 함수

문자열을 다른 주소에 복사하는 함수로 strcpy( )가 제공된다. 이 함수의 프로토타입은 다음과 같다.

```
char* strcpy(char *dest, const char *src);
```

strcpy( ) 함수의 첫 번째 파라메터는 문자열이 복사될 타깃의 주소이고, 두 번째 파라메터는 복사할 원본의 주소이다. 이 원본의 주소가 const인 것은 원본의 데이터가 복사되는 도중 손상되는 것을 막기 위해서다. 리턴 값은 타깃의 주소이다. 실습 예제를 살펴보도록 하겠다.

실습 13-25

Ch13_25.c

```c
1    #include <stdio.h>
2    #include <string.h>
3
4    int main(void)
5    {
6        char a[10]="abc";
7        char b[10];
8
9        strcpy(b, a);
10
11       printf("a:%s\n", a);
12       printf("b:%s\n", b);
13
14       return 0;
15   }
```

〈실행결과〉

```
a:abc
b:abc
```

〈코드분석〉

9번 줄에서 strcpy()로 문자열을 복사한다. 원본은 a배열이고 타깃이 b배열이다.

11~12번 줄에서 배열 a, b를 출력해보면 b에 a의 내용이 복사되었음을 알 수 있다.

strncpy( ) 함수

strcpy( )와 비슷한 함수인 strncpy( )는 복사할 문자의 개수를 지정하여 그 만큼만 복사한다. 이 함수의 프로토타입은 다음과 같다.

> char* strncpy(char *dest, const char *src, size_t count);

strcpy( ) 함수와 모두 동일한데 세 번째 파라메터인 복사할 문자 개수가 추가되었다. 예제를 한번 살펴보도록 하겠다.

Ch13_26.c

```c
1    #include <stdio.h>
2    #include <string.h>
3
4    int main(void)
5    {
6        char a[10]="abcdefghi";
7        char b[10]="ABCDEFGHI";
8
9        strncpy(b, a, 4);
10
11       printf("a:%s\n", a);
12       printf("b:%s\n", b);
13       return 0;
14   }
```

〈실행결과〉

```
a:abcdefghi
b:abcdEFGHI
```

〈코드분석〉

9번 줄에서 strncpy( )로 문자열을 복사한다. 원본은 a배열이고 타깃이 b배열이며 문자 n개만 복사한다.

11~12번 줄에서 배열 a, b를 출력해보면 b에 a의 내용이 n개만큼 복사되었음을 알 수 있다.

strlen( ) 함수

strlen( ) 함수는 문자열의 길이를 계산해 출력하는 함수이다. strlen( ) 함수의 프로토타입은 다음과 같다.

$$\text{size\_t strlen(const char *str);}$$

이 함수의 파라미터는 길이를 계산할 문자열이고 리턴 값은 문자열 길이인 양의 정수 값이다. 이제 다음 예제를 살펴보자.

실습 13-27

Ch13_27.c

```c
1    #include <stdio.h>
2    #include <string.h>
3
4    int main(void)
5    {
6        char a[10] = "apple";
7        char *b = "apple";
8        int a_num, b_num;
9
10       a_num = strlen(a);
11       b_num = strlen(b);
12
13       printf("a_num:%d\n", a_num);
14       printf("b_num:%d\n", b_num);
15
16       return 0;
17   }
```

〈실행결과〉

```
a_num:5
b_num:5
```

〈코드분석〉

10~11번 줄에서 strlen()로 문자열의 길이를 계산한다. a_num에는 배열에 저장된 문자열의 길이를 계산한 결과가 저장되고, b_num에는 포인터 주소가 가리킨 문자열의 길이 값이 저장된다.

13~14번 줄에서 a_num과 b_num을 출력하는데 둘 다 5로 출력된 것을 보면 strlen() 함수가 배열의 칸 수가 아닌 문자열의 길이를 계산한다는 것을 확인할 수 있다.

strcmp( ) 함수

strcmp( ) 함수는 두 개의 문자열이 동일한가를 판단하여 그 결과를 반환한다. strcmp( ) 함수의 프로토타입은 다음과 같다.

```
int strcmp(const char *str1, const char *str2);
```

두 개의 파라메터는 비교할 문자열들의 주소값을 갖는다. 리턴 값은 두 문자열을 비교한 결과를 정수로 반환한다. 결과가 0이면 두 문자열은 같은 것이고 0 이외의 값은 두 문자열이 같지 않음을 나타낸다. 만약 결과가 양수이면 str1의 문자열의 길이가 더 긴 것이고, 음수이면 str2가 더 긴 것이다. 이제 다음 예제를 살펴보자.

실습 13-28

Ch13_28.c

```c
1    #include <stdio.h>
2    #include <string.h>
3
4    int main(void)
5    {
6        char a[10] = "apple";
7        char b[10] = "banana";
8        char c[10] = "abc";
9        char d[10] = "apple";
10
11       int n1, n2, n3;
12
13       n1 = strcmp(a, b);
14       n2 = strcmp(a, c);
15       n3 = strcmp(a, d);
16
17       printf("n1:%d\n", n1);
18       printf("n2:%d\n", n2);
19       printf("n3:%d\n", n3);
20
21       return 0;
22   }
```

〈실행결과〉

```
n1:-1
n2:1
n3:0
```

〈코드분석〉

13~15번 줄은 strcmp() 함수로 문자열들을 비교한다.

13번 줄은 "apple"과 "banana"를 비교하는데 두 문자열은 같지 않고 뒤 문자열이 더 길기 때문에 음수가 반환된다.

14번 줄은 "apple"과 "abc"를 비교하는데 두 문자열이 같지 않고 앞 문자열이 더 길기 때문에 양수가 반환된다.

15번 줄에서 "apple"과 "apple"을 비교하는데 두 문자열이 같아서 0을 출력한다.

strcmp( ) 함수를 이용해서 id와 비밀번호를 입력받아 비교해서 로그인 여부를 정하는 기능을 간단하게나마 구현할 수 있다. 다음 예제를 살펴보자.

실습 13-29

Ch13_29.c

```
1    #include <stdio.h>
2    #include <string.h>
3
4    int main(void)
5    {
6        char id[10] = "king";
7        char pwd[10] = "1234";
8        char input_id[10];
9        char input_pwd[10];
10
11       puts("id를 입력하시오");
12       scanf("%s", input_id);
13       puts("pwd를 입력하시오");
14       scanf("%s", input_pwd);
15
16       if (strcmp(id, input_id) == 0) {
17           if (strcmp(pwd, input_pwd) == 0) {
18               puts("로그인 성공");
19           } else {
20               puts("pwd를 잘못 입력하였습니다.");
21           }
22       } else {
23           puts("id를 잘못 입력하였습니다.");
24       }
25
```

```
26          return 0;
27    }
```

<실행결과>

```
id를 입력하시오
king
pwd를 입력하시오
123
pwd를 잘못입력하였습니다.
------------------------------------------------
<올바른 id, pwd 입력하여 실행>
id를 입력하시오
king
pwd를 입력하시오
1234
로그인 성공
```

<코드분석>

12번 줄은 id를 키보드로 입력 받아 input_id에 저장한다.

14번 줄은 pwd를 입력 받아 input_pwd에 저장한다.

16번 줄의 strcmp()는 두 문자열이 동일하면 0을 반환하므로 결국 id와 input_id가 동일한지 비교한다.

17번 줄은 pwd와 input_pwd가 동일한지 비교한다. 그래서 16번 줄과 17번 줄이 모두 참이면 로그인 성공, 17번 줄이 거짓이면 pwd를 잘못 입력한 것이고, 16번 줄이 거짓이면 id를 잘못 입력한 것이다.

strncmp( ) 함수

strcmp( ) 함수는 문자열 전체를 비교하지만 strncmp( ) 함수는 지정한 개수 만큼만 비교한다. 이 함수의 프로토타입은 다음과 같다.

```
int strncmp(const char *str1, const char *str2, size_t n);
```

strncmp( ) 함수는 strcmp( )와 비교했을 때, 매개 변수와 리턴 값은 거의 동일하고 세 번째 매개 변수인 비교할 문자 개수만 더 추가된다. 이제 예제를 살펴보자.

실습 13-30

Ch13_30.c

```c
1    #include <stdio.h>
2    #include <string.h>
3
4    int main(void)
5    {
6        char a[10] = "apple";
7        char b[10] = "app_test";
8        char c[10] = "abc";
9        char d[10] = "applebanana";
10
11       int n1, n2, n3;
12
13       n1 = strncmp(a, b, 3);
14       n2 = strncmp(a, c, 3);
15       n3 = strncmp(a, d, 5);
16
17       printf("n1:%d\n", n1);
18       printf("n2:%d\n", n2);
19       printf("n3:%d\n", n3);
20
21       return 0;
22   }
```

〈실행결과〉

```
n1:0
n2:14
n3:0
```

〈코드분석〉

13~15번 줄은 strncmp( ) 함수로 문자열들을 비교한다.

13번 줄은 "apple"과 "app_test"를 비교하는데 앞 문자열 3개를 비교하므로 동일하다. 그래서 0이 반환된다.

14번 줄은 "apple"과 "abc"를 비교하는데 앞 문자열 3개를 비교하므로 두 문자열이 같지 않다.

15번 줄은 "apple"과 "applebanana"를 앞 5개만 비교하므로 동일하게 판단된다.

strcat( ) 함수

두 문자열을 연결하여 하나의 문자열로 처리하는 함수가 strcat( )이다. strcat( ) 함수의 프로토타입은 다음과 같다.

```
char *strcat(char *str1, const char *str2);
```

str1과 str2를 하나로 결합하여 str1에 저장하고 이 주소를 반환한다. 이제 예제를 통해 자세히 알아보자.

실습 13-31

Ch13_31.c

```c
1   #include <stdio.h>
2   #include <string.h>
3
4   int main(void)
5   {
6       char a[10] = "abcd";
7       char b[10] = "EFGH";
8
9       strcat(a, b);
10
11      printf("a:%s\n", a);
12      printf("b:%s\n", b);
13
14      return 0;
15  }
```

〈실행결과〉

```
a:abcdEFGH
b:EFGH
```

위 예제를 보면 9번 줄에 있는 strcat( ) 함수가 문자열 a와 b를 연결하여 a에 저장한다.

strncat( ) 함수

두 문자열을 연결하지만 연결할 문자의 개수를 지정할 수 있는 함수가 strncat( )이다. 이 함수의 프로토타입은 다음과 같다.

```
char *strncat(char *str1, const char *str2, size_t n);
```

함수의 파라메터와 리턴 값은 strcat( )과 동일한데, 연결할 문자열 중 연결할 문자의 개수를 지정할 n이 끝에 추가되었다. 다음 예제를 통해 알아보자.

실습 13-32

Ch13_32.c

```
1    #include <stdio.h>
2    #include <string.h>
3
4    int main(void)
5    {
6        char a[10] = "abcd";
7        char b[10] = "EFGH";
8
9        strncat(a, b, 2);
10
11       printf("a:%s\n", a);
12       printf("b:%s\n", b);
13
14       return 0;
15   }
```

〈실행결과〉

```
a:abcdEF
b:EFGH
```

위 예제를 보면 9번 줄에 있는 strncat( ) 함수를 통해 문자열 a와 b의 앞 두 문자를 연결하여 a에 저장한다.

이렇게 C 프로그래밍에서 사용하는 표준 입출력과 파일 입출력, 그리고 문자열을 처리하는 문자열 처리 함수에 대해 알아보았다.

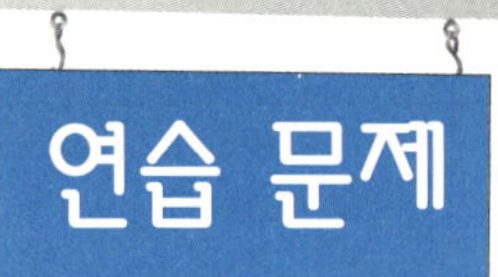

1. c의 표준 입출력 스트림을 쓰시오.

2. fgetc()함수를 이용해서 표준 입력으로부터 문자 하나를 입력 받는 코드를 작성하시오.

3. "a.txt" 파일을 읽기 모드로 오픈하는 코드를 작성하시오.

4. 3번에서 오픈한 파일에서 한 줄의 데이터를 읽어서 출력하는 코드를 작성하시오.

5. 3번에서 오픈한 파일을 닫는 코드를 작성하시오.

메모리 동적 할당

14

C 프로그램이 실행되는 동안 주로 사용하는 메모리는 스택과 힙이다. 스택은 함수의 매개 변수나 지역 변수들이 저장되는 메모리로 함수에서 변수를 선언하면 자동 할당된다. 힙은 변수 선언만으로는 할당받을 수 없고 메모리 주소로 직접 접근하거나 malloc( ) 함수를 이용해서 할당 받을 수 있다. 프로그램에서 힙 메모리를 꼭 사용해야 하는 것은 아니지만 다수의 데이터들을 저장하는데 유용하게 사용할 수 있다. 집합 데이터를 저장한다고 하니 배열을 떠올리는 독자도 많을 것이다.

하지만 배열은 선언할 때 크기를 지정해야 하는데 프로그램 실행 전에 데이터의 개수를 예측할 수 없는 경우에는 매우 불편한 방법이다. 배열의 크기를 10정도로 했는데, 프로그램 실행 시 이보다 더 많은 데이터가 들어오면 에러가 발생할 것이고, 배열의 크기를 100으로 했는데, 실행 시 데이터가 3개 밖에 들어오지 않았다면 메모리 낭비가 발생할 것이다. 이와 같은 문제는 메모리가 필요할 때 마다 할당 받아 쓰도록 구현하여 해결할 수 있는데 이를 메모리 동적 할당이라고 한다. 이번 Chapter에서는 메모리 동적 할당에 대한 내용들을 알아보기로 한다.

1. malloc( ) 함수와 free( ) 함수

힙에 메모리를 할당 받기 위해서는 malloc( ) 함수를 사용한다. 이 함수의 매개 변수는 할당 받을 메모리 블록의 크기를 양의 정수 값으로 지정한다. malloc( ) 함수를 호출하면 매개 변수 크기 만큼의 메모리를 힙에 할당하고, 할당 받은 메모리의 시작 주소를 void형 포인터로 반환한다.

void형 포인터는 모든 타입의 주소를 저장할 수 있는 포인터인데 malloc( ) 함수가 이 타입을 반환하는 이유는 힙에 할당 받은 메모리를 사용자가 어떤 타입으로 사용할지 모르기 때문이다. 그래서 void형 포인터로 반환된 주소를 원하는 타입의 주소로 캐스팅하여 사용해야 한다. 다음은 malloc( ) 함수의 프로토타입이다.

void* malloc(size_t size)

힙에 할당 받은 메모리는 자동으로 반환되지 않으므로 사용이 끝난 메모리는 free( ) 함수로 꼭 해제해야 한다.

void free(void *mem);

이 함수의 매개 변수는 해제할 메모리 주소이다. 메모리 할당과 해제와 관련된 예제들을 살펴
보자.

실습 14-1

Ch14_1.c

```
1    #include <stdio.h>
2    #include <stdlib.h>
3
4    int main(void)
5    {
6        int *p;
7        p = (int*) malloc(sizeof(int));
8        *p = 10;
9        printf("%d\n", *p);
10
11       free(p);
12
13       return 0;
14   }
```

〈실행결과〉

```
10
```

〈코드분석〉

7번 줄은 int 크기만큼의 메모리를 힙에 할당받고 그 주소를 p에 저장한다.

8번 줄은 할당 받은 메모리에 정수 10을 저장한다.

9번 줄은 p가 가리키는 주소에 저장된 값을 출력한다. 즉 힙에 할당 받은 메모리의 값을 출력한다.

11번 줄은 사용이 끝난 메모리를 free( )로 해제한다.

실습 14-2

Ch14_2.c

```
1    #include <stdio.h>
2    #include <stdlib.h>
3
4    int main(void)
5    {
```

```c
6        int *p, i;
7
8        p = (int*) malloc(sizeof(int) * 5);
9
10       for (i = 0; i < 5; i++)
11       {
12           *(p + i) = i + 1;
13       }
14
15       for (i = 0; i < 5; i++)
16       {
17           printf("%d\n", p[i]);
18       }
19
20       free(p);
21       return 0;
22   }
```

〈실행결과〉

```
1
2
3
4
5
```

〈코드분석〉

8번 줄에서 int값 5개를 저장할 만한 크기의 메모리, 즉 20바이트를 힙에 할당 받아 그 주소를 p에 저장한다.

10~13번 줄은 할당 받은 메모리에 1~5까지의 숫자 5개를 저장한다.

15~18번 줄은 메모리에 저장된 숫자 5개를 출력한다. 배열을 포인터로 포인터를 배열로 표현하는 것이 가능하다.

20번 줄은 사용했던 메모리를 반환한다.

2. calloc( ) 함수와 realloc( ) 함수

malloc( )처럼 힙에 메모리를 할당 받는 함수에는 calloc( )이나 realloc( )도 있다. calloc( ) 함수는 malloc( )과 거의 비슷하지만 매개 변수로 할당 받을 메모리 개수와 단위 크기를 지정한다. 다음은 calloc( ) 함수의 프로토타입이다.

```
void *calloc(size_t num, size_t size);
```

예로 int 크기만한 메모리 3개가 필요하다면 다음과 같이 작성한다.

```
int* mem = calloc(3, sizeof(int));
```

calloc( )은 할당 받은 메모리를 0으로 자동 초기화한다. 이제 예제를 살펴보자.

실습 14-3

Ch14_3.c

```
1    #include <stdio.h>
2    #include <stdlib.h>
3
4    int main(void)
5    {
6        int *p, i;
7
8        p = (int*) calloc(5, sizeof(int));
9
10       for (i = 0; i < 5; i++)
11       {
12           *(p + i) = i + 1;
13       }
14
15       for (i = 0; i < 5; i++)
16       {
17           printf("%d\n", p[i]);
18       }
19
```

```
20          free(p);
21          return 0;
22      }
```


〈코드분석〉

8번 줄에서 int값 5개를 저장할 만한 크기의 메모리 즉 20바이트를 힙에 할당 받아 그 주소를 p에 저장한다.

10~13번 줄은 할당 받은 메모리에 1~5까지의 숫자 5개를 저장한다.

15~18번 줄은 메모리에 저장된 숫자 5개를 출력한다. 배열을 포인터로 포인터를 배열로 표현하는 것이 가능하다.

20번 줄은 사용했던 메모리를 반환한다.

이 예제에서 알 수 있듯이 calloc( )과 malloc( )은 큰 차이가 없다. calloc( )은 매개 변수로 메모리 크기를 지정할 때 단위 크기와 개수를 지정하게 되어 있고, 할당 받은 메모리는 자동 초기화된다.

실습 14-4

Ch14_4.c

```
1       #include <stdio.h>
2       #include <stdlib.h>
3
4       int main(void)
5       {
6           int *p_m, *p_c, i;
7
8           p_m = (int*) malloc(5 * sizeof(int)); //malloc() 함수 사용
9           p_c = (int*) calloc(5, sizeof(int));  //calloc() 함수 사용
10
11          for (i = 0; i < 5; i++)
12          {
```

```
13          printf("%d\n", p_m[i]);
14      }
15
16      for (i = 0; i < 5; i++)
17      {
18          printf("%d\n", p_c[i]);
19      }
20
21      free(p_m);
22      free(p_c);
23      return 0;
24  }
```

〈실행결과〉

```
8519872
8528088
8596837
8789482
9583882
0
0
0
0
0
```

〈코드분석〉

8번 줄은 int 크기 5개를 malloc( )을 이용해 할당 받아 메모리 주소를 p_m에 저장한다.

9번 줄은 int 크기 5개를 calloc( )을 이용해 할당 받아 메모리 주소를 p_c에 저장한다.

11~14번 줄은 malloc( )으로 할당 받은 메모리의 값을 출력한다. malloc( )은 할당 받은 메모리를 자동 초기화 하지 않으므로 쓰레기 값 5개가 출력된다.

16~19번 줄은 calloc( )으로 할당 받은 메모리의 값을 출력한다. calloc( )은 할당 받은 메모리를 0으로 자동 초기화하므로 0이 5개 출력된다.

21~22번 줄은 사용한 메모리를 반환한다.

또 이미 할당 받은 메모리의 크기를 변경해야 한다면 realloc( )을 사용한다.

void *realloc(void *block, size_t size);

realloc( )의 첫 번째 매개 변수는 크기를 변경하고 싶은 원래의 메모리 주소이다. 즉 malloc( )
이나 calloc( )으로 이미 할당 받은 메모리의 주소를 말한다. 두 번째 매개 변수는 메모리 크기
로 변경하고 싶은 크기를 지정한다. 이 크기는 원래의 크기보다 크게 지정해도 되고 작게 지정
해도 된다. 만약 첫 매개 변수가 널이면 메모리를 새로 할당하고, 두 번째 매개 변수가 0이면
메모리 반환으로 동작하여 free( )와 동일한 일을 한다. 이 함수는 변경된 메모리의 주소를 반
환한다.

실습 14-5

Ch14_5.c

```c
#include <stdio.h>
#include <stdlib.h>

int main(void)
{
    int *p, i;

    p = (int*) malloc(5 * sizeof(int));

    for (i = 0; i < 5; i++)
    {
        *(p + i) = i + 1;
    }

    for (i = 0; i < 5; i++)
    {
        printf("%d\n", p[i]);
    }

    p = (int*) realloc(p, 10 * sizeof(int));

    for (i = 0; i < 10; i++)
    {
        *(p + i) = i + 1;
    }

```

```
27        for (i = 0; i < 10; i++)
28        {
29            printf("%d\n", p[i]);
30        }
31
32        free(p);
33        return 0;
34    }
```

〈실행결과〉

```
1
2
3
4
5
1
2
3
4
5
6
7
8
9
10
```

〈코드분석〉

8번 줄에서 int값 5개를 저장할 만한 크기의 메모리 즉 20바이트를 힙에 할당 받아 그 주소를 p에 저장한다.

10~13번 줄은 할당 받은 메모리에 1~5까지의 숫자 5개를 저장한다.

15~18번 줄은 메모리에 저장된 숫자 5개를 출력한다.

20번 줄은 할당 받았던 메모리를 int 크기 10개를 저장할 수 있을 크기로 다시 할당 받는다.

22~25번 줄은 할당 받은 메모리에 1~10까지의 숫자 10개를 저장한다.

27~30번 줄은 메모리에 저장된 숫자 10개를 출력한다.

이처럼 힙은 프로그램 실행 중에 메모리가 필요할 때마다 할당 받아 사용할 수 있으므로, 실행 전에는 사용할 메모리의 크기를 예측할 수 없는 경우에 사용하면 적합하다. 그런데 힙은 배열

처럼 연속된 메모리에 할당되지 않는다. 배열은 인덱스를 연속된 메모리에 저장하므로 시작 주소만 알면 배열의 각 방을 찾아갈 수 있다. 하지만 malloc( )이나 calloc( )은 매개 변수로 지정한 크기만한 메모리를 할당하여 그 주소를 반환하고, 또 호출했을 때 그 다음 주소의 메모리를 할당한다는 보장이 없다.

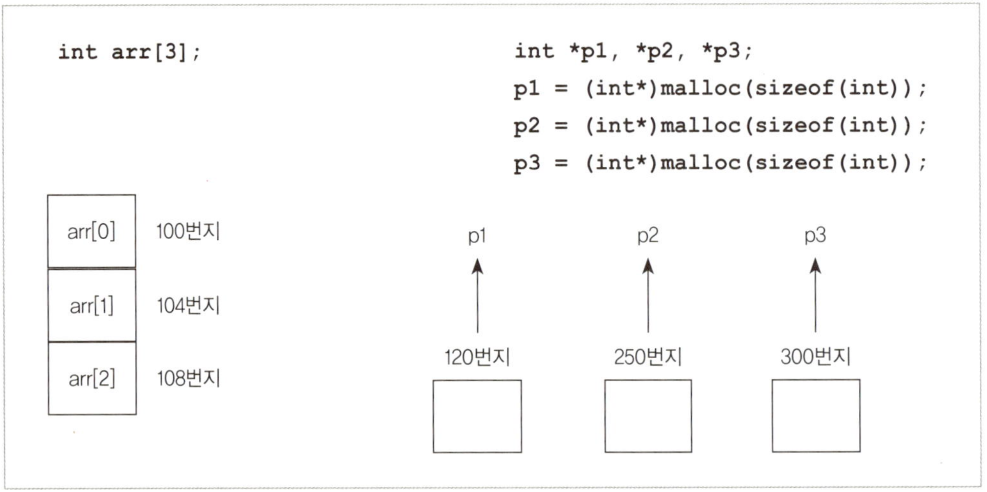

그림 14-1 배열과 malloc( )의 메모리 할당의 차이

위의 그림으로 알 수 있듯이 배열은 arr[0]이 100번지라면 arr[1]은 당연히 104번지이다. 하지만 malloc( )으로 할당 받은 메모리는 p1이 120번지라면 p2가 124번지라는 보장이 없고 연속되지 않은 메모리에 할당 받을 확률이 높다. 이는 malloc( )으로 할당 받은 메모리는 할당 받은 주소를 모두 기억하고 있어야 할당 받은 뒤에 사용할 수도 있고 해제할 수도 있다.

만약 할당 받아야 하는 메모리의 개수가 100개라고 하면 100개의 주소를 기억해야 한다는 의미이다. 이렇게 많은 데이터들과 주소를 효과적으로 관리하는 프로그램을 만드는 것은 생각보다 쉽지 않다. 그래서 링크드 리스트(Linked List)와 같은 자료구조가 필요한 것이다.

3. 링크드 리스트

링크드 리스트는 데이터와 다음 노드의 주소를 같이 보관하여 시작 주소만 알면 그 뒤의 데이터도 탐색할 수 있는 자료구조다.

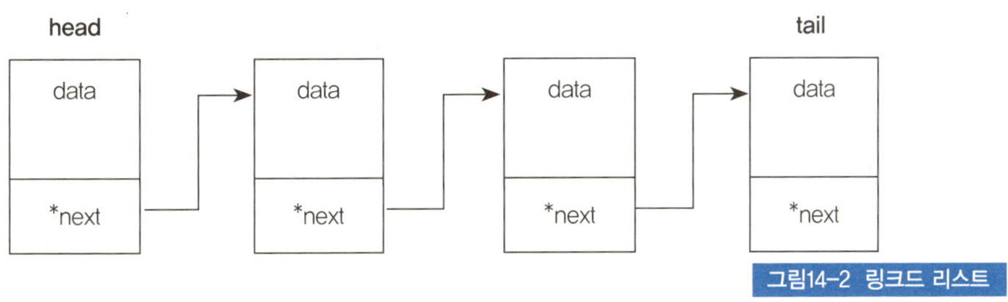

그림14-2 링크드 리스트

위의 그림에서 *next가 다음 노드의 주소를 저장할 포인터다. 각 노드마다 다음 노드의 주소를 기억하고 있기 때문에 끝까지 탐색이 가능하다. 링크드 리스트의 첫 노드를 head라 하고, 마지막 노드를 tail이라 한다. 링크드 리스트의 끝을 인식시키기 위해 tail의 next에는 NULL을 할당한다.

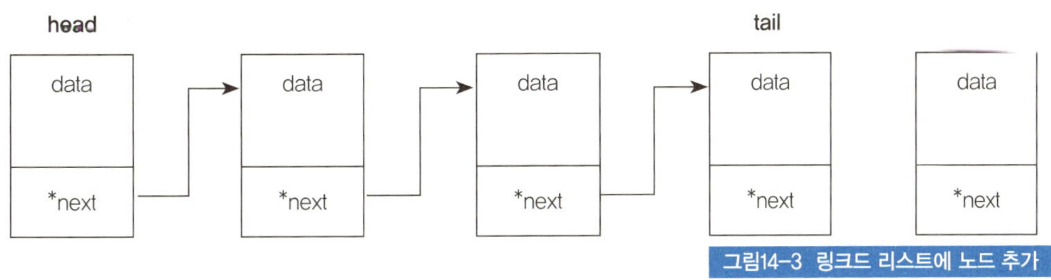

그림14-3 링크드 리스트에 노드 추가

링크드 리스트에서 끝에 추가하는 경우는 〈그림 14-3〉처럼 tail 뒤에 연결한다. 노드를 추가하는 방법은 tail의 next에 추가할 노드의 주소를 할당하고, 방금 추가된 노드를 tail로 설정한다. 그리고 변경된 tail의 next에 NULL을 할당한다.

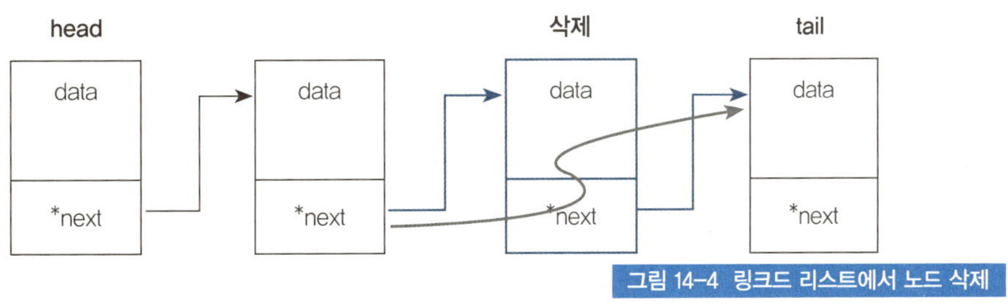

그림 14-4 링크드 리스트에서 노드 삭제

노드 삭제는 삭제할 노드의 앞 노드와 뒷 노드를 연결하고, 삭제할 노드의 메모리를 해제한다. 다음의 예제를 통해서 실제 링크드 리스트를 구현하는 방법을 살펴보자.

실습 14-6

Ch14_6.c

```c
1    #include <stdio.h>
2    #include <stdlib.h>
3
4    struct data {
5        int num;
6        struct data *next;
7    };
8
9    struct data *head, *bmp, *tail;
10   void add(int num);
11   void delete(int num);
12   void printList( );
13   void delList( );
14
15   int main(void)
16   {
17       int flag = 1, menu = 0, num = 0;
18       struct data *p;
19       while (flag)
20       {
21           printf("메뉴:1.추가 2.삭제 3.전체출력 4.메모리해제 5.종료\n");
22           scanf("%d", &menu);
23           switch (menu) {
24           case 1:
25               printf("추가할 숫자를 입력하라\n");
26               scanf("%d", &num);
27               add(num);
28               break;
29           case 2:
30               printf("삭제할 숫자를 입력하라\n");
31               scanf("%d", &num);
32               delete(num);
33               break;
34           case 3:
35               printList( );
36               break;
```

```
37          case 4:
38              delList( );
39              break;
40          case 5:
41              flag = 0;
42              break;
43          default:
44              puts("다시입력하라");
45          }
46      }
47      return 0;
48  }
49  void add(int num)
50  {
51      bmp = (struct data*) malloc(sizeof(struct data));
52      bmp->num = num;
53      if (head == NULL ) {
54          head = bmp;
55      } else {
56          tail->next = bmp;
57      }
58
59      tail = bmp;
60      tail->next = NULL;
61  }
62
63  void delete(int num)
64  {
65      static struct data *arr[3];
66      bmp = head;
67      while (bmp != NULL ) {
68          if (bmp == head) {
69              arr[0] = NULL;
70              arr[1] = bmp;
71              arr[2] = bmp->next;
72          } else {
73              arr[0] = arr[1];
74              arr[1] = arr[2];
```

```c
75                arr[2] = bmp->next;
76            }
77            if (bmp->num == num) {
78                arr[0]->next = arr[2];
79                free(arr[1]);
80                break;
81            }
82            bmp = bmp->next;
83        }
84    }
85
86    void delList( )
87    {
88        bmp = head;
89        while (bmp != NULL ) {
90            head = bmp->next;
91            printf("%d가 삭제되었음\n", bmp->num);
92            free(bmp);
93            bmp = head;
94        }
95    }
96
97    void printList( ) {
98        bmp = head;
99        while (bmp != NULL ) {
100            printf("데이터 : %d\n", bmp->num);
101            bmp = bmp->next;
102        }
103    }
```



```
메뉴:1.추가 2.삭제 3.전체출력 4.메모리해제 5.종료
1
추가할 숫자를 입력하라
1
메뉴:1.추가 2.삭제 3.전체출력 4.메모리해제 5.종료
1
추가할 숫자를 입력하라
```

```
2
메뉴:1.추가 2.삭제 3.전체출력 4.메모리해제 5.종료
1
추가할 숫자를 입력하라
3
메뉴:1.추가 2.삭제 3.전체출력 4.메모리해제 5.종료
3
데이터 : 1
데이터 : 2
데이터 : 3
메뉴:1.추가 2.삭제 3.전체출력 4.메모리해제 5.종료
2
삭제할 숫자를 입력하라
2
메뉴:1.추가 2.삭제 3.전체출력 4.메모리해제 5.종료
3
데이터 : 1
데이터 : 3
메뉴:1.추가 2.삭제 3.전체출력 4.메모리해제 5.종료
4
1가 삭제되었음
3가 삭제되었음
메뉴:1.추가 2.삭제 3.전체출력 4.메모리해제 5.종료
5
```

〈코드분석〉

4~7번 줄은 링크드 리스트 노드로 사용할 구조체를 정의한다. 링크드 리스트에 저장할 데이터는 정수이므로 정수형 멤버 하나와 다음 노드의 주소를 저장할 포인터 하나로 구성했다.

9번 줄은 링크드 리스트의 첫 노드의 주소를 저장할 포인터 변수 head, 할당 받은 메모리 주소를 임시적으로 저장할 bmp, 링크드 리스트 마지막 노드의 주소를 저장할 tail을 선언한다.

10번 줄은 링크드 리스트 끝에 노드 하나를 추가하는 add( ) 함수를 선언한다.

11번 줄은 링크드 리스트에서 노드 하나를 삭제할 delete( ) 함수를 선언한다.

12번 줄은 링크드 리스트의 첫 노드부터 마지막까지 접근해 값을 출력하는 printList( ) 함수를 선언한다.

13번 줄은 링크드 리스트 전체 메모리를 해제하는 delList( ) 함수를 선언한다.

15~47번 줄에서 21번 줄은 추가, 삭제, 전체 출력, 해제 등의 메뉴를 제공해 링크드 리스트를 사용할 수 있게 한다.

49~61번 줄은 add( ) 함수를 정의한다. 노드를 끝에 추가하여 사용자가 입력한 데이터를 할당 받은 메모리에 저장한다.

51번 줄은 추가할 노드가 사용할 메모리를 할당 받는다.

52번 줄은 할당 받은 메모리에 사용자가 입력한 숫자 데이터를 저장한다.

53~57번 줄은 head가 널인지를 확인하여 그에 따른 처리를 한다. head가 널이라면 아직 링크드 리스트의 노드가 하나도 만들어 지지 않았으므로 방금 할당 받은 메모리가 첫 노드 바로 head가 된다. 그래서 51번 줄에서 할당 받은 메모리 주소(bmp)를 head에 저장한다. head가 널이 아니라면 이전에 노드가 이미 하나 이상 만들어진 것이므로 방금 할당 받은 메모리를 끝에 연결해야 하므로 bmp를 tail의 next에 저장한다(56번 줄).

59번 줄은 방금 추가된 노드가 마지막이 되므로 tail에 bmp 값을 저장한다.

60번 줄은 마지막 노드는 다음 노드가 없고, 끝을 표시하기 위해 tail의 next에 널을 할당한다.

63~84번 줄은 delete( ) 함수를 정의한다. 노드 삭제를 하려면 삭제할 노드의 앞, 뒤 노드의 주소를 기억해야 둘을 연결할 수 있다. 그래서 68~76번 줄은 앞 노드, 삭제할 노드, 그 뒷 노드의 주소를 저장한다.

77~81번 줄은 삭제할 노드를 찾으면 삭제할 노드의 앞, 뒤 노드를 연결한다. 그리고 삭제할 노드의 메모리를 해제한다. 삭제할 노드를 찾기 위해서는 링크드 리스트의 처음부터 끝까지 비교해야 하므로 67번 줄의 루프를 이용해서 반복한다.

86~95번 줄은 delList( ) 함수를 정의한다.

89~94번 줄은 첫 노드부터 순차적으로 메모리를 해제한다. 90번 줄에서 먼저 메모리 해제할 다음 노드로 head를 이동하고 92번 줄에서 메모리를 해제한다.

92~102번 줄은 링크드 리스트의 모든 노드 값을 출력한다. 99~102번 줄은 첫 노드부터 num 멤버값을 출력하고 101번 줄에서 다음 노드로 이동한다. 이러한 동작을 마지막 노드까지 반복한다.

여기까지 링크드 리스트를 이용해서 메모리 동적 할당에 대한 내용들을 알아보았다. 이 책 마지막 Chapter에서 자료 구조와 알고리즘 기초 부분을 조금이나마 할애해서 다룰 것이다. 하지만 복잡하고 난이도가 있거나 전문적인 내용은 다루지 않으며 자료 구조나 알고리즘을 본격적으로 배우고 싶다면 관련 분야의 책을 참고하기 바란다.

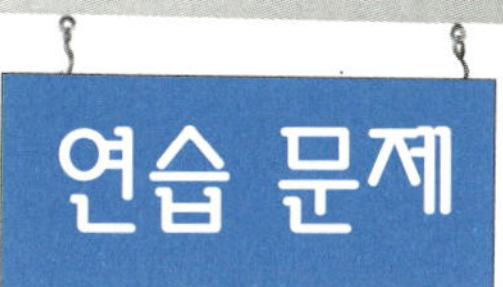

1. int형 데이터 5개를 저장할 수 있는 메모리를 힙에 할당 받는 코드를 작성하시오.

2. 1번에서 할당 받은 메모리에 숫자 1 ~ 5를 저장하는 코드를 작성하시오.

3. 1번에서 할당 받은 메모리를 해제하는 코드를 작성하시오.

4. 이미 할당 받은 메모리의 크기를 변경하여 다시 할당 받는 함수의 이름은?

전처리기와 조건부 컴파일

15

1. 전처리기

C언어를 사용해 프로그래밍을 하면 보통 「#include 〈stdio.h〉」 문장으로 시작하는 경우가 많다. 이렇게 #으로 시작하는 문장을 전처리기이라고 하며 전처리기에 의해서 컴파일보다 먼저 처리된다. 위의 #include 문장은 헤더 파일을 추가하는 것으로 컴파일 전에 헤더 파일의 코드를 소스 파일에 추가한다. 헤더 파일의 내용은 전역변수나 함수의 선언문 등으로 이루어져 있다. 헤더 파일은 표준 헤더 파일과 사용자 작성 헤더 파일로 나뉘는데, 표준 헤더 파일을 추가하려면 늘 했던 것 처럼 다음과 같이 하면 된다.

> **#include 〈stdio.h〉**

하지만 사용자 작성 헤더 파일은 다음과 같이 작성해야 한다.

> **#include "myheader.h"**

이렇게 필요한 헤더 파일들을 #include문으로 추가하면 헤더 파일의 내용이 소스 파일에 추가되어 하나로 컴파일된다.

전처리기에서 또 많이 사용되는 것이 #define문이다. 이 문장은 앞에서 다룬 심볼릭 상수에서도 잠깐 나왔는데 데이터 타입이 없는 상수를 치환하는 데 사용된다.

```
#define MAX 100
```

위의 코드와 같이 MAX라는 매크로를 정의하면 소스 코드에 사용된 모든 MAX는 전처리기에 의해서 100으로 치환된다. 매크로 사용 예제를 더 살펴보자.

실습 15-1

Ch15_1.c

```
1    #include <stdio.h>
2    #define SIZE 5
3
4    int main(void)
5    {
6        int arr[SIZE];
```

```
7        int i;
8        for (i = 0; i < SIZE; i++) {
9            arr[i] = i + 1;
10       }
11
12       for (i = 0; i < SIZE; i++) {
13           printf("%d\t", arr[i]);
14       }
15       return 0;
16   }
```

〈실행결과〉

```
1   2   3   4   5
```

〈코드분석〉

2번 줄은 MAX 이름의 상수를 정의한다.

6번 줄은 int형 배열을 선언했는데, 크기는 SIZE이므로 5다. 매크로를 정의했으므로 컴파일 전 소스의 모든 SIZE는 숫자 5로 치환된다. 그래서 컴파일 시에 이 줄은 int arr[5];와 같이 변경되어 있다.

8~10번 줄은 for 문으로 배열에 숫자 1~5를 할당한다. 8번 줄의 SIZE도 5로 치환된다.

12~14번 줄은 배열의 값을 출력하는 코드로 11번 줄의 SIZE도 5로 치환된다.

이처럼 #define문은 매크로를 정의하는 용도로 사용된다. 상수 이름은 보통 대문자로 정의하는데 이는 상수를 쉽게 구분하기 위한 개발 약속이고 컴파일에는 상관없다. 그리고 문장의 끝에는 세미콜론을 찍지 않는다. 매크로는 상수에 이름을 붙여 사용하므로 가독성을 증가시키고 수정할 때에도 여러 곳을 찾아 모두 수정할 필요없이 정의문에서 한 번만 수정하면 되므로 편리성을 제공한다. 다음 예제는 다양한 형태의 매크로 정의를 보여준다.

실습 15-2

Ch15_2.c

```
1    #include <stdio.h>
2
3    #define PI 3.14
4    #define STR "abc"
5    #define MAX 100
6    #define MIN -10
7
```

```
8     int main(void)
9     {
10        int r = 10;
11
12        printf("원의 넓이는 %f이다.\n", PI * r * r);
13        printf("문자열은 %s이다.\n", STR);
14        printf("최댓값은 %d이다.\n", MAX);
15        printf("최솟값은 %d이다.\n", MIN);
16        return 0;
17    }
```



```
원의 넓이는 314.0000000이다.
문자열은 abc이다.
최댓값은 1000이다.
최솟값은 -100이다.
```


3~6번 줄은 매크로를 정의하는 코드로 실수, 문자열, 양의 정수, 음의 정수로 치환될 상수들이다.

12~15번 줄은 정의한 매크로를 사용하는 예를 보여준다.

매크로는 상수뿐 아니라 함수도 정의할 수 있다. 함수도 마찬가지로 치환이기 때문에 함수를 호출하면 분기 대신 함수 정의 코드가 그대로 치환된다. 그러므로 분기에 의한 소프트웨어의 성능 저하는 막을 수 있지만 호출하는 곳마다 동일한 코드가 반복 추가되어 코드 사이즈는 커질 수 밖에 없다.

다음 코드는 매크로 함수로 함수 이름은 SQR이고 매개 변수는 X이며 함수 정의는 X＊X이다.

```
#define SQR(X) X*X
```

그래서 SQR을 호출하면 매개 변수로 받은 값을 제곱한다. 만약 SQR(3)으로 호출하면 이 코드는 3＊3으로 치환된다. 이 코드를 실습해보도록 하겠다.

Ch15_3.c

```c
1    #include <stdio.h>
2
3    #define SQR(X)  X*X
4
5    int main(void)
6    {
7        printf("SQR(3)=%d\n", SQR(3));
8        return 0;
9    }
```

〈실행결과〉

```
SQR(3)=9
```

〈코드분석〉

3번 줄은 매크로 함수를 정의한다. 함수 이름은 SQR이고 매개 변수는 X이다. 이 함수의 내용은 X*X이다.

7번 줄의 SQR(3)은 3*3으로 치환되어 계산 결과는 9가 된다.

매크로 함수는 호출하는 부분에 함수 정의 코드가 그대로 치환되므로 다른 수식과 연결되면 부작용이 발생할 수도 있다. 다음의 예제를 살펴보자. 이 코드는 두 매크로 함수의 결과를 곱하는 연산을 위해 만든 것이다.

Ch15_4.c

```c
1    #include <stdio.h>
2
3    #define ADD(X)  X+X
4
5    int main(void)
6    {
7        int result = 0;
8        result = ADD(2)  *  ADD(3);
9        printf("ADD(2)*ADD(3)=%d\n", result);
10       return 0;
11   }
```

```
ADD(2)*ADD(3)=11
```


3번 줄에서 ADD라는 매크로 함수를 정의한다. 이 함수는 매개 변수로 받은 값을 더한다.

8번 줄은 매크로 함수 ADD( )를 호출하는데 전처리기에 의해 처리되면 다음과 같이 치환된다.

```
result = 2 + 2 * 3 + 3;
```

그래서 result에는 계산 결과인 11이 저장된다.

9번 줄은 계산 결과 result 값을 출력한다.

원래 이 코드의 의도는 (2+2)*(3+3) 으로 계산하는 것이었지만 계산은 엉뚱한 결과를 만들었다. 이러한 문제를 예방하려면 매크로 함수의 각 요소와 전체 수식을 괄호로 묶어주어야 한다. 다음 예제가 올바르게 수정한 코드이다.

실습 15-5

Ch15_5.c

```
1    #include <stdio.h>
2
3    #define ADD(X)  ((X)+(X))
4
5    int main(void)
6    {
7        int result = 0;
8        result = ADD(2) * ADD(3);
9        printf("ADD(2)*ADD(3)=%d\n", result);
10       return 0;
11   }
```



```
ADD(2)*ADD(3)=24
```


3번 줄에서 매크로 함수의 각 요소와 전체 수식을 괄호로 묶은 것만 변경되었고 나머지는 [실습 15-4]와 동일하다.

9번 줄이 전처리기에 의해 치환되면 다음으로 치환된다.

```
result = ((2)+(2))*((3)+(3));
```

그래서 계산 결과는 24이다.

매크로 함수는 실제로 함수가 호출되는 것이 아니라 치환되는 것이므로 분기에 의한 속도 저하
나 스택 사용량의 증가를 막을 수 있다. 하지만 함수를 호출할 때 함수 내용이 직접 치환되므로
매크로 함수는 짧게 작성해야 한다.

2. 조건부 컴파일

조건부 컴파일은 상황에 따라 특정 코드는 컴파일에서 제외하고 특정 코드는 컴파일하는 방법
으로 프로그램이 실행되는 상황에 따라 실행할 코드를 선택할 수 있는 방법을 제공한다. 예를
들어 운영체제의 종류에 따라서 할당할 값을 다르게 주거나 실행할 코드를 다르게 지정할 수
있다. 조건부 컴파일도 전처리기으로 구현하므로 컴파일 전에 먼저 처리된다. 조건부 컴파일
구문은 다음과 같이 여러 종류가 있다.

2.1 #if - #elif - #else - #endif

#if문은 if 조건문과 비슷하다. if 뒤에 조건을 명시하여 이 조건이 참이면 if에 종속된 문장을
실행하고, 거짓이면 다음 조건문으로 분기한다. 다음 예제는 가장 기본적인 #if - #endif 문이
다. endif는 if문의 종료를 의미한다.

실습 15-6

Ch15_6.c

```c
1    #include <stdio.h>
2
3    #define TEST 1
4    #define MAX 100
5    #if(TEST == 1)
6    #define MAX 5
7    #endif
8
```

```
9     int main(void)
10    {
11        printf("MAX=%d\n", MAX);
12        return 0;
13    }
```



```
MAX=5
```


3번 줄에서 TEST 상수를 1로 정의한다.

4번 줄은 MAX 상수를 100으로 정의한다.

5번 줄은 TEST가 1인지를 비교한다.

6번 줄은 if 문이 참이면 MAX를 5로 재정의한다.

7번 줄에서 if문을 종료한다.

11번 줄에서 상수 MAX를 출력한다. 만약 TEST가 1이면 5, 1이 아니면 100이 출력될 것이다.

다음은 #if – #else – #endif 문이다. if 다음의 조건이 참이면 if 종속문을 그렇지 않으면 else 종속문을 실행한다.

Ch15_7.c

```
1     #include <stdio.h>
2
3     #define FLAG 1
4
5     #if FLAG
6     #define STR "true"
7     #else
8     #define STR "false"
9     #endif
10
11    int main(void)
12    {
13        printf("STR=%s\n", STR);
```

```
14        return 0;
15    }
```

〈실행결과〉

```
STR=true
```

〈코드분석〉

3번 줄에서 매크로 FLAG를 1로 정의한다.

5번 줄에서 FLAG가 참인지 거짓인지 비교한다. C언어에서 0은 거짓, 그 이외의 값은 참으로 인식한다. 현재 FLAG의 값이 1이므로 이 코드는 참이다.

6번 줄은 5번 줄의 비교가 참일 때 실행되는 코드로 매크로 STR을 "true"로 정의한다.

7~8번 줄은 5번 줄의 비교문이 거짓일 때 실행되고 매크로 STR을 "false"로 정의한다.

9번 줄은 if문의 종료를 나타낸다.

13번 줄에서 상수 STR을 출력한다. 만약 FLAG가 1이면 true, FLAG가 1이 아니면 false가 출력된다.

조건의 수가 많을 경우에는 #if – #elif – #else – #endif 문을 사용한다. 기본 동작은 if – else와 동일하고 다양한 조건을 elif로 구현한다.

실습 15-8

Ch15_8.c

```c
1    #include <stdio.h>
2
3    #define TEST 2
4
5    #if(TEST==1)
6    #define MAX 100
7    #elif(TEST==2)
8    #define MAX 200
9    #else
10   #define MAX 300
11   #endif
12
13   int main(void)
14   {
15       printf("MAX=%d\n", MAX);
```

```
16          return 0;
17      }
```



```
MAX=200
```


3번 줄에서 상수 TEST를 2로 정의한다.

5~11번 줄은 TEST가 1, 2, 그 이외의 값인지를 비교하여 상수 MAX를 지정한 값으로 정의한다. 7번 줄의 elif 를 이용해 앞선 if문에서 제외된 경우들을 비교할 수 있다.

15번 줄에서 정의된 MAX를 출력한다.

조건부 컴파일 구문은 main( ) 안에서도 사용할 수 있다. 다음 예제를 살펴보도록 하자.

실습 15-9

Ch15_9.c

```c
1     #include <stdio.h>
2
3     #define LEVEL 2
4
5     int main(void)
6     {
7
8     #if(LEVEL==1)
9         printf("1단계 입니다.");
10    #elif(LEVEL==2)
11        printf("2단계 입니다.");
12    #elif(LEVEL==3)
13        printf("3단계 입니다.");
14    #else
15        printf("최고 단계 입니다.");
16    #endif
17        return 0;
18    }
```

2단계 입니다.

3번 줄에서 상수 LEVEL을 2로 정의한다.

8~16번 줄은 LEVEL이 1, 2, 3, 그 이외의 값인가를 비교하여 참인 경우의 출력문을 실행한다. 이 코드에서는 LEVEL이 2이므로 10번 줄의 비교를 만족하여 11번 줄의 출력문을 실행한다.

2.2 #ifdef − #else − #endif

#ifdef는 매크로가 정의되었는가 아닌가가 참, 거짓인 조건문이다. 즉, 특정 매크로 이름을 명시하여 그 매크로가 정의되었으면 참, 정의되지 않았으면 거짓이다.

실습 15-10

Ch15_10.c

```c
1    #include <stdio.h>
2
3    #define TEST
4
5    #ifdef TEST
6    #define STR "TEST가 정의되어 있음"
7    #else
8    #define STR "TEST가 정의되지 않았음"
9    #endif
10
11   int main(void)
12   {
13       printf("STR=%s\n", STR);
14       return 0;
15   }
```


STR=TEST가 정의되어 있음

〈코드분석〉

3번 줄에서 상수 TEST를 정의하는데 값을 지정하지 않았다. 이처럼 상수를 정의할 때 값을 지정하지 않아도 된다. 이러한 상수는 그 상수가 정의되었는가 아닌가를 확인하는 용도로 사용할 수 있다.

5번 줄의 ifdef 문은 매크로가 정의되었는가를 비교하는데 이 코드에서는 TEST가 정의되었는가를 비교한다. 상수 TEST가 정의되었으므로 참이 되며 아래의 6번 줄을 실행하여 상수 STR을 "TEST가 정의되어 있음"로 정의한다.

7~8번 줄은 ifdef가 참이 아니면 실행되는 코드로 상수 STR을 "TEST가 정의되지 않았음"로 정의한다.

13번 줄에서 상수 STR을 출력한다.

실습 15-11

Ch15_11.c

```c
#include <stdio.h>

#define WINDOWS

int main(void)
{

#ifdef WINDOWS
    printf("윈도우즈용 입니다.");
#else
    printf("기타 운영체제용 입니다.");
#endif
    return 0;
}
```

〈실행결과〉

윈도우용 입니다.

〈코드분석〉

3번 줄에서 상수 WINDOWS를 정의한다. 값은 지정하지 않았다.

8~12번 줄은 WINDOWS가 정의되었으면 "윈도우용 입니다."라고 출력하고, 정의되지 않았으면 "기타 운영체제용 입니다."라고 출력한다.

2.3 #undef

undef는 define으로 정의한 매크로를 삭제하는 구문이다.

실습 15-12

Ch15_12.c

```c
1    #include <stdio.h>
2
3    #define TEST 1
4    #define MAX 100
5    #if(TEST == 1)
6    #undef MAX
7    #define MAX 5
8    #endif
9
10   int main(void)
11   {
12       printf("MAX=%d\n", MAX);
13       return 0;
14   }
```

〈실행결과〉

```
MAX=5
```

〈코드분석〉

4번 줄에서 상수 MAX를 100으로 정의한다.

6번 줄은 조건문의 비교를 만족하면 정의했던 상수 MAX를 삭제하고 7번 줄에서 MAX를 5로 정의한다.

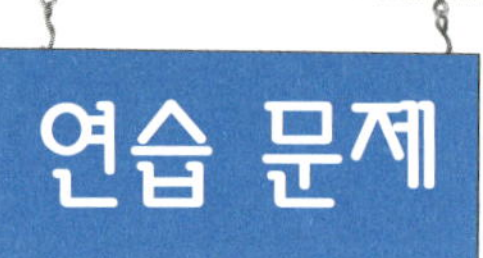

1. "str" 값을 갖는 매크로 상수 STR을 정의하는 코드를 작성하시오.

2. 파라메터로 숫자 하나를 입력 받고 그 값을 제곱하는 매크로 함수를 작성하시오.

3. 다음 코드의 실행결과를 쓰시오.

```c
#include<stdio.h>

#define FLAG 1

#if FLAG
#define MAX 100
#else
#define MAX 200
#endif

void main() {
    printf("MAX=%d\n", MAX);
}
```

4. #define LINUX 문장으로 매크로를 정의한 뒤 LINUX가 정의되어 있으면 "리눅스용"이라고 출력하고, 정의되지 않았으면 "기타 운영체제용"이라고 출력하는 매크로 코드를 작성하시오.

기초 자료구조와 알고리즘 맛보기

16

이번 Chapter에서는 앞에서 배운 내용을 토대로 정렬, 탐색, 자료구조 등 다양한 프로그래밍 실습을 해보겠다. 먼저 프로그래밍 실습에 들어가기 전에 C 프로그램에서 주로 사용하는 메모리인 스택과 힙에 대해서 살펴보도록 하자.

스택은 주로 함수가 사용하는 메모리로 변수 선언으로 간단히 할당 받을 수 있지만 자동 초기화는 되지 않아 초기화를 하지 않으면 쓰레기 값을 갖는다. 함수가 호출되면 그 함수가 사용할 스택을 할당하고 전달된 매개 변수와 지역 변수들을 저장한다.

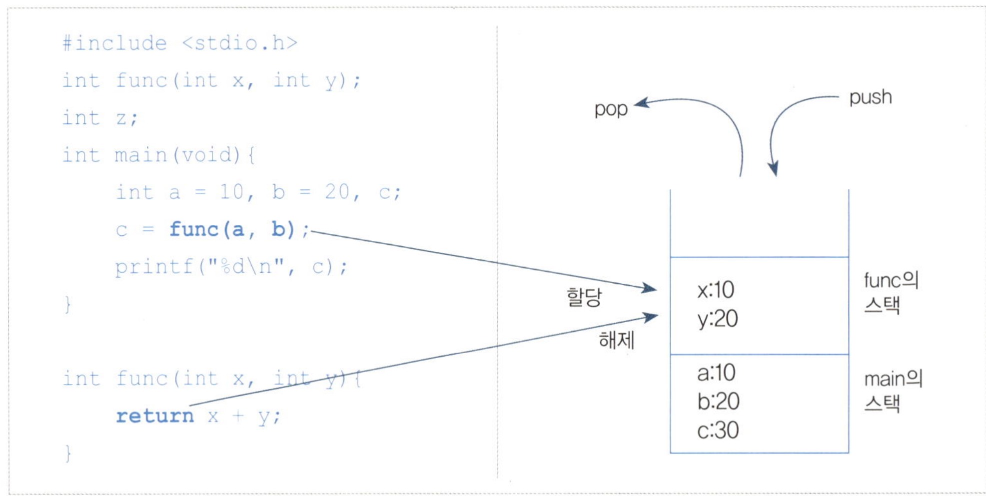

그림 16-1 함수와 스택

위의 코드는 두 개의 함수로 이루어져 있다. 3번 줄의 변수 z는 전역 변수이므로 스택에 저장되지 않고 정적 메모리에 저장된다. 4~8번 줄은 main( ) 함수로 프로그램이 시작되면서 main( )이 사용할 스택이 할당된다. 할당 받은 이 메모리에는 main( ) 함수 안에 선언한 지역변수들이 저장된다. 그래서 5번 줄에서 선언한 변수 a, b, c는 오른쪽의 그림처럼 main( )의 스택에 저장된다. 6번 줄에서 func( ) 함수를 호출하면 func( )가 사용할 스택을 할당한다. 이 때 매개 변수로 넣은 값은 func( )의 스택에 복사된다. 만약 func( ) 함수에서 지역 변수를 더 선언하더라도 이 메모리에 저장된다. 함수는 할당 받은 스택을 이용해 함수 코드를 다 실행한 뒤 함수가 종료하면 사용했던 스택은 반환된다. 메모리를 반환하는 것은 메모리를 초기화한다는 의미가 아니고 다른 함수가 사용할 수 있도록 해제하는 것이다.

그래서 7번 줄에서 printf( )를 호출하면 func( )가 사용하고 반환했던 메모리를 할당 받을 수 있다. 스택 메모리에 데이터가 들어가고 나가는 방법은 그림에 나타난 것과 같이 push와 pop으로 동작한다. 스택은 데이터가 들어가고 나가는 입구와 출구가 하나로 되어 있어 데이터의 추가는 맨 위에 얹어지고 데이터의 삭제는 맨 위에서 빠진다. 스택의 꼭대기에서 데이터가 빠지는 것을 pop, 꼭대기에 데이터가 추가되는 것을 push라고 한다. 스택 자료구조는 뒤에서 더 자세히 살펴보겠다.

힙은 malloc( ) 계열의 함수로 원하는 크기만큼 할당 받아 사용한다. 힙은 메모리를 동적으로 할당 받는 것이 가장 큰 특징으로 메모리 사용량을 실행 전에는 예측하기 어려울 때 사용하면 효과적이다.

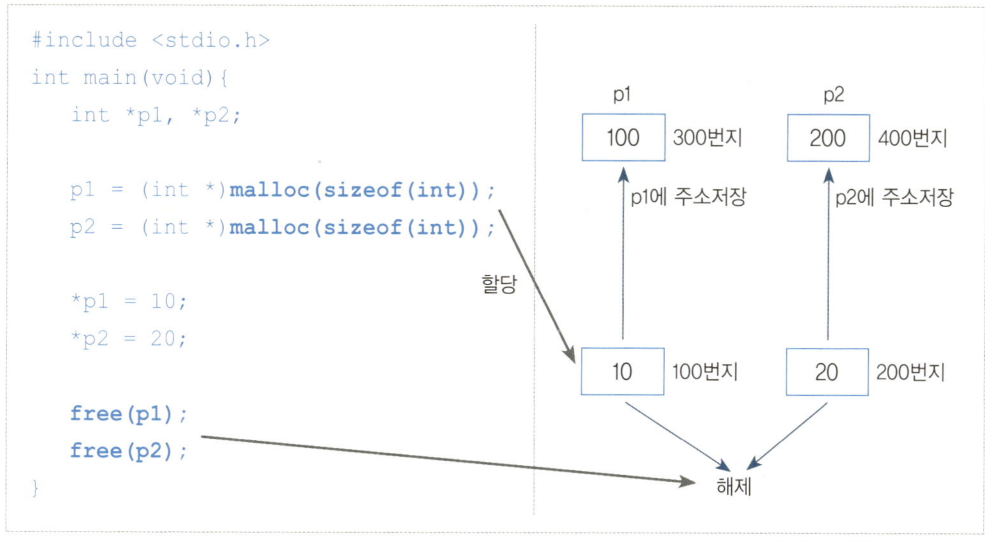

그림 16-2 힙 메모리의 할당과 해제

힙 메모리를 할당 받으면 그림과 같이 비연속적으로 할당하므로 할당 받은 모든 주소를 기억하고 있어야 한다. 그래서 5~6번 줄은 malloc( )으로 할당 받은 메모리의 주소를 p1, p2 포인터에 저장한다. 그림에서도 할당 받은 메모리 주소인 100, 200번지를 p1, p2에 저장하는 것을 보여준다. 그리고 사용이 끝난 메모리는 free( )로 메모리를 꼭 해제해야 한다.

자, 이제부터 지금까지 배운 C언어 지식을 바탕으로 여러 가지 실습을 진행해보도록 하겠다.

1. 버블 정렬

정렬(sort)은 데이터를 순서대로 나열하는 것으로 다양한 정렬 알고리즘들이 개발되었다. 그 중에서 구현은 가장 쉬우나 성능은 좋지 않은 방법이 버블 정렬이다. 버블 정렬은 인접한 두 개의 데이터를 비교하여 순서가 맞지 않으면 바로 자리를 바꾸는데 마치 물 속에서 거품 (bubble)이 솟구치는 모습과 유사하다고 해서 버블 정렬이라는 이름이 붙었다.

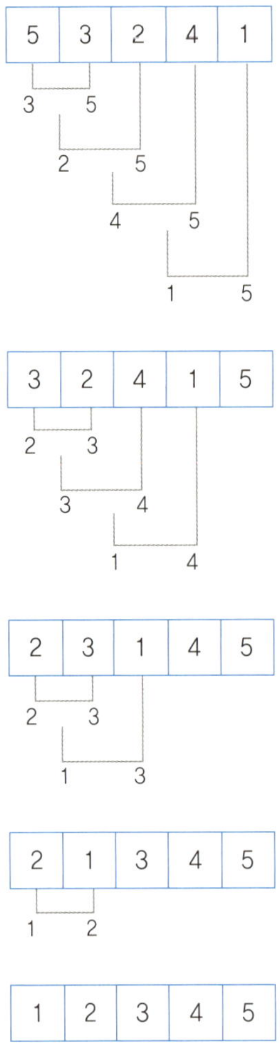

오름차순일 경우 작은 숫사가 앞, 큰 숫자가 뒤에 있어야 하므로 두 숫자를 비교하여 자리를 바꾼다. 이 동작을 배열의 처음부터 끝까지 실행하므로 배열의 길이가 n이라면 n–1번 실행한다. 그런데 배열의 끝까지 실행했어도 3, 2, 4, 1, 5로 정렬은 완전하지 않다. 이 동작 전체를 n–1회 반복한다.

그런데 정렬 첫 단계를 실행하고 나면 가장 큰 숫자가 맨 뒤로 자기 자리를 찾아간 것을 알 수 있다. 이처럼 배열 한 줄의 비교가 끝날 때마다 가장 뒷 자리부터 정렬되므로 단계가 반복되는 횟수만큼 비교하는 횟수를 줄인다. 옆의 그림도 첫 단계가 끝난 뒤 5는 정렬에서 제외한걸 볼 수 있다.

위 내용을 바탕으로 다음과 같이 버블 정렬을 구현할 수 있다.

Ch16_1.c

```c
1   #include <stdio.h>
2   #define MAX 5
3
4   int main(void)
5   {
6       int a[MAX];
7       int i, j, tmp;
8
9       printf("숫자 5개를 입력하라");
10      for (i = 0; i < MAX; i++) {
11          scanf("%d", &a[i]);
12      }
13
14      puts("배열 데이터");
15      for (i = 0; i < MAX; i++) {
16          printf("%d\t", a[i]);
17      }
18      puts("");
19
20      //버블 정렬
21      for (i = 0; i < MAX - 1; i++) {
22          for (j = 0; j < MAX - i - 1; j++) {
23              if (a[j] > a[j + 1]) {
24                  tmp = a[j];
25                  a[j] = a[j + 1];
26                  a[j + 1] = tmp;
27              }
28          }
29      }
30
31      puts("배열 데이터");
32      for (i = 0; i < MAX; i++) {
33          printf("%d\t", a[i]);
34      }
35      puts("");
36
```

```
37          return 0;
38
39    }
```



```
숫자 5개를 입력하라
4
3
2
5
1
배열 데이터
4    3    2    5    1
배열 데이터
1    2    3    4    5
```


10~12번 줄은 숫자 5개를 입력 받아 배열에 저장한다.

15~17번 줄은 정렬 전 배열의 데이터들을 출력한다.

21~29번 줄은 버블 정렬을 이용해 배열의 데이터를 정렬한다.

22~28번 줄은 배열을 두 개씩 비교하여 작은 값이 뒤에 있다면 바로 위치를 바꾼다. 이 과정을 '배열 길이−1' 번 반복한다.

32~34번 줄은 정렬 후 배열의 데이터들을 출력한다.

2. 삽입 정렬

삽입 정렬은 앞에서부터 정렬하면서 데이터를 추가하는 방법이다. 두 번째 데이터부터 자신의 자리보다 앞의 데이터들과 비교하여 자신보다 큰 데이터는 뒤로 보내고 작은 데이터를 그대로 두어 자기가 들어가야 할 위치를 찾아 삽입하는 방법이다.

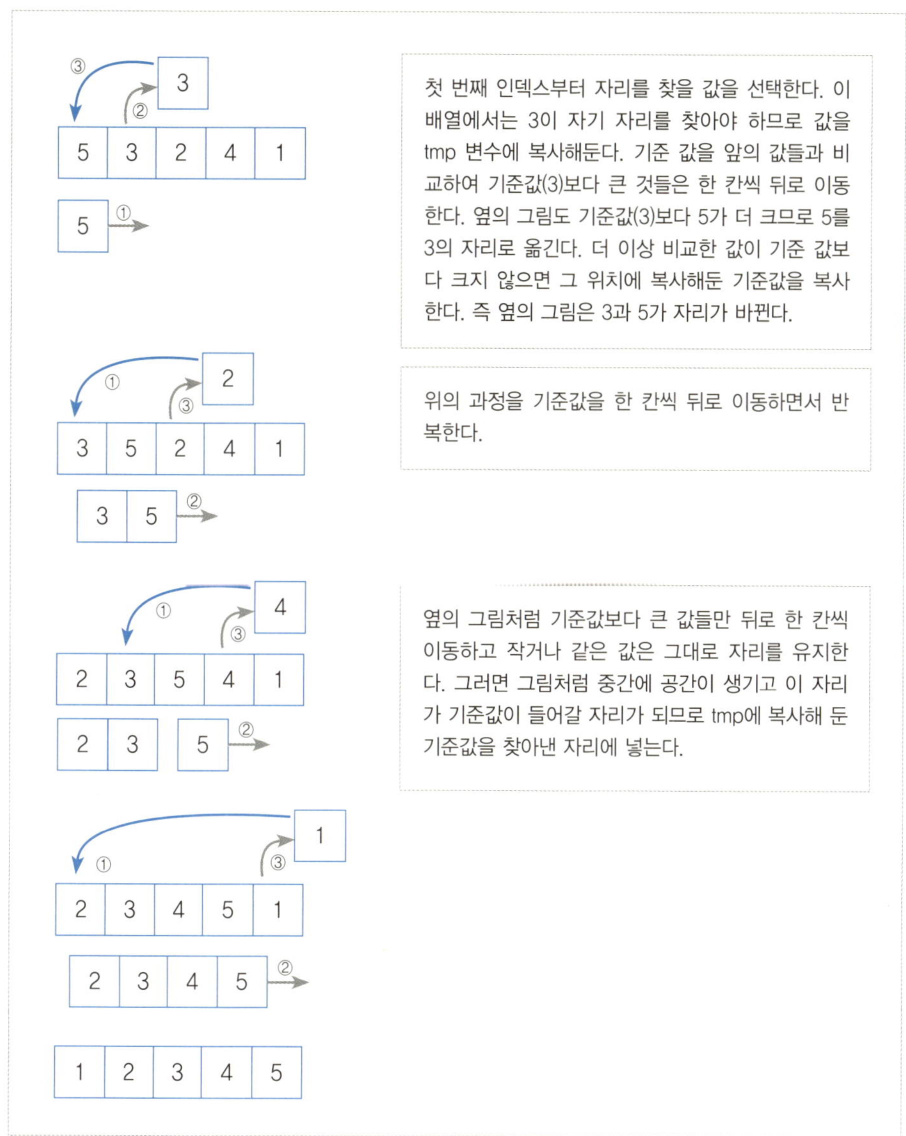

첫 번째 인덱스부터 자리를 찾을 값을 선택한다. 이 배열에서는 3이 자기 자리를 찾아야 하므로 값을 tmp 변수에 복사해둔다. 기준 값을 앞의 값들과 비교하여 기준값(3)보다 큰 것들은 한 칸씩 뒤로 이동한다. 옆의 그림도 기준값(3)보다 5가 더 크므로 5를 3의 자리로 옮긴다. 더 이상 비교한 값이 기준 값보다 크지 않으면 그 위치에 복사해둔 기준값을 복사한다. 즉 옆의 그림은 3과 5가 자리가 바뀐다.

위의 과정을 기준값을 한 칸씩 뒤로 이동하면서 반복한다.

옆의 그림처럼 기준값보다 큰 값들만 뒤로 한 칸씩 이동하고 작거나 같은 값은 그대로 자리를 유지한다. 그러면 그림처럼 중간에 공간이 생기고 이 자리가 기준값이 들어갈 자리가 되므로 tmp에 복사해 둔 기준값을 찾아낸 자리에 넣는다.

위 내용을 바탕으로 다음과 같이 삽입 정렬을 구현할 수 있다.

Ch16_2.c

```c
#include <stdio.h>
#define MAX 5

int a[MAX];

void print()
```

```c
 7  {
 8      int i;
 9      puts("배열 데이터");
10      for (i = 0; i < MAX; i++) {
11          printf("%d\t", a[i]);
12      }
13      puts("");
14  }
15
16  int main(void)
17  {
18
19      int i, j, tmp;
20
21      puts("숫자 5개를 입력하라");
22      for (i = 0; i < MAX; i++) {
23          scanf("%d", &a[i]);
24      }
25
26      print();
27
28      //삽입 정렬
29      for (i = 1; i < MAX; i++) {
30          j = i - 1;
31          tmp = a[i];
32          while (j >= 0 && tmp < a[j]) {
33              a[j + 1] = a[j];
34              j--;
35          }
36          a[j + 1] = tmp;
37      }
38
39      print();
40
41      return 0;
42  }
```

〈실행결과〉

숫자 5개를 입력하라
4
2
5
3
1
배열 데이터
4   2   5   3   1
배열 데이터
1   2   3   4   5

〈코드분석〉

6~14번 줄은 배열의 데이터들을 출력하는 함수 print()를 정의한다.

22~24번 줄은 숫자 5개를 입력 받아 배열에 저장한다.

29~37번 줄은 삽입 정렬로 배열의 데이터를 정렬한다. i는 자리를 찾을 숫자의 위치 값이다. j는 i보다 앞선 값들의 위치로 j가 가리키는 값이 i위치의 값보다 크다면 한 칸씩 뒤로 이동한다. 이렇게 i위치의 값보다 큰 값들이 뒤로 이동하면 i위치의 값이 들어갈 자리가 마련되고 그 자리에 이 값을 삽입한다.

3. 선택 정렬

선택 정렬은 자리에 적합한 숫자를 찾아 집어넣는 방법으로 삽입 정렬을 숫자를 먼저 선택하고 그 숫자가 들어갈 지리를 찾는다면, 선택 정렬은 지리를 먼저 선택하고 그 자리에 적합한 숫자를 찾는 방법이다. 선택 정렬은 버블이나 삽입 정렬에 비해 값 교환의 횟수가 적어 지금까지 살펴본 세 가지 정렬 중에 가장 속도가 빠르다.

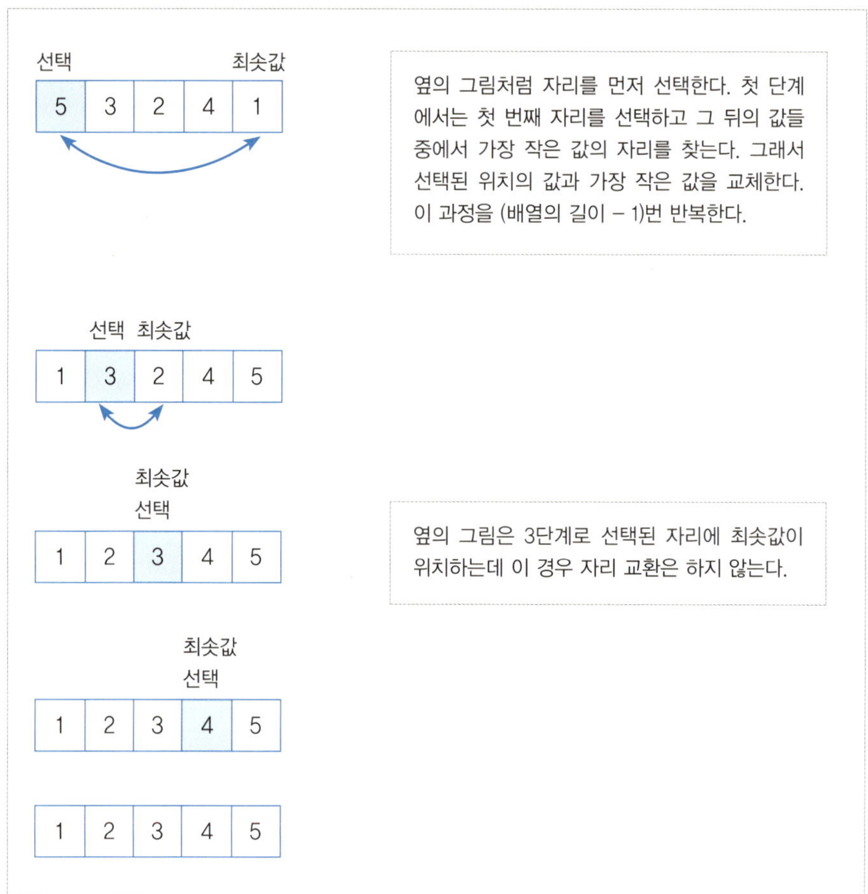

이를 바탕으로 해서 선택 정렬을 다음과 같이 구현할 수 있다.

실습 16-3

Ch16_3.c

```c
1   #include <stdio.h>
2   #define MAX 5
3
4   int a[MAX];
5
6   void print()
7   {
8       int i;
9       puts("배열 데이터");
10      for (i = 0; i < MAX; i++) {
11          printf("%d\t", a[i]);
12      }
```

```c
13          puts("");

14

15      }

16

17      int main(void)

18      {

19

20          int i, j, tmp, min;

21

22          puts("숫자 5개를 입력하라");
23          for (i = 0; i < MAX; i++) {
24              scanf("%d", &a[i]);
25          }

26

27          print();

28

29          //선택 정렬
30          for (i = 0; i < MAX - 1; i++) {
31              min = i;
32              j = i + 1;
33              while (j < MAX) {
34                  if (a[min] > a[j])
35                      min = j;
36                  j++;
37              }
38              if (min != i) {
39                  tmp = a[min];
40                  a[min] = a[i];
41                  a[i] = tmp;
42              }
43          }

44

45          print();

46

47          return 0;

48

49      }
```

```
숫자 5개를 입력하라
3
5
2
4
1
배열 데이터
3    5    2    4    1
배열 데이터
1    2    3    4    5
```


30~43번 줄이 선택 정렬 코드이다. i는 배열의 맨 앞자리부터 하나씩 선택한다. j는 i의 다음 위치부터 배열의 끝까지 이동하면서 가장 작은 값의 위치를 찾아 min에 저장한다. i와 min이 같지 않으면 두 위치의 값을 바꾼다. 이를 (배열 길이 − 1)번 반복한다.

4. 순차 탐색

탐색은 저장된 데이터 중에서 특정 값을 찾는 기능으로 이 또한 구현할 수 있는 다양한 알고리즘이 존재하는데 이 책에서는 순차 탐색과 이진 탐색 두 가지만 살펴보도록 하겠다. 순차 탐색은 탐색 중 가장 쉬운 방법으로 앞에서부터 끝까지 순서대로 찾는 값과 비교하여 탐색하는 방법이다.

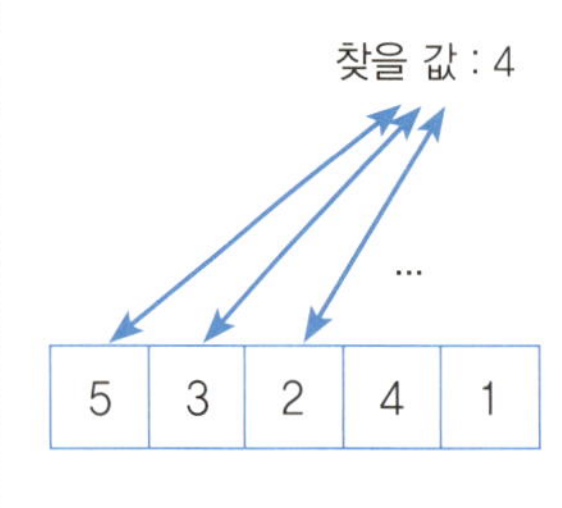

옆의 그림처럼 앞에서부터 찾을 값과 동일한지 순차적으로 비교한다. 현재 비교한 값이 찾는 값과 동일하다고 해서 바로 찾는 값이 없다는 메시지를 출력해서는 안 된다. 찾는 값이 뒤 쪽에 있을 수 있기 때문이다. 그러므로 끝까지 비교한 뒤 없으면 없다는 메시지를 출력한다.

다음과 같이 순차 탐색을 구현해보자.

Ch16_4.c

```c
#include <stdio.h>
#define MAX 5

int a[MAX];

void print()
{
    int i;
    puts("배열 데이터");
    for (i = 0; i < MAX; i++) {
        printf("%d\t", a[i]);
    }
    puts("");

}

int main(void)
{

    int x, i, flag = 1;

    puts("숫자 5개를 입력하라");
    for (i = 0; i < MAX; i++) {
        scanf("%d", &a[i]);
    }

    print();

    puts("찾는 값을 입력하시오");
    scanf("%d", &x);
    for (i = 0; i < MAX; i++) {
        if (a[i] == x) {
            printf("위치는 %d\n", i);
            flag = 0;
            break;
        }
```

```
37          }
38      if (flag)
39          puts("찾는 값이 없다.");
40
41      return 0;
42  }
```



```
숫자 5개를 입력하라
1
2
3
4
5
배열 데이터
1    2    3    4    5
찾는 값을 입력하시오
3
위치는 2
```


31~37번 줄이 순차 탐색 코드이다. 배열의 첫 요소부터 마지막까지 찾는 값과 같은지 비교한다. 만약 동일한 값을 만나면 위치 값을 출력하고 flag 변수에 0을 대입한 뒤 루프를 빠져 나온다. 루프가 끝난 뒤 flag가 1이면 데이터를 못 찾은 것이므로 메시지를 출력한다.

5. 이진 탐색

순차 탐색은 찾는 값이 있는지 모든 값과 비교하지만 이진 탐색은 찾는 값이 있을 만한 범위를 지정하여 데이터의 일부만 비교하므로 비교 횟수를 줄어 속도를 높일 수 있다. 비교할 값의 범위를 지정하려면 먼저 정렬이 선행되어야 한다. 정렬된 값들을 반으로 나누어 찾는 값이 중간 값보다 큰지, 작은지를 비교한다. 찾는 데이터가 중간 값보다 크다면 중간 값 뒤쪽의 데이터만 비교하면 되고, 찾는 데이터가 중간 값보다 작다면 중간 값 앞쪽의 데이터만 비교한다. 이러한 과정을 반복하여 실행하면 찾는 범위가 점점 좁혀져 찾는 값이 중간 값이 되고 그 값을 찾을 수 있다.

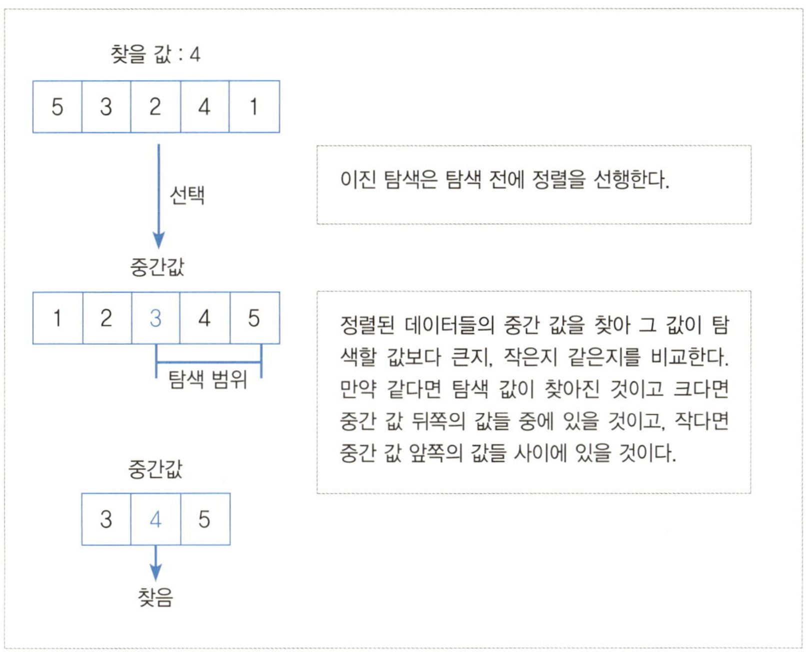

이를 바탕으로 해서 이진 탐색을 구현하면 다음과 같다.

실습 16-5

Ch16_5.c

```c
#include <stdio.h>
#define MAX 5


int a[MAX];

void print()
{
    int i;
    puts("배열 데이터");
    for (i = 0; i < MAX; i++) {
        printf("%d\t", a[i]);
    }
    puts("");

}

void select(int *a, int n)
{
```

```c
19          int i, j, min, tmp;
20          for (i = 0; i < n - 1; i++) {
21              min = i;
22              j = i + 1;
23              while (j < n) {
24                  if (a[min] > a[j])
25                      min = j;
26                  j++;
27              }
28              if (min != i) {
29                  tmp = a[min];
30                  a[min] = a[i];
31                  a[i] = tmp;
32              }
33          }
34      }
35
36  int main(void)
37  {
38
39      int first, mid, last, flag = 1, x, i;
40      first = 0;
41      last = MAX - 1;
42
43      puts("숫자 5개를 입력하라");
44      for (i = 0; i < MAX; i++) {
45          scanf("%d", &a[i]);
46      }
47
48      print();
49
50      //입력받은 값을 정렬
51      select(a, MAX);
52      puts("정렬 후");
53      print();
54
55      puts("찾는 값을 입력하시오");
56      scanf("%d", &x);
```

```
57          while (flag && first <= last) {
58              mid = (first + last) / 2;
59              if (a[mid] > x)
60                  last = mid - 1;
61              else if (a[mid] < x)
62                  first = mid + 1;
63              else {
64                  printf("위치는 %d \n", mid);
65                  flag = 0;
66              }
67          }
68          if (flag)
69              puts("찾는 값이 없다.");
70
71          return 0;
72
73      }
```

〈실행결과〉

```
숫자 5개를 입력하라
3
5
1
4
2
배열 데이터
3    5    1    4    2
정렬 후
배열 데이터
1    2    3    4    5
찾는 값을 입력하시오
4
위치는 3
```

〈코드분석〉

17~34번 줄은 선택 정렬을 구현한 select() 함수를 정의한다. 이진 탐색을 하려면 정렬이 선행되어야 하기 때문이다.

57~67번 줄이 선택 정렬 코드로 first는 탐색 범위의 시작 위치 값을, last는 끝 위치 값을, mid는 중간 위치 값을 저장한다. flag는 탐색 값을 찾았는가를 표시하기 위한 변수로 0이면 찾았음을 의미한다. 그래서 54번 줄의 루프 조건은 flag가 0이 아니고 first가 last보다 작거나 같아야 한다. 탐색 범위를 반으로 쪼개는 것을 반복하면 first가 last 뒤로 넘어가는 시점이 오므로 first와 last가 같아지면 루프를 멈추어야 한다.

58번 줄은 중간 값의 위치를 찾아 mid에 저장한다.

59~60번 줄은 탐색 값이 mid 위치에 있는 값보다 작으면 탐색 범위를 mid 앞 쪽으로 줄인다.

61~62번 줄은 탐색 값이 mid 위치에 있는 값보다 크면 탐색 범위를 mid 뒤 쪽으로 줄인다.

63~66번 줄은 탐색 값이 mid 위치에 있는 값과 같으면 값을 찾은 것이므로 위치 값을 출력하고 flag에 0을 대입하여 루프를 빠져 나온다.

6. 스택

스택은 대표적인 자료 구조로 데이터의 입, 출구가 하나로 되어있고 나중에 들어온 데이터가 먼저 나가는 방법을 사용한다. 즉 양동이에 벽돌을 한 줄로 쌓아놓는 방법과 동일하다. 양동이의 바닥부터 벽돌을 하나씩 쌓으면 벽돌은 중간에 넣을 수 없고 가장 꼭대기에 세워야 하고 벽돌을 하나 꺼내려면 가장 꼭대기에서 빼야 한다.

그래서 스택을 후입선출(LIFO-Last In First Out) 방식을 이용하는 대표적인 자료구조다. 그림을 통해 스택의 원리를 나타내면 다음과 같다.

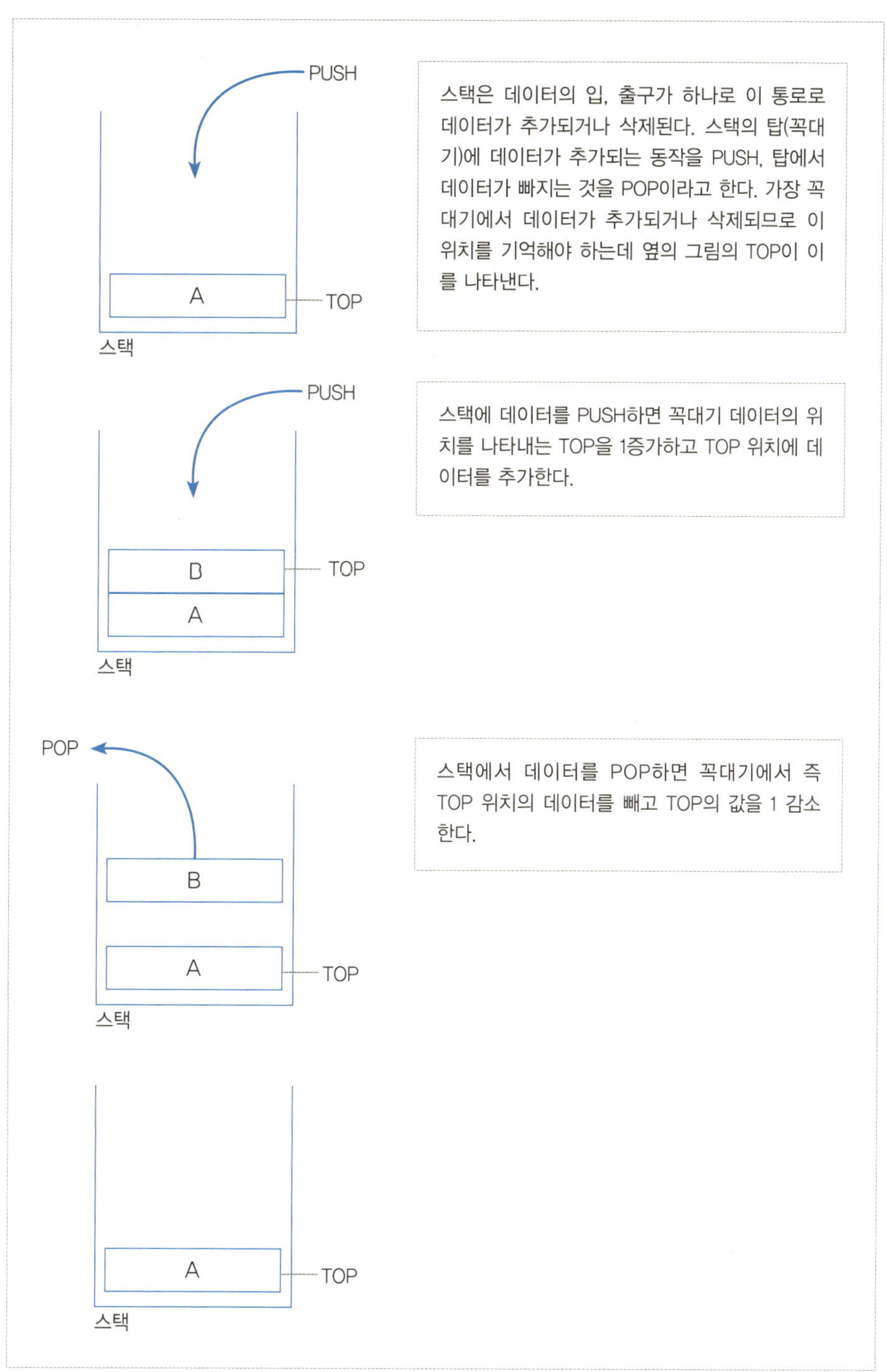

스택은 데이터의 입, 출구가 하나로 이 통로로 데이터가 추가되거나 삭제된다. 스택의 탑(꼭대기)에 데이터가 추가되는 동작을 PUSH, 탑에서 데이터가 빠지는 것을 POP이라고 한다. 가장 꼭대기에서 데이터가 추가되거나 삭제되므로 이 위치를 기억해야 하는데 옆의 그림의 TOP이 이를 나타낸다.

스택에 데이터를 PUSH하면 꼭대기 데이터의 위치를 나타내는 TOP을 1증가하고 TOP 위치에 데이터를 추가한다.

스택에서 데이터를 POP하면 꼭대기에서 즉 TOP 위치의 데이터를 빼고 TOP의 값을 1 감소한다.

이제 스택을 구현해보도록 하겠다.

Ch16_6.c

```c
#include <stdio.h>
#define MAX 5

int a[MAX], top = -1;

void push(int x)
{
    if (top >= MAX - 1) {
        puts("스택이 꽉 찼습니다.");
        return;
    }
    top++;
    a[top] = x;
    printf("%d is pushed\n", a[top]);
}

void pop()
{
    if (top < 0) {
        puts("스택이 비었습니다.");
        return;
    }
    printf("%d is poped\n", a[top]);
    top--;
}

int main(void)
{
    int i;
    puts("스택 데이터");
    for (i = 0; i <= top; i++) {
        printf("%d \t", a[i]);
        printf("\n");
    }
    push(1);
    push(2);
```

```
37        push(3);
38        push(4);
39        push(5);
40        push(6);
41        puts("스택 데이터");
42        for (i = 0; i <= top; i++) {
43            printf("%d \t", a[i]);
44            printf("\n");
45        }
46        pop();
47        pop();
48        pop();
49        pop();
50        pop();
51        pop();
52        puts("스택 데이터");
53        for (i = 0; i <= top; i++) {
54            printf("%d \t", a[i]);
55            printf("\n");
56        }
57
58        return 0;
59    }
```

〈실행결과〉

스택 데이터
1 is pushed
2 is pushed
3 is pushed
4 is pushed
5 is pushed
스택이 꽉 찼습니다.
스택 데이터
1
2
3
4
5

```
5 is poped
4 is poped
3 is poped
2 is poped
1 is poped
스택이 비었습니다.
스택 데이터
```


4번 줄의 top은 스택의 꼭대기 위치(마지막 데이터의 위치)를 나타낸다.

6~15번 줄은 스택에 데이터를 추가하는 push() 함수를 정의한다.

8~11번 줄은 top이 배열의 길이를 넘어서면 스택이 찼다는 메시지를 출력하고 종료한다.

12~13번 줄은 데이터를 추가하기 위해 top을 한 칸 올리고 그 위치에 데이터를 저장한다.

17~25번 줄은 스택에서 데이터를 삭제하는 pop() 함수를 정의한다.

19~22은 top이 0보다 작은 가를 확인하여 참이면 스택이 비었음을 출력하고 함수를 종료한다.

24번 줄은 top을 하나 감소시켜 값을 삭제한다.

27~59번 줄의 main( ) 함수에서 push( )와 pop( )을 호출해 스택에 데이터를 추가하거나 삭제한다.

7. 큐

큐는 선입선출(First In First Out), 즉 먼저 입력한 데이터가 먼저 출력되는 자료구조로 데이터가 들어가는 통로와 나오는 통로가 분리되어 있다. 그래서 데이터가 큐에 들어간 순서대로 출력된다. 큐는 빨대 같은 관에 데이터를 넣고 빼는 것과 동일한 원리로, 관의 뒤쪽으로 데이터를 추가하고 관의 앞쪽에서 데이터를 삭제한다. 그러므로 데이터가 출력되는 순서는 들어간 순서와 동일하다.

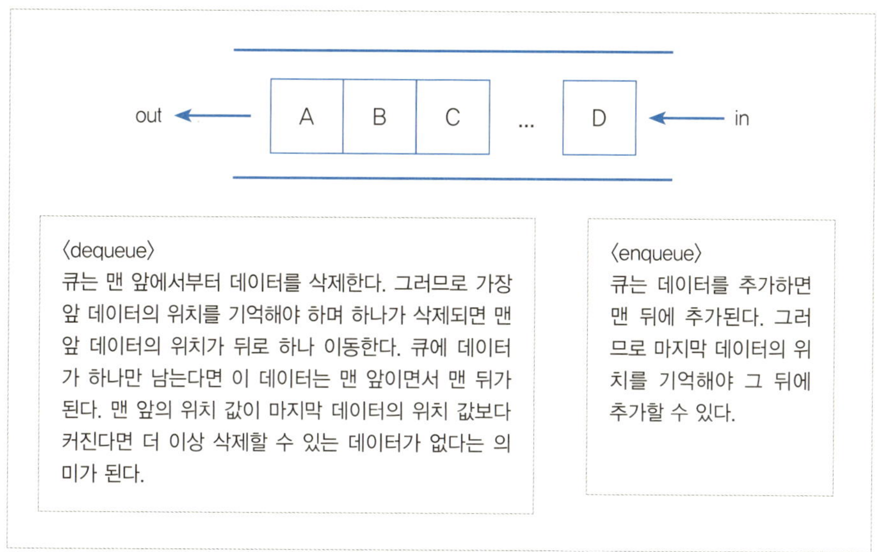

이를 바탕으로 이제 큐를 구현해보도록 하자.

실습 16-7

Ch16_7.c

```c
#include <stdio.h>
#define MAX 5

int a[MAX], first = 0, last = -1;

void enQueue(int x)
{
    if (last >= MAX-1) {
        puts("큐가 꽉 찼습니다");
        return;
    }
    last++;
    a[last] = x;

}

void deQueue()
{
    if (first > last) {
        puts("큐가 비었습니다.");
```

```c
21          return;
22      }
23      printf("%d is out\n", a[first]);
24      first++;
25  }
26
27  void print()
28  {
29      int i;
30      puts("큐에 저장된 데이터");
31      for (i = first; i <= last; i++) {
32          printf("%d\t", a[i]);
33      }
34      puts("");
35  }
36
37  int main(void)
38  {
39      int i, j;
40      for (i = 0; i <= MAX; i++) {
41          puts("큐에 데이터 추가");
42          scanf("%d", &j);
43          enQueue(j);
44      }
45      print();
46      deQueue();
47      deQueue();
48      print();
49      deQueue();
50      deQueue();
51      deQueue();
52      deQueue();
53      return 0;
54  }
```

〈실행결과〉

```
큐에 데이터 추가
1
큐에 데이터 추가
2
큐에 데이터 추가
3
큐에 데이터 추가
4
큐에 데이터 추가
5
큐에 데이터 추가
6
큐가 꽉 찼습니다.
큐에 저장된 데이터
1    2    3    4    5
1 is out
2 is out
큐에 저장된 데이터
3    4    5
3 is out
4 is out
5 is out
큐가 비었습니다.
```

〈코드분석〉

4번 줄의 first는 큐에서 데이터가 나가는 위치를, last는 큐에 데이터가 들어가는 위치를 나타내는 변수이다.

6~15번 줄은 큐에 데이터를 추가하는 enQueue() 함수를 정의한다.

8~11번 줄은 last가 배열의 길이를 넘으면 함수를 종료한다.

12~13번 줄은 last를 하나 증가하고 그 위치에 새 데이터를 저장한다.

17~25번 줄은 큐에서 데이터를 내보내는 deQueue() 함수를 정의한다.

19번 줄은 first가 last가 큰가를 비교하여 참이면 큐에 데이터가 없으므로 함수를 종료한다.

24번 줄은 first의 값을 1증가하여 맨 앞의 데이터를 뺀다.

37~54번 줄의 main( ) 함수에서 enQueue( )와 deQueue( )를 호출해 큐에 데이터를 추가하거나 삭제한다.

8. 링크드 리스트

링크드 리스트 자료구조에 대해서는 Chapter 14. 동적 메모리 할당 부분에서 다뤘으므로
여기에서는 설명을 생략하도록 하겠다. 이 자료구조에 대한 생각이 잘 나지 않는 독자들은
Chapter 14를 다시 복습한다. 여기서는 앞에서 다룬 '성적관리 프로그램'을 링크드 리스트를
이용하여 구현해보도록 하겠다. 링크드 리스트를 이용한 성적관리 프로그램은 다음과 같다.

실습 16-8

Ch16_8.c

```c
#include <stdio.h>
#include <stdlib.h>
#include <string.h>

typedef struct
{
    char name[10];
    int kor, eng, math, sum;
    float avg;
    struct Test *next;
} Test;

Test *head = NULL, *tail;

void input(Test *bmp);
void add(Test *bmp);
Test* find();
void del();
void delAll();
void print();

int main(void)
{
    int i = 1, x;
    Test *bmp, *cur;
    printf("===== 성적 처리 프로그램 =====\n");
    while (i) {
        puts("1.추가 2.수정 3.삭제 4.검색 5.출력 6.종료");
```

```c
29        scanf("%d", &x);
30        switch (x) {
31        case 1:
32            bmp = (Test*) malloc(sizeof(Test));
33            input(bmp);
34            add(bmp);
35            break;
36        case 2:
37            cur = find();
38            if (cur != NULL)
39                input(cur);
40            else
41                puts("수정할 사람이 없습니다.");
42            break;
43        case 3:
44            del();
45            break;
46        case 4:
47            cur = find();
48            if (cur != NULL)
49              printf("%s\t%d\t%d\t%d\t%d\t%f\n", cur->name,
50                cur->kor, cur->eng, cur->math, cur->sum, cur->avg);
51            else
52                puts("찾는 사람이 없습니다.");
53            break;
54        case 5:
55            print();
56            break;
57        case 6:
58            i = 0;
59            delAll();
60            break;
61        }
62    }
63
64    return 0;
65 }
66
```

```c
67    void input(Test *bmp)
68    {
69        puts("이름:");
70        scanf("%s", bmp->name);
71        puts("국어 성적을 입력하시오 : ");
72        scanf("%d", &bmp->kor);
73        puts("영어 성적을 입력하시오 : ");
74        scanf("%d", &bmp->eng);
75        puts("수학 성적을 입력하시오 : ");
76        scanf("%d", &bmp->math);
77        bmp->sum = bmp->kor + bmp->eng + bmp->math;
78        bmp->avg = (float) bmp->sum / 3;
79    }
80
81    void add(Test *bmp)
82    {
83        if (head == NULL)
84            head = bmp;
85        else
86            tail->next = bmp;
87        tail = bmp;
88        tail->next = NULL;
89    }
90
91    Test* find()
92    {
93        char name[10];
94        Test *cur;
95        puts("이름:");
96        scanf("%s", name);
97        cur = head;
98        while (cur != NULL) {
99            if (!strcmp(name, cur->name)) {
100                return cur;
101            }
102            cur = cur->next;
103        }
104        return NULL ;
```

```
105   }
106
107   void del()
108   {
109       char name[10];
110       Test *cur, *pre_cur = NULL;
111       puts("삭제할 사람의 이름:");
112       scanf("%s", name);
113       cur = head;
114       while (cur != NULL) {
115           if (!strcmp(name, cur->name)) {
116               if (pre_cur == NULL)
117                   head = cur->next;
118               else
119                   pre_cur->next = cur->next;
120               if (cur->next == NULL)
121                   tail = pre_cur;
122               free(cur);
123               break;
124           }
125           pre_cur = cur;
126           cur = cur->next;
127       }
128   }
129
130   void delAll()
131   {
132       Test *cur;
133       cur = head;
134       while (head != NULL) {
135           head = head->next;
136           printf("메모리 해제 %s \n", cur->name);
137           free(cur);
138           cur = head;
139       }
140   }
141
142   void print()
```

```
143   {
144       Test *cur;
145       cur = head;
146       puts("이름\t국어\t영어\t수학\t총점\t평균");
147       while (cur != NULL) {
148           printf("%s\t%d\t%d\t%d\t%d\t%f\n", cur->name, cur->kor,
149                   cur->eng, cur->math, cur->sum, cur->avg);
150           cur = cur->next;
151       }
152   }
```

여기까지 소스 코드를 입력하고 실행하면 다음과 같이 실행될 것이다.


```
===== 성적 처리 프로그램 =====
1.추가 2.수정 3.삭제 4.검색 5.출력 6.종료
```

여기서 각 기능들을 실행해 보면서 결과를 보도록 하자. 먼저 1(추가)을 입력하면 한 명의 학생 정보와 성적을 입력할 수 있다. 학생 이름과 국어, 영어, 수학 성적을 입력하면 name 배열에는 이름이 저장되고 변수 kor, eng, math에 국어, 영어, 수학 점수가 저장된다. 그리고 다시 메뉴가 출력된다.


```
1.추가 2.수정 3.삭제 4.검색 5.출력 6.종료
1
이름:
이지은
국어 성적을 입력하시오 :
80
영어 성적을 입력하시오 :
75
수학 성적을 입력하시오 :
92

1.추가 2.수정 3.삭제 4.검색 5.출력 6.종료
1
이름:
정상봉
```

```
국어 성적을 입력하시오 :
100
영어 성적을 입력하시오 :
95
수학 성적을 입력하시오 :
90

1.추가 2.수정 3.삭제 4.검색 5.출력 6.종료
1
이름:
고양이
국어 성적을 입력하시오 :
87
영어 성적을 입력하시오 :
76
수학 성적을 입력하시오 :
56

1.추가 2.수정 3.삭제 4.검색 5.출력 6.종료
```

이렇게 학생 세 명에 대한 성적 정보를 입력한 후 5(출력)를 입력하면 다음과 같이 학생들의 국영수 성적과 총점, 평균을 보여준다.

〈실행결과 ③〉 — 출력 메뉴 실행

```
1.추가 2.수정 3.삭제 4.검색 5.출력 6.종료
5
이름      국어      영어      수학      총점      평균
이지은     80       75       92       247      82.333336
정삼봉     100      95       90       285      95.000000
고양이     87       76       56       219      73.000000
```

이렇게 학생 세 명의 성적 정보를 출력했으면 이제 수정을 해보자. 여기서는 '고양이'의 수학 성적이 56점으로 입력되어 있는데 이를 70점으로 수정하였다.

〈실행결과 ④〉 — 학생 이름과 성적을 수정

```
1.추가 2.수정 3.삭제 4.검색 5.출력 6.종료
2
이름:
고양이
```

```
이름:
고양이
국어 성적을 입력하시오 :
87
영어 성적을 입력하시오 :
76
수학 성적을 입력하시오 :
70
1.추가 2.수정 3.삭제 4.검색 5.출력 6.종료
5
이름        국어        영어        수학        총점        평균
이지은       80         75         92         247        82.333336
정삼봉       100        95         90         285        95.000000
고양이       87         76         70         233        77.666664
```

다음으로 3(삭제)을 입력해서 아무 데이터나 삭제해보자. 여기서는 '고양이' 학생 정보를 삭제
했는데, 삭제한 후 5(출력) 명령을 내려보면 다음과 같이 출력된다.


```
1.추가 2.수정 3.삭제 4.검색 5.출력 6.종료
3
삭제할 사람의 이름:
고양이


1.추가 2.수정 3.삭제 4.검색 5.출력 6.종료
5
이름        국어        영어        수학        총점        평균
이지은       80         75         92         247        82.333336
정삼봉       100        95         90         285        95.000000
```

그리고 특정 학생을 검색해서 성적 정보를 출력해보도록 하겠다. 4(검색) 명령을 내리면 다음
과 같이 검색하고자 하는 학생 이름을 입력하라는 메시지가 나오는데, 여기서는 '이지은' 학생
의 성적 정보를 출력하도록 하겠다.


```
1.추가 2.수정 3.삭제 4.검색 5.출력 6.종료
4
이름:
이지은
```

이름	국어	영어	수학	총점	평균
이지은	80	75	92	247	82.333336

마지막으로 이제 프로그램을 종료해보도록 하겠다. 6(종료) 명령을 내리면 다음과 같이 메모리가 해제되면서 프로그램이 종료된다.

〈실행결과 ⑦〉 — 종료 실행

```
1.추가  2.수정  3.삭제  4.검색  5.출력  6.종료
6
메모리 해제 이지은
메모리 해제 정삼봉
```

미지막으로 이 소스 코드에서 봐야할 주요 내용들을 분석해보면 다음과 같다.

〈코드분석〉

5~11번 줄은 학생 성적을 저장할 타입을 정의한다.

67~79번 줄에서 input() 함수를 정의하였는데, 학생 성적 정보를 입력받아 매개 변수로 받은 메모리에 저장한다.

81~89번 줄에서 add() 함수를 정의하였다. add() 함수는 매개 변수로 받은 노드를 링크드 리스트의 맨 뒤에 연결한다.

91~105번 줄은 find() 함수를 정의하였다. find() 함수는 이름을 입력받아 동일한 이름이 저장된 노드를 찾아 그 주소를 반환한다.

107~128번 줄은 노드 하나를 식제하는 del() 함수를 정의한다. 이름을 입력 받아 삭제할 노드의 위치를 찾고 삭제할 노드의 앞 뒤 노드를 연결하여 해당 노드를 링크드 리스트에서 제외시킨뒤 메모리를 해제한다.

130~140번 줄의 delAll() 함수는 링크드 리스트의 모든 노드의 메모리를 해제한다. 즉, 이 함수는 종료 기능을 수행한다.

142~152번 줄의 print() 함수는 링크드 리스트의 모든 노드의 값을 출력한다.

연습문제 모범 해답

Chapter 01. 연습문제

1. C언어의 특징이 아닌 것은? (②)

① 프로그램 분석과 이해가 쉽다

② 이식성이 낮다

③ 표준 라이브러리를 지원한다

④ 하드웨어를 제어하는 기능을 구현할 수 있다

2. 인터프리터와 컴파일러에 대해 간략하게 설명하시오.

☞ 인터프리터는 동시 통역을 하는 것처럼 한 문장씩을 기계어로 변환하여 수행하는 방식이며, 컴파일러는 책을 번역하는 것처럼 전체 소스 코드를 기계어로 변환한다. 다만 컴파일러는 변환만 수행하며 인터프리터처럼 실행까지 해주지는 못한다. 컴파일러에 의해서 변환된 기계어 코드는 로더에 의해서 메모리에 올려지고 실행된다.

3. 디버깅(debugging)에 대해 간략하게 설명하시오.

☞ 프로그램에서 문제가 발견되었을 때 이를 수정하는 작업을 디버깅이라 한다. Mark-II 시스템이 비정상적으로 동작하여 조사하다가 내부에 나방이 죽어있는 걸 발견했고 이를 제거하고 문서에 'debug'라는 말을 사용한 것이 유래가 되었다.

Chapter 02. 연습문제

1. 우분투 리눅스 환경에서 C 소스 파일을 gcc를 이용해 컴파일하여 실행하는 명령을 찾으시오. (③)

① gcc hello -o hello.c

② hello.c - o gcc

③ gcc hello.c -o hello

④ gcc - o - hello

Chapter 03. 연습문제

1. 다음 괄호에 들어갈 말을 넣으시오.

C 프로그램은 (`main ()`) 함수에서 시작해 (`main ()`) 함수에서 끝난다.

2. printf() 함수의 주요 용도는 무엇인지 간략하게 쓰시오.

☞ 괄호 안에 있는 내용을 화면(콘솔창)에 출력하고자 할 때 사용한다. 단순히 텍스트를 출력하려면 출력하고자 하는 문장을 큰따옴표로 묶어야 한다. 그리고 서식 문자와 개행 문자를 이용할 수도 있다.

ex) printf("Hello World\n");

ex) printf("%d", a);

3. 프로그램의 동작이나 컴파일된 실행 파일의 크기에 영향을 미치지는 않으며, 프로그램의 유지보수와 소스 코드 분석과 수정을 용이하게 하기 위해 사용하는 요소는 무엇인지 쓰시오.

☞ 주석 (comment)

4. C언어 소스 파일의 확장자는 무엇인가? (③)

① .obj

② .exe

③ .c

④ .cpp

Chapter 04. 연습문제

1. 이진수 1111을 10진수와 16진수로 표현해보시오.

☞ 10진수 : 15

16진수 : f

2. 4바이트 자료형이 표현할 수 있는 데이터의 종류는 무엇인가?

☞ int, long, float

3. unsigned 키워드의 의미를 쓰시오.

☞ unsigned 키워드는 부호 없음을 뜻하며 이 키워드가 붙으면 음수는 반영하지 않는다.

4. 컴퓨터에서 음의 정수를 표현하기 위해 만들어진 방법은?

☞ 2의 보수

Chapter 05 연습문제

1. 4바이트 정수형 변수 cost를 선언하고 1000으로 초기화하시오.

☞ int cost = 1000;

2. 아래 주석 처리된 부분의 코드를 완성하시오.

```c
#include <stdio.h>

int main(void)
{
    int age = 7;
    char name = 'K';

    /*  [나는 K이며 7살이다]를 출력 */
    printf("나는 %c이며 %d살이다", name, age);
    return 0;
}
```


3. 함수 밖에 선언되어 프로그램이 종료될 때까지 메모리에 저장되어 해당 블록이 다시 실행되는 경우 기억되어 있는 값을 다시 사용할 수 있는 변수는?

☞ 전역 변수(global variable)

4. 다음 프로그램의 실행 결과는?

```c
#include <stdio.h>

int b, c; // 정수형 변수 b, c를 전역 변수로 선언

int main(void)
{
    int a=10;
    {
        b = 20;
    }
    printf("%d ", a);
    printf("%d ", b);
```

```
    printf("%d ", c);

    return 0;
}
```



```
10 20 0
```

5. 이 문장의 의미를 설명하시오

```
#define PI 3.14
```

☞ PI라는 심볼릭 상수를 선언하여 3.14라는 값을 할당하였다.

Chapter 06 연습문제

1. 다음과 같이 정수를 입력해 사각형의 넓이를 구하는 프로그램을 작성하시오.

```c
#include <stdio.h>

int main(void)
{
    int a, b, ans;
    printf("사각형 한 변의 길이를 입력하시오 : ");
    scanf("%d", &a);
    printf("\n다른 변의 길이를 입력하시오 : ");
    scanf("%d" &b);

    ans = a*b;
    printf("사각형의 넓이는 %d입니다.\n", ans);

    return 0;
}
```

2. 다음 소스 코드를 실행했을 때 출력 결과는?

```c
#include <stdio.h>

int main(void)
{
    int a=5, b=5;
    a--;
    --b;
    printf("a-- = %d, --b = %d"\n", a, b);

    return 0;
}
```

〈실행결과〉

```
a-- = 5, --b= 4
```

3. 다음 빈 칸을 채우시오.

(삼항 연산자) 는 흔히 조건 연산자라고도 한다. 이 연산자는 조건문인 'if-else'문과 같은 기능을 수행한다.

Chapter 07 연습문제

1. 다음 빈칸을 채우시오.

```
[for] (초기식; 조건식; 증감식)
        반복할 내용
```

2. 아래에서 잘못된 곳을 찾고 수정하시오.

```
do (조건식)
{
    반복할 내용;
} while
```

→

```
do
{
    반복할 내용;
} while (조건식)
```

3. 아래와 같이 출력되도록 프로그램을 작성하시오

〈실행결과〉

```
1
2 3
4 5 6
7 8 9 10
```

```c
#include <stdio.h>

int main(void)
{
    int i, j, k=1;

    for(i=0; i<4; i++) {
        for(j=0; j<=i; j++) {
            printf("%d  ", k++);
        }
        printf("\n");
    }
    printf("\n");
}
```

4. 다음과 같이 2~9단 까지 구구단을 출력하는 프로그램을 작성하시오.

```
2*1=2   3*1=3 ..................... 8*1=8   9*1=9
2*2=4   3*2=6 ..................... 8*2=16   9*2=18
.................
................. .
2*8=16   3*8=24 ..................... 8*8=64   9*8=72
2*9=18   3*9=27 ..................... 8*9=72   9*9=81
```

```c
#include <stdio.h>

int main(void)
{
    int a, b;

    for(a=1; a<=9; a++) {
        for(b=2; b<=9; b++) {
            printf("%d*%d=%d\t", b, a, a*b);
        }
        printf("\n");
    }
    return 0;
}
```

Chapter 08 연습문제

1. 아래와 같은 조건을 만족하는 프로그램을 if-else문을 사용하여 구현하시오.

짝수가 입력되면 "짝수입니다." 출력

홀수가 입력되면 "홀수입니다." 출력

```c
#include <stdio.h>

int main(void)
{
    int i;

    printf("숫자를 입력하세요 : ");
    scanf("%d", &i);

    if(i%2 == 0) {
        printf("짝수입니다.\n");
    } else if(i%2 == 1) {
        printf("홀수입니다.\n");
    }
```

```
    return 0;
}
```

2. 1번의 프로그램을 switch문을 이용하여 구현하시오.

```c
#include <stdio.h>

int main(void)
{
    int i;

    printf("숫자를 입력하세요 : ");
    scanf("%d", &i);

    switch(i%2) {
    case 0:
        printf("짝수입니다.\n");
        break;

    case 1:
        printf("홀수입니다.\n");
        break;
    }

    return 0;
}
```

3. if문과 반복문을 이용하여 가위바위보 게임을 구현하시오.

－ 조건 －

1) 플레이어는 컴퓨터와 1:1로 대결한다.

2) 컴퓨터는 다음과 같은 방법으로 가위바위보를 결정한다.

```c
int com = rand( ) % 3 + 1;
```

3) 헤더 파일은 다음과 같이 추가한다.

```c
#include <stdio.h>
#include <stdlib.h>
#include <time.h>
```

```c
#include <stdio.h>
#include <stdlib.h>
#include <time.h>

int main(void)
{
    int i, com;

    while(1) {
        printf("*** 가위바위보 게임***\n");
        printf("선택하세요(1:가위, 2:바위, 3:보, 4:종료) : \n");
        scanf("%d", &i);
        if(i==1 || i==2 || i==3) {
            com = rand()%3+1;
            if(com==1) {
                printf("컴퓨터는 가위를 냈습니다.\n");
            } else if(com==2) {
                printf("컴퓨터는 바위를 냈습니다.\n");
            } else if(com==3) {
                printf("컴퓨터는 보를 냈습니다.\n");
            }

            if(i==com) {
                printf("비겼습니다.\n");
            } else if((i==1&&com==2) || (i==2&&com==3) || (i==3&&com==1)) {
                printf("졌습니다.\n");
            } else {
                printf("이겼습니다.\n");
            }
        } else if(i==4) {
            printf("종료합니다.\n");
            break;
        } else {
            printf("다시 입력하세요.\n");
        }
    }
    return 0;
}
```

Chapter 09 연습문제

1. 1부터 100까지 저장하는 배열을 만들고 전체의 합을 출력하는 코드를 작성하시오.

```c
#include <stdio.h>

int main()
{
    int i, n[100], sum = 0;

    for(i = 1; i <= 100; i++) {
        n[i-1] = i;
    }

    for(i = 0; i < 100; i++) {
        sum += n[i];
    }

    printf("Sum : %d\n", sum);

    return 0;
}
```

2. 소문자 'a' 부터 'z'까지 출력하는 코드를 배열을 이용해서 작성해보시오.

```c
#include <stdio.h>

int main(void)
{
    int i;
    char alphabet[26];                  /* 문자형 배열 선언 */

    for(i = 0; i < 26; i++) {
        alphabet[i] = 'a' + i;
    }

    alphabet[i] = '\0';

    printf("Alphabet : %s\n", alphabet);
```

```
        return 0;
    }
```

3. 0~9까지 저장된 배열을 0으로 초기화하는 코드를 작성해보시오.

```c
#include <stdio.h>

int main()
{
    int a[10] = {0, 1, 2, 3, 4, 5, 6, 7, 8, 9}, i;

    for(i = 0; i < 10; i++) {
        printf("%d : %d\n", i, a[i]);
    }

    for(i = 0; i < 10; i++) {   /* 전체 배열의 수를 0으로 초기화 */
        a[i] = 0;
        printf("%d : %d\n", i, a[i]);
    }

    return 0;
}
```

Chapter 10 연습문제

1. C언어에서 주소에 대한 개념을 설명하고 변수의 주소를 출력할 수 있는 코드를 작성하시오.

☞ C언어에서 애플리케이션은 메인 메모리 공간에 저장된다. 메인 메모리에 저장되는 내용들은 크게 4개의 부분으로 나눠지는데 실행 코드의 명령어들이 저장되는 text 영역과 전역변수와 같은 데이터가 저장되는 데이터(data) 영역 그리고 동적으로 메모리를 할당하는 포인터와 같은 변수들을 위한 힙(heap) 영역과 함수의 분기와 같은 곳에서 현재 함수의 내용을 저장하기 위한 stack과 같은 것들이 있다.

```c
#include <stdio.h>

int main()
{
    int a;
    float b;
```

```c
    char c;

    printf("%x %x %x\n", &a, &b, &c);

    return 0;
}
```

2. 배열과 포인터의 차이점과 배열을 이용하는 것보다 포인터를 이용하는 것이 좋은 이유에 대해서 자세히 설명하시오.

☞ 배열의 이용하는 경우 배열의 크기를 초기화할때 설정해야하기 때문에 배열의 크기가 가변적으로 변화하는 경우에는 사용하기 힘들다. 포인터의 경우 크기가 고정되어 있지않기 때문에 동적으로 크기가 변화하는 경우에도 사용할 수 있다.

3. "Cupcake", "Donut", "Eclair", "Froyo", "Ginger Bread", "Honeycomb", "Icecream Sandwich", "Jelly Bean", "KitKat"을 2중 포인터로 프린트하는 프로그램을 작성하시오.

```c
#include <stdio.h>
#include <stdlib.h>

int main()
{
    char *android[] = {"Cupcake", "Donut", "Eclair", "Froyo", "Ginger
Bread", "Honeycomb", "Icecream Sandwich", "Jelly Bean", "KitKat"};
    char** pStr;
    int i;

    pStr = android;

    for(i = 0; i < 9; i++)
        printf("%s\n", *(pStr + i));

    return 0;
}
```

4. char (*name)[10] 과 char *(name[10]) 의 차이점에 대해서 설명하시오.

☞ 둘 다 2중 포인터를 이용해서 선언이 가능한데 첫 번째의 경우 포인터를 이용해서 가변적인 문자열을 10개를 가지고 있는 배열이다. 두 번째의 경우 10개의 문자를 저장할 수 있는 배열을 가변적인 포인터의 공간으로 설정해 놓은 것이다.

Chapter 11. 연습문제

1. 함수의 반환값에서 void가 뜻하는 것은 무엇인가?

☞ 함수의 값은 int, float, char와 같은 기본 C언어의 자료형과 return 키워드를 이용해서 값을 반환할 수 있는데, 함수에서 반환될 값이 없는 경우 void 형을 이용해서 이 함수는 반환되는 값이 없다는 것을 명시할 수 있다.

2. 매개 변수에서 값에 의한 호출(call by value)과 참조에 의한 호출(call by reference)에 대해서 설명하시오.

☞ 함수에서 매개 변수로 변수를 전달할 때 값이 의한 호출은 단순히 값만 전달하는 경우에 매개 변수를 전달받은 함수에서 새로운 메모리 공간을 생성한 후 값을 복사해서 사용하기 때문에 전달한 값이 변화하는 경우에 이를 사용하지 않는 경우에 이용된다. 참조에 의한 호출은 값을 전달하는 것이 아니라 변수의 메모리 주소를 전달해서 전달받은 함수에서 기존의 변수의 값을 변화시켰을 때 이를 다시 사용하는 경우에 사용된다.

3. 1부터 10까지 구하는 프로그램을 재귀 호출을 사용해서 작성하시오.

```c
#include <stdio.h>

int doSum(int n);

int main()
{
    printf("1+2+3+4+5+6+7+8+9+10 = %d\n", doSum(1));

    return 0;
}

int doSum(int n)
{
    return (n > 10)?0:n+doSum(n+1);
}
```

Chapter 12. 연습문제

1. int, char, float 형 멤버를 하나씩 갖고 태그명이 Test인 구조체를 정의하시오.

```c
struct Test{
    int a;
```

```
    char b;
    float c;
};
```

2. 1번의 구조체 변수 x를 선언하시오.

☞ struct Test x;

3. 2번에서 선언한 변수 x의 멤버에 20, 'k', 3.45f를 각각 대입하시오.

```
x.a = 20;
x.b = 'k';
x.c = 3.45f;
```

4. 1번에서 정의한 구조체 Test 타입이고 사이즈가 3인 배열 arr을 선언하시오.

☞ struct Test arr[3];

5. 4번에서 선언한 배열의 0번째 요소에 100, 'r'. 2.5f를 저장하시오.

```
arr[0].a = 100;
arr[0].b = 'r';
arr[0].c = 2.5f;
```

Chapter 13 연습문제

1. c의 표준 입출력 스트림을 쓰시오.

☞ stdin, stdout

2. fgetc()함수를 이용해서 표준입력으로부터 문자 하나를 입력 받는 코드를 작성하시오.

☞ int a = fgetc(stdin);

3. "a.txt" 파일을 읽기 모드로 오픈하는 코드를 작성하시오.

```
FILE *fp;
fp = fopen("a.txt", "r");
```

4. 3번에서 오픈한 파일에서 한 줄의 데이터를 읽어서 출력하는 코드를 작성하시오.

```c
char data[250];
fgets(data, 250, fp);
printf("%s\n", data);
```

5. 3번에서 오픈한 파일을 닫는 코드를 작성하시오.

☞ fclose(fp);

Chapter 14 연습 문제

1. int형 데이터 5개를 저장할 수 있는 메모리를 힙에 할당 받는 코드를 작성하시오.

☞ int *p = (int*)malloc(sizeof(int)*5);

2. 1번에서 할당 받은 메모리에 숫자 1~5를 저장하는 코드를 작성하시오.

```c
int i;
for(i=0;i<5;i++) {
    p[i] = i + 1;
}
```

또는

```c
int i;
for (i = 0; i < 5; i++) {
    *(p + i) = i + 1;
}
```

3. 1번에서 할당 받은 메모리를 해제하는 코드를 작성하시오.

☞ free(p);

4. 이미 할당 받은 메모리의 크기를 변경하여 다시 할당 받는 함수의 이름은?

☞ realloc()

Chapter 15 연습 문제

1. "str" 값을 갖는 매크로 상수 STR을 정의하는 코드를 작성하시오.

☞ #define STR "str"

2. 매개 변수로 숫자 하나를 입력 받고 그 값을 제곱하는 매크로 함수를 작성하시오.

☞ #define SQR(x) ((x) * (x))

3. 다음 코드의 실행결과를 쓰시오.

```c
#include<stdio.h>

#define FLAG 1

#if FLAG
#define MAX 100
#else
#define MAX 200
#endif

void main() {
    printf("MAX=%d\n", MAX);
}
```

☞ MAX = 100

4. #define LINUX 문장으로 매크로를 정의한 뒤 LINUX가 정의되어 있으면 "리눅스용"이라고 출력하고, 정의되지 않았으면 "기타 운영체제용"이라고 출력하는 매크로 코드를 작성하시오.

☞

```c
#ifdef LINUX
    printf("리눅스용");
#else
    printf("기타 운영체제용");
#endif
```

한글

이게 진짜
C 프로그래밍이다

1판 1쇄 발행 2014년 8월 25일
1판 3쇄 발행 2017년 5월 19일

저   자 이동익, 서영진, 김유진
발 행 인 김길수
발 행 처 (주)영진닷컴
주   소 서울특별시 금천구 가산디지털2로 123 월드메르디앙벤처센터 2차 10층 1016호
          (우)08505

등   록 2007. 4. 27. 제16-4189호

©2014., 2017. (주)영진닷컴

ISBN 978-89-314-4751-4

http://www.youngjin.com